Notwendigkeit und Ausgestaltung eines Verbrauchergerichtsstandes im deutschen Zivilprozessrecht

Europäische Hochschulschriften

Publications Universitaires Européennes
European University Studies

Reihe II
Rechtswissenschaft

Série II Series II
Droit
Law

Bd./Vol. 4581

PETER LANG
Frankfurt am Main · Berlin · Bern · Bruxelles · New York · Oxford · Wien

Nina Kumm

Notwendigkeit und Ausgestaltung eines Verbrauchergerichtsstandes im deutschen Zivilprozessrecht

PETER LANG
Internationaler Verlag der Wissenschaften

Bibliografische Information der Deutschen Nationalbibliothek
Die Deutsche Nationalbibliothek verzeichnet diese Publikation in der Deutschen Nationalbibliografie; detaillierte bibliografische Daten sind im Internet über <http://www.d-nb.de> abrufbar.

Zugl.: Köln, Univ., Diss., 2006

D 38
ISSN 0531-7312
ISBN 978-3-631-56611-4

www.peterlang.de

VORWORT

Die vorliegende Arbeit wurde im Wintersemester 2005 / 2006 der Rechtswissenschaftlichen Fakultät der Universität zu Köln als Dissertation vorgelegt. Rechtsprechung, Literatur und sonstige Quellen wurden bis Ende des Jahres 2005 berücksichtigt.

Mein vornehmlicher Dank gebührt meinem Doktorvater Herrn Prof. Dr. Hanns Prütting für die Begleitung der vorliegenden Arbeit. Dank schulde ich auch Frau Prof. Barbara Dauner-Lieb, die die Zweitkorrektur übernommen hat.

Ferner danke ich all denen, die durch ihre vielfältige Unterstützung zur Entstehung der vorliegenden Arbeit beigetragen haben. Ausdrücklich danken möchte ich an dieser Stelle meinem Bruder sowie Frau Rechtsanwältin Beate Merkt-Buchele für das Korrekturlesen der Arbeit.

Mein ganz besonderer Dank gilt schließlich meinen Eltern, die mir eine umfang- und abwechslungsreiche juristische Ausbildung ermöglicht haben.

Karlsruhe, im März 2007

Nina Kumm

INHALTSVERZEICHNIS

ABKÜRZUNGSVERZEICHNIS

Die verwendeten Abkürzungen folgen den Vorschlägen von *Kirchner / Butz*, Abkürzungsverzeichnis der Rechtssprache, 5. Aufl. (2003). Abweichend hiervon oder darüber hinaus werden die nachfolgend genannten Abkürzungen benutzt.

All E.R.	All England Law Reports
BR-Drs	Drucksachen des Bundesrates
BT-Drs	Drucksachen des Deutschen Bundestages
bzgl.	bezüglich
bzw.	beziehungsweise
ders.	derselbe
dies.	dieselben
Einl.	Einleitung
EuGVVO	Verordnung (EG) Nr. 44 / 2001 des Rates vom 22. 12. 2000 über die gerichtliche Zuständigkeit und die Anerkennung und Vollstreckung von Entscheidungen in Zivil- und Handelsachen
EuZPR	Europäisches Zivilprozessrecht
Festschr.	Festschrift
Frankfurt a. M.	Frankfurt am Main
Fußn.	Fußnote
Gedächtnisschr.	Gedächtnisschrift
Halbbd.	Halbband
InfVO	Verordnung über Informations- und Nachweispflichten nach bürgerlichem Recht
IZPR	Internationales Zivilprozessrecht
JN	Jurisdiktionsnorm
LugÜ	Luganer Übereinkommen
m. w. Nachw.	mit weiteren Nachweisen
MünchKommZPO	Münchner Kommentar zur Zivilprozessordnung mit Gerichtsverfassungsgesetz und Nebengesetzen
Rdnr.	Randnummer
Rdnrn.	Randnummern
RRa	Reiserecht aktuell
u. a.	unter anderem
Übers	Übersicht
Vorb.	Vorbemerkungen
W.L.R.	Weekly Law Reports
zit.	zitiert

§ 1 Aufgabenstellung und Ziel der Arbeit

I. Ausgangspunkt

„Die Zeit ist reif, einen Verbrauchergerichtsstand in der ZPO zu schaffen.“[1]

Zu diesem Ergebnis kommen *Vollkommer / Vollkommer* in ihrem Beitrag zur Festschrift für Reinhold Geimer zum 65. Geburtstag aus dem Jahre 2002. Was Anlass für diese Aussage gewesen sein mag, lässt sich bereits nach der Lektüre der ersten Seiten des Beitrages erahnen, der mit der Schilderung eines - im Verlauf dieser Untersuchung noch eingehend zu betrachtenden[2] - Sachverhaltes beginnt, den *Vollkommer / Vollkommer* trefflich als „Prozess-marathon“[3] bezeichnen: Beschrieben wird der Versuch eines in Deutschland lebenden Verbrauchers,[4] im Inland Rechtsschutz zu erlangen - ein trotz dreier verschiedener Verfahren vor insgesamt sechs befassten Gerichten in zwei verschiedenen Bundesländern und der Anrufung des in einem weiteren Bundesland gelegenen *Bundesgerichtshofes* ergebnisloses Unterfangen.

Beschäftigt man sich näher mit der Frage, welches Gericht nach bestehender Rechtslage in dem erwähnten sowie in gleichartig gelagerten Fällen tatsächlich örtlich zuständig ist, so zeigt sich bald, dass dies - soweit es in jüngerer Zeit überhaupt thematisiert wird - in Literatur und Rechtssprechung äußerst umstritten ist. So ergeben sich für die vorliegende Arbeit eine Vielzahl von Aufgaben und Problemen.

II. Ziel der Arbeit

Vollkommer / Vollkommer verdeutlichen in ihrem Beitrag an Hand des vorgenannten Beispieles nicht nur frühzeitig das bestehende Problem der Versagung des Rechtsschutzes in der Bundesrepublik Deutschland, sondern lassen auch schnell erkennen, wie es hierzu kommen kann: Ursächlich ist ein Problem im Spannungsfeld zwischen der durch Staatsvertrag begründeten, internationalen Zuständigkeit der deutschen Gerichte und der örtlichen Zuständigkeit eines Gerichtes im Inland, die sich nach den Gerichtsstands-regelungen des nationalen Zivilverfahrensrechtes bestimmt. Die vorliegende Arbeit zielt daher zunächst darauf, die Frage zu beantworten, wie in den so

---

[1] *Vollkommer / Vollkommer*, in: Festschr. für Geimer, S. 1391.
[2] S. § 2 I. 2. b) aa).
[3] *Vollkommer / Vollkommer*, in: Festschr. für Geimer, S. 1367.
[4] Der Begriff des Verbrauchers wird im Laufe der vorliegenden Arbeit immer weiter eingegrenzt werden; schlussendlich wird sich zeigen, in welchem Sinne er im Rahmen einer zu schaffenden Zuständigkeitsnorm verstanden werden sollte; s. § 4 IV. 1., § 5 VI., § 6 II. 2. a), § 7 I. sowie § 8 I.

entstehenden Fällen der fehlenden örtlichen trotz gegebener internationaler Zuständigkeit der deutschen Gerichte zu verfahren ist.

Grundlage hierfür soll zum einen die derzeit geltende Gesetzeslage sein; zum anderen ist aber auch an eine Änderung der bestehenden Rechtslage zu denken. Im Rahmen dessen wird sich bereits zeigen, dass de lege ferenda die Ergänzung des deutschen Zivilprozessrechtes um eine verbraucherschützende Zuständigkeitsregelung erstrebenswert erscheint: Ein entsprechend ausgestalteter Verbrauchergerichtsstand hätte eindeutig ein örtlich zuständiges Gericht erkennen lassen und dem Verbraucher so ein länger als vier Jahre andauerndes und schlussendlich dennoch ergebnisloses Verfahren erspart – es spricht also vieles für die eingangs erwähnte Forderung von *Vollkommer / Vollkommer*.

Wenn aber das deutsche Zivilprozessrecht um die gesetzliche Regelung eines Verbrauchergerichtsstandes ergänzt werden soll, so ist es unumgänglich, im Weiteren danach zu fragen, wie eine solche Zuständigkeitsregelung im Einzelnen ausgestaltet sein sollte: Die Beantwortung dieser Frage ist das zweite große Ziel, das die vorliegende Arbeit erreichen möchte.

Erste Anforderungen an die inhaltliche Ausgestaltung einer verbraucherschützenden Gerichtsstandsregelung ergeben sich bereits in Zusammenhang mit der Notwendigkeit der Einführung einer solchen Norm in das deutsche Zivilverfahrensrecht. Darüber hinaus wirken sich die Ausgestaltung der im nationalen sowie europäischen Recht bereits vorhandenen verbraucherschützenden Zuständigkeitsvorschriften sowie der derzeitige praktische Umgang mit diesen auf die Ausformung eines zukünftigen Gerichtsstandes aus. Infolgedessen wird die vorliegende Arbeit auf die Probleme eingehen, die typischerweise bei der Bestimmung der in § 6 a I AbzG, § 26 I FernUSG und § 29 c I ZPO sowie der in EuGVÜ und EuGVVO normierten Gerichtsstände Schwierigkeiten bereiten. In erster Linie soll es dadurch möglich werden, mittels entsprechender gesetzgeberischer Maßnahmen gleichartigen Problemen in Zusammenhang mit einem zukünftigen Verbrauchergerichtsstand entgegenzuwirken und überdies die Einheitlichkeit der Rechtsordnung zu wahren. Darüber hinaus vermag die Arbeit so einen Beitrag zum sachgerechten Umgang mit den bereits bestehenden Regelungen zu leisten.

III. Gang der Arbeit

Ausgehend von der soeben geschilderten Zielsetzung ergibt sich für die vorliegende Arbeit eine Aufgliederung in fünf Teile: Der erste Teil der Untersuchung ist der Frage nach der Notwendigkeit eines Verbrauchergerichtsstandes gewidmet. Daran anschließend werden im zweiten Teil die Anforderungen herausgearbeitet, die inhaltlich an einen solchen, als erstrebenswert erkannten Gerichtsstand zu stellen sind. Im Rahmen dessen wird sowohl die Situation im Bereich der bereits auf nationaler sowie europäischer Ebene bestehenden verbraucherschützenden Zuständigkeitsnormen als auch die dem deutschen Zivilprozessrecht innewohnende Grundregel des actor sequitur forum rei thematisiert. Die hierbei gewonnenen Erkenntnisse leiten über zu dem im dritten Teil vorgenommenen Entwurf der einzelnen Merkmale einer zukünftigen Gerichtsstandsregelung. Im nachfolgenden vierten Teil werden dann die Grundfragen der Gesetzestechnik betrachtet, die sich bei Schaffung einer Zuständigkeitsregelung notwendig stellen. Die in den vorangegangenen Teilen gefundenen Ergebnisse erlauben es schließlich, in einem fünften Teil einen Formulierungsvorschlag für den im Rahmen des deutschen Zivilverfahrensrechtes zu schaffenden Verbrauchergerichtsstand vorzulegen.

Erster Teil - Notwendigkeit eines Verbrauchergerichtsstandes

§ 2 Fehlende Normierung der örtlichen Zuständigkeit trotz internationaler Zuständigkeit der deutschen Gerichte

I. Darstellung des Problems

1. Abstrakte Darstellung

Staatsverträge gewähren bisweilen für einen bestimmten Verfahrensgegenstand eine internationale Zuständigkeit, der in den einzelnen Vertragsstaaten keine örtliche Zuständigkeit[5] entspricht. So wird etwa einem Verbraucher in einem völkerrechtlichen Vertrag die Möglichkeit eingeräumt, in näher bestimmten Fällen seinen Vertragspartner, der seinen Sitz beziehungsweise Wohnsitz in einem anderen Vertragsstaat hat, vor den Gerichten seines Heimatstaates - also des Staates, in dessen Hoheitsgebiet der Verbraucher seinen Wohnsitz hat - zu verklagen. Indes bestimmt der Staatsvertrag nicht unmittelbar, welches Gericht dieses Staates für die Klage zuständig sein soll.

In Deutschland ergibt sich in einem solchen Fall nicht immer ein Gerichtsstand nach den §§ 12 ff. ZPO. Auch sondergesetzliche Zuständigkeitsnormen eröffnen keinesfalls stets einen Gerichtsstand zu Gunsten des Verbrauchers. Außerdem kennt das deutsche Recht keinen allgemeinen Gerichtsstand für Verbrauchersachen. Dadurch entsteht das Problem, das Gegenstand der folgenden Untersuchung sein soll: Das Fehlen einer Regelung der örtlichen Zuständigkeit im autonomen deutschen Zivilverfahrensrecht trotz Zuweisung der internationaler Zuständigkeit an die deutschen Gerichte durch einen völkerrechtlichen Vertrag.[6]

---

[5] Die örtliche Zuständigkeit bestimmt, welches sachlich zuständige Gericht wegen seines Sitzes über den Rechtsstreit zu entscheiden hat, *Creifelds*, S. 541 f., Stichwort: Gerichtliche Zuständigkeit. Die ZPO nennt die örtliche Zuständigkeit grundsätzlich Gerichtstand, teilweise umfasst dieser Begriff jedoch auch die sachliche Zuständigkeit, vgl. *Bernhardt*, S. 82; *Creifelds*, S. 541 f., Stichwort: Gerichtliche Zuständigkeit; S. 544, Stichwort: Gerichtsstand und S. 953 f., Stichwort: Örtliche Zuständigkeit des Gerichts; *Thomas / Putzo-Putzo*, ZPO, Vorb. § 12 Rdnr. 1. Im Folgenden wird unter Gerichtstand ausschließlich die örtliche Zuständigkeit verstanden.

[6] Daneben bestehen weitere Fallgruppen, in denen eine internationale, aber keine örtliche Zuständigkeit gegeben sein kann. So im Falle der Anknüpfung der internationalen Zuständigkeit an die Staatsangehörigkeit oder das anwendbare Recht, da diese in der örtlichen Zuständigkeit keine Entsprechung finden können. Auch kann eine Gerichtsstandsvereinbarung der Parteien nur die internationale Zuständigkeit zum Gegenstand haben, also gerade kein örtlich zuständiges Gericht bezeichnen. Schließlich kann zur Vermeidung der Justizverweigerung beziehungsweise für vorläufige und sichernde Maßnahmen eine Notzuständigkeit im Inland zu eröffnen sein. Vgl. *Kropholler-Kropholler*, Hdb. des Internationalen

Dieses Problem der fehlenden örtlichen trotz gegebener internationaler Zuständigkeit lässt sich auch mit Hilfe der in § 281 ZPO enthaltenen Regelung nicht grundlegend lösen: Zwar ist eine Verweisung des Rechtsstreites immer dann möglich, wenn die örtliche Unzuständigkeit des im konkreten Fall angerufenen Gerichtes auszusprechen ist und der Kläger den nach § 281 I 1 ZPO erforderlichen Antrag gestellt hat. Auch ist eine solche Verweisung gemäß § 281 II 4 ZPO für das aufnehmende Gericht grundsätzlich bindend. Dies ist allein dann nicht der Fall, wenn der Verweisung jede rechtliche Grundlage fehlt, sie also objektiv willkürlich erscheint.[7] Objektive Willkür ist aber nicht bereits zu bejahen, wenn sich ein Gericht über eine gewichtige Meinung in Rechtsprechung und Literatur hinwegsetzt.[8] Daher wird - trotz der Vielzahl der in Rechtssprechung und Literatur zur Lösung des Problems des fehlenden Gerichtsstandes vertretenen Auffassungen -[9] in den hier maßgeblichen Fällen eine Verweisung in der Regel nicht willkürlich ergehen und folglich grundsätzlich eine Bindungswirkung für das angewiesene Gericht eintreten. Dennoch bietet die Möglichkeit der Verweisung nach § 281 ZPO keine zufrieden stellende Lösung des Problems: Eine Verweisung des Rechtsstreites durch das zunächst angerufene Gericht führt zu einer unerwünschten zeitlichen Verlängerung der Verfahrens. Außerdem kann sich eine Verweisung des Rechtsstreites nachteilig auf die vom klagenden Verbraucher zu tragenden Kosten auswirken. Gemäß § 281 III 2 ZPO trägt der Kläger in jedem Fall die durch die Anrufung des verweisenden Gerichtes entstandenen Mehrkosten, also die Kosten, die über diejenigen hinausgehen, die auch bei anfänglichen Klageerhebung beim zuständigen Gericht entstanden wären.[10] So hat der klagende Verbraucher, auch wenn er in der Hauptsache obsiegt, etwa die Kosten zu tragen, die dem Beklagten dadurch entstehen, dass er sich vor verweisendem und übernehmendem Gericht von verschiedenen Rechtsanwälten vertreten lassen muss.[11] Des Weiteren tritt in den Fällen, in denen im Rahmen eines Prozesskostenhilfe-Verfahrens ein Verweisungsbeschluss an das zu diesem Zeitpunkt zuständige Gericht ergeht, keine Bindungswirkung für ein späteres Streitverfahren ein.[12] Schließlich ist zwar theoretisch möglich, dass der Kläger irgendein Gericht anruft, um bei

---

Zivilverfahrensrechts - Bd. 1, S. 252 Rdnr. 142. Auf diese Fallkonstellationen wird im Folgenden nicht näher eingegangen werden.

[7] MünchKommZPO-*Prütting*, § 281 Rdnr. 55 m. w. Nachw.; *Zöller-Greger*, ZPO, § 281 Rdnr. 17.

[8] *OLG Karlsruhe* (*Senat Freiburg*) vom 22. 9. 1999 – 19 AR 14 / 99, NJW-RR 2000, 353 (354) in einer Entscheidung zum LugÜ.

[9] S. § 2 II.

[10] MünchKommZPO-*Prütting*, § 281 Rdnr. 60; *Thomas / Putzo-Reichold*, ZPO, § 281 Rdnr. 18 jeweils m. w. Nachw.

[11] *Thomas / Putzo-Reichold*, ZPO, § 281 Rdnr. 18; s. auch *OLG Frankfurt a. M.* vom 23. 7. 1998 – 18 W 70 / 97, NJW-RR 1999, 435.

[12] Vgl. nur MünchKommZPO-*Prütting*, § 281 Rdnr. 50 m. w. Nachw.

diesem gegebenenfalls einen bindenden Verweisungsbeschluss an das nach dessen Auffassung zuständige Gericht zu erwirken. Allerdings stellt nach *Mankowski* eine solche Vorgehensweise einen „extrem gekünstelten Umweg ohne ersichtlichen Nutzen für den Verbraucher"[13] dar: Wenn ein Verweisungsantrag erkennbar nur gestellt werde, um einen bindenden Verweisungsbeschluss zu erzielen, sei sogar eine Verneinung des Rechtsschutzbedürfnisses wegen Missbrauches möglich.[14]

2. Konkrete Erscheinungsformen des Problems

a) Gesetzlicher Hintergrund

aa) EuGVÜ

Das Brüsseler EWG-Übereinkommen über die gerichtliche Zuständigkeit und die Vollstreckung gerichtlicher Entscheidungen in Zivil- und Handelssachen vom 27. 9. 1968 in der Fassung des 4. Beitrittsübereinkommens vom 29. 11. 1996[15] regelt die Zuständigkeit für Verbrauchersachen in Art. 13 – 15 EuGVÜ. Dieser Vierte Abschnitt ist, soweit in ihm nicht ausdrücklich etwas anderes normiert ist, zwingend und abschließend, so dass ein Rückgriff auf die allgemeinen Zuständigkeitsvorschriften des Ersten und Zweiten Abschnittes des EuGVÜ ausscheidet.[16]

---

[13] *Mankowski*, IPRax 2001, 33 (37).
[14] *Mankowski*, IPRax 2001, 33 (37).
[15] Das Übereinkommen ist in dieser Fassung für die Bundesrepublik Deutschland am 1. 1. 1999 in Kraft getreten. Es gilt dergestalt ferner in Dänemark, Finnland, Frankreich, Griechenland, Irland, Italien, Luxemburg, den Niederlanden, Österreich, Portugal, Schweden, Spanien und dem Vereinigte Königreich, vgl. *Zöller-Geimer*, ZPO, 23. Aufl. (2002), Art. 1 EuGVVO Rdnr. 3.
[16] Bericht zu dem Übereinkommen über die gerichtliche Zuständigkeit und die Vollstreckung gerichtlicher Entscheidungen in Zivil- und Handelssachen von *P. Jenard*, ABlEG 1979, C 59 / 33; *Mankowski*, RIW 1997, 990 (991); *Wieczorek / Schütze-Hausmann*, ZPO, Vorb. Art. 13 EuGVÜ Rdnr. 3. Der in Art. 13 I EuGVÜ zu Gunsten Art. 4 EuGVÜ bestehende Vorbehalt stellt klar, dass Art. 13 ff. EuGVÜ grundsätzlich nur eingreifen, wenn der Beklagte seinen Wohnsitz in einem Mitgliedstaat hat (eine Ausnahme hiervon macht nur Art. 13 II EuGVÜ). Die Verweisung auf Art. 5 Nr. 5 EuGVÜ bewirkt, dass diese besondere Zuständigkeit trotz der in Art. 13 ff. EuGVÜ enthaltenen Sonderregelungen bestehen bleibt. In diesem Fall des Verweises auf Art. 5 Nr. 5 EuGVÜ ist auch die örtliche Zuständigkeit mitgeregelt; dies ist auf Grund Art. 14 III EuGVÜ auch für Widerklagen der Fall, s. nur *Schaltinat*, S. 94; *Wieczorek / Schütze-Hausmann*, ZPO, Art. 14 EuGVÜ Rdnr. 2.

In Art. 14 I regelt das EuGVÜ die internationale Zuständigkeit für Klagen des Verbrauchers wie folgt:

> Die Klage eines Verbrauchers gegen den anderen Vertragspartner kann entweder vor den Gerichten des Vertragsstaates erhoben werden, in dessen Hoheitsgebiet dieser Vertragspartner seinen Wohnsitz hat, oder vor den Gerichten des Vertragsstaates, in dessen Hoheitsgebiet der Verbraucher seinen Wohnsitz hat.

Eine Regelung der örtlichen Zuständigkeit enthält das EuGVÜ somit nicht. Auch das deutsche Ausführungsgesetz zum EuGVÜ vom 19. 2. 2001 enthält hierzu keine Vorschriften.[17] Allerdings ist zum 1. 3. 2002 die Verordnung (EG) Nr. 44 / 2001 des Rates vom 22. 12. 2000 über die gerichtliche Zuständigkeit und die Anerkennung und Vollstreckung von Entscheidungen in Zivil- und Handelsachen in Kraft getreten (Art. 76 EuGVVO).[18] Entgegen dem der Verordnung zu Grunde liegenden Grundsatz, nur die internationale Zuständigkeit der Gerichte der Mitgliedstaaten zu regeln, bestimmt Art. 16 I Alt. 2 EuGVVO für Aktivprozesse des Verbrauchers auch die örtliche Zuständigkeit:[19]

> Die Klage eines Verbrauchers gegen den anderen Vertragspartner kann entweder vor den Gerichten des Mitgliedstaats erhoben werden, in dessen Hoheitsgebiet dieser Vertragspartner seinen Wohnsitz hat, oder vor dem Gericht des Ortes, an dem der Verbraucher seinen Wohnsitz hat.

Die EuGVVO löst in Art. 16 I Alt. 2 das im Folgenden zu erörternde Problem der fehlenden örtlichen Zuständigkeit somit unmittelbar. Dennoch ist und bleibt es auch nach deren Inkrafttreten von Bedeutung. Zwar ersetzt die Verordnung ab 1. 3. 2002 das bis dahin geltende EuGVÜ im Verhältnis aller EG –Mitgliedstaaten zueinander mit Ausnahme von Dänemark.[20] Soweit jedoch der zeitliche oder räumliche Anwendungsbereich der EuGVVO nicht eröffnet ist, ist

---

[17] Das Gesetz zur Ausführung zwischenstaatlicher Verträge und zur Durchführung von Verordnungen der Europäischen Gemeinschaft auf dem Gebiet der Anerkennung und Vollstreckung in Zivil- und Handelssachen, BGBl. 2001 I, S. 288, regelt im Wesentlichen die Zwangsvollstreckung aus ausländischen Entscheidungen.

[18] ABlEG 2001, L 12.

[19] A. A. zeitweise *Geimer:* Art. 16 EuGVVO regele nur die internationale Zuständigkeit, *Zöller-Geimer*, ZPO, 23. Aufl. (2002), Art. 17 EuGVVO Rdnr. 10 (a. A. nunmehr *Zöller-Geimer*, ZPO, Art. 17 EuGVVO Rdnr. 10) sowie *Gottwald*: die Bestimmung des Art. 16 EuGVVO entspräche sachlich unverändert Art. 14 EuGVÜ, MünchKommZPO-*Gottwald*, Art. 16 EuGVVO.

[20] Art. 69 I EuGVVO. Dänemark, das Vereinigte Königreich und Irland unterliegen nach Art. 69 EGV nicht den Bestimmungen des Titels IV des EG - Vertrages. Allerdings haben sich das Vereinigte Königreich und Irland freiwillig der EuGVVO angeschlossen, vgl. Art. 3 des Protokolls über die Position des Vereinigten Königreichs und Irlands beziehungsweise den 20. Erwägungsgrund der EuGVVO.

das EuGVÜ - vorausgesetzt sein Anwendungsbereich ist gegeben - auch zukünftig anzuwenden. Es gilt somit für Klagen, die vor Inkrafttreten der EuGVVO am 1. 3. 2002 erhoben worden sind, als Staatsvertrag in unveränderter Form fort.[21] Im Verhältnis der Mitgliedsstaaten zu Dänemark ist das EuGVÜ in der Fassung des 4. Beitrittübereinkommens weiterhin anwendbar.[22] Dies ist auch in Bezug auf Aruba der Fall, da die Niederlande den Anwendungsbereich des EuGVÜ nach Art. 60 II in der Fassung des 2. Beitrittübereinkommens von 1982 hierauf erstreckt haben,[23] diese Erklärung für die EuGVVO jedoch nicht fort gilt. Schließlich unterliegen gemäß Art. 60 I EuGVÜ in der Fassung des 2. Beitrittsübereinkommens die französischen überseeischen Departements und Gebiete sowie Mayotte dessen räumlichen Anwendungsbereich, nicht aber demjenigen der EuGVVO:[24] Diese gilt zwar grundsätzlich im gesamten Hoheitsgebiet der Vertragsstaaten; allerdings macht Art. 299 II – VI des EG – Vertrages, auf den Art. 68 I EuGVVO verweist, für Mitgliedstaaten mit bestimmten abhängigen Gebieten von diesem Grundsatz eine Ausnahme.

bb) LugÜ

Des Weiteren stellt sich auch in Zusammenhang mit dem Luganer Übereinkommen über die gerichtliche Zuständigkeit und die Vollstreckung gerichtlicher Entscheidungen in Zivil- und Handelssachen[25] die Frage nach einer örtlichen Ersatzzuständigkeit. Das LugÜ, das als Parallelübereinkommen zum EuGVÜ am 16. 9. 1988 in Lugano geschlossen wurde, enthält in Art. 13 – 15 Regelungen, die denjenigen des Vierten Abschnittes des EuGVÜ entsprechen. Auch ist es nach Inkrafttreten der EuGVVO im Verhältnis zu den Vertragsstaaten, die nicht Mitglieder der EU sind,[26] weiterhin anzuwenden.[27]

---

[21] Vgl. Art. 66 I EuGVVO.

[22] Vgl. den 22. Erwägungsgrund der EuGVVO.

[23] Erklärung vom 28. 5. 1986, BGBl. 1986 II, S. 1135 (1136 f.). S. auch *Dauses-Kreuzer / Wagner*, EU-Wirtschaftsrecht Q Rdnr. 26; *Kropholler*, Europäisches Zivilprozessrecht, Einl. Rdnr. 26; *Wagner*, WM 2003, 116 (117).

[24] Vgl. *Kropholler*, Europäisches Zivilprozessrecht, Einl. Rdnr. 25; *Wagner*, WM 2003, 116 (117).

[25] Das Übereinkommen ist für die Bundesrepublik Deutschland am 1. 3. 1995 in Kraft getreten. Es gilt heute in Belgien, Dänemark, Finnland, Frankreich, Griechenland, Irland, Island, Italien, Luxemburg, den Niederlanden, Norwegen, Polen, Portugal, Schweden, der Schweiz, Spanien und dem Vereinigten Königreich.

[26] Zurzeit Island, Norwegen und Schweiz.

[27] Vgl. *Thomas / Putzo-Hüßtege*, ZPO, Vorb. Art. 1 EuGVVO Rdnr. 3.

cc) Zukünftige Übereinkommen

Schließlich stellt die Diskrepanz zwischen internationaler und örtlicher Zuständigkeit ein allgemeines Problem dar, das auch in Zusammenhang mit zukünftigen internationalen Übereinkommen auftreten kann. So wurde bereits 1893 in der ersten Haager Konferenz auf die zentrale Bedeutung der internationalen Zuständigkeit hingewiesen. Anfang der neunziger Jahre des letzten Jahrhunderts wurde schließlich der Haager Konventionsentwurf über die gerichtliche Zuständigkeit und die Anerkennung und Vollstreckung ausländischer Entscheidungen in Zivil- und Handelssachen[28] vorgelegt. Dieser enthält - ohne ein für diese Klagen örtlich zuständiges Gericht zu bestimmen -, um den Verbraucher bei internationalen Rechtsstreitigkeiten zu schützen, in Art. 7 einen speziellen Gerichtsstand für Verbraucherverträge, der vorsieht, dass ein Verbraucher in näher bestimmten Fällen vor den Gerichten des Staates, in dem er seinen gewöhnlichen Aufenthalt hat, klagen kann.[29]

Die nachfolgenden Überlegungen stellen allein auf das EuGVÜ ab. Dies geschieht allerdings beispielhaft für alle anderen Übereinkommen, bei deren Anwendung das Fehlen eines örtlich zuständigen Gerichtes problematisch werden kann. Die sich anschließenden Ausführungen haben, da die gesetzlichen Regelungen in den hier maßgeblichen Punkten übereinstimmen, auch Geltung für das LugÜ beziehungsweise den Haager Konventionsentwurf.[30]

b) Fallgruppen

In der Praxis stellt sich das Problem des fehlenden Gerichtsstandes insbesondere bei Geschäften des Teleshoppings, im Reisevertragsrecht und bei Termingeschäften inländischer Anleger an ausländischen Börsen, die durch Gesellschaften mit Sitz im Ausland vermittelt wurden.[31] Auf letztere Fallgruppe soll nachfolgend zunächst näher eingegangen werden.

---

[28] In der Fassung der Beratungsergebnisse des 1. Teils der Diplomatischen Konferenz vom 6. 6. 2001 bis 22. 6. 2001. Vgl. allgemein zur Arbeit an einem weltweiten Anerkennungs- und Vollstreckungsübereinkommen *Schack*, ZEuP 1993, 306 ff.

[29] Der Gerichtsstand für Klagen des Verbrauchers ist wie folgt geregelt: "A plaintiff who concluded a contract for a purpose, which is outside its trade or profession, hereafter designated as the consumer, may bring a claim in the courts of the State in which it is habitually resident, if ..." Vgl. ausführlich *Reich / Gambogi*, VuR 2001, 269 (275 f.).

[30] Eine Großzahl der im Rahmen dieser Untersuchung verwendeten Literatur bezieht sich ausschließlich auf EuGVÜ und EuGVVO. Teilweise wird jedoch auch ausdrücklich Bezug auf das LuGÜ genommen. Letzteres ist im Folgenden jeweils durch einen entsprechenden Vermerk im Bereich der Fußnoten deutlich gemacht.

[31] Auch wenn es auf den ersten Blick einen anderen Anschein haben mag, kann in den Fällen, in denen ein deutscher Verbraucher Klage auf Erfüllung einer Gewinnzusage im Sinne des § 661 a BGB gegen ein Unternehmen mit Sitz beziehungsweise einer Nieder-

aa) Anlagegeschäfte

Obwohl sich ein privater Anleger aus Deutschland, der einen Prozess gegen seinen ausländischen Vertragspartner führen möchte, auf Art. 14 I Alt. 2 EuGVÜ berufen kann,[32] stellt die ZPO bei einem fehlgeschlagenen Börsen-

---

lassung im Hoheitsgebiet eines Vertragsstaates des EuGVÜ erhebt, unproblematisch ein örtlich zuständiges Gericht bestimmt werden: Die internationale Zuständigkeit der deutschen Gerichte ist in diesen Fällen nach dem EuGVÜ eröffnet, da die auf eine Gewinnzusage gestützte Klage als Klage aus einem Verbrauchervertrag im Sinne des Art. 13 I EuGVÜ anzusehen ist. Dieser Einordnung steht nicht entgegen, dass es sich bei einer Gewinnzusage um ein einseitiges Rechtsgeschäft beziehungsweise eine geschäftsähnliche Handlung handelt, denn Ziel ist die Vertragsanbahnung: Der Verbraucher soll durch die ihm zugesandte Mitteilung über einen angeblichen Gewinn zur Bestellung von Waren oder Leistungen veranlasst werden. Sobald der Verbraucher der Aufforderung des Unternehmers nachkommt, einen Ziehungsbescheid oder ähnliches an diesen zurückzusenden, ist auch dem Erfordernis des Art. 13 I Nr. 3 lit. b EuGVÜ Genüge getan. Damit sind bereits die Voraussetzungen des Art. 13 I Nr. 3 EuGVÜ erfüllt, *BGH* vom 28. 11. 2002 – III ZR 102 / 02, NJW 2003, 426 (427 f.); dem folgend *OLG Oldenburg* vom 7. 3. 2003 - 6 U 173 / 02; *Baumbach / Lauterbach / Albers / Hartmann-Albers*, ZPO, 61. Aufl. (2003), Art. 13 EuGVÜ Rdnr. 1. Darüber hinaus wird die Gewinnzusage oftmals in einem untrennbaren Verhältnis zu einem Kaufvertrag als eigentlichem Verbrauchervertrag stehen und bereits auf Grund dessen unter Art. 13 EuGVÜ fallen; vgl. *EuGH* vom 11. 7. 2002, C - 96 / 00 - Gabriel, NJW 2002, 2697 (2699), Nr. 54; *Leible*, NJW 2003, 407 (407); *ders.*, IPRax 2003, 28 (31 ff.); *Schmidt*, S. 39 Rdnr. 103; a. A. *Lorenz*, NJW 2000, 3305 (3309). Da eine Klage des Verbrauchers auf Leistung eines angekündigten Preises deliktisch zu qualifizieren ist, steht in diesen Fällen gemäß § 32 ZPO auch ein örtlich zuständiges Gericht bereit. Durch die Regelung des § 661 a BGB soll dem Verbraucher gesetzlich das Recht eingeräumt werden, den Unternehmer beim Wort zu nehmen und die Leistung des mitgeteilten Gewinnes zu verlangen. Der Unternehmer haftet dem Verbraucher gemäß § 661 a BGB also in Folge seines regelmäßig vorsätzlich abgegebenen, täuschenden Versprechens auf Erfüllung. Es handelt sich damit um eine Haftung wegen unerlaubter Handlung, vgl. in Zusammenhang mit Art. 5 Nr. 3 EuGVÜ *BGH* vom 28. 11. 2002 – III ZR 102 / 02, NJW 2003, 426 (428) sowie *Leible*, IPRax 2003, 28 (30) und – allerdings im Rahmen der Ermittlung des anwendbaren Rechtes unter der Prämisse, dass es sich bei der Erfüllungshaftung des Unternehmers nach innerstaatlichem Recht um einen Fall der Rechtsscheinhaftung handelt - *Lorenz*, NJW 2000, 3305 (3308 f.). Für den besonderen Gerichtsstand des Tatortes ist schließlich sowohl der Ort des ursächlichen Geschehens maßgeblich, als auch der Ort, an dem der Verletzungserfolg eingetreten ist. Dementsprechend kann der Verbraucher am Gericht seines Wohnsitzes Klage erheben, da dort mit dem Empfang des Gewinnversprechens der Erfolg der unerlaubten Handlung eingetreten ist, vgl. *BGH* vom 28. 11. 2002 – III ZR 102 / 02, NJW 2003, 426 (427 ff.).

[32] In den Fällen der Börsentermingeschäfte ist bereits die Anwendbarkeit des 4. Abschnittes des EuGVÜ umstritten: Unter den Verbraucherbegriff des EuGVÜ, auf den in § 5 I. nochmals eingegangen werden wird, fallen nur Endverbraucher. Hierzu zählen allerdings auch die Teilnehmer an Devisen-, Wertpapier- und Warentermingeschäften, wenn sie diese Geschäfte außerhalb ihrer beruflichen beziehungsweise gewerblichen Tätigkeit vornehmen. Alleine die Absicht, einen Gewinn zu erzielen, begründet keine berufliche beziehungsweise gewerbliche Tätigkeit; *BGH* vom 29. 1. 1991 – XI ZR 17 / 90, WM 1991, 360; offengelassen durch den

termingeschäft in der Regel kein örtlich zuständiges Gericht zur Verfügung. Der Gerichtsstand des Erfüllungsortes nach § 29 I ZPO kommt selten in Betracht, da die von der beklagten Brokergesellschaft im Rahmen der Börsentermingeschäfte geschuldete Leistung normalerweise an deren Sitz erbracht beziehungsweise als Erfüllungsort oftmals der Ort der Ausführungsbörse vereinbart wird.[33]

Auch der Gerichtsstand des § 23 ZPO kommt regelmäßig nicht zur Anwendung. Hiernach wäre für vermögensrechtliche Ansprüche des Klägers das Gericht zuständig, in dessen Bezirk sich Vermögen des Beklagten befindet. Allerdings hat § 23 ZPO nach einer Ansicht neben den Zuständigkeitsregeln des Vierten Abschnittes des EuGVÜ keinen Raum und ist damit von vorneherein unanwendbar.[34] Nach einer anderen Auffassung ist § 23 ZPO zwar neben dem EuGVÜ als Regelung der örtlichen Zuständigkeit anwendbar,[35] da sich der Ausschluss des § 23 ZPO in Art. 3 II EuGVÜ nur auf die Begründung der internationalen Zuständigkeit beziehe. Dennoch kommen die Vertreter dieser Ansicht vielfach ebenfalls zu dem Ergebnis, dass § 23 ZPO nicht zu einem Gerichtsstand im Inland führt. So ist zum einen die Norm eher einschränkend auszulegen,[36] zum anderen sind ihre tatsächlichen Voraussetzungen oft schwer zu beweisen.[37] Darüber hinaus sind die inländischen Repräsentanzen ausländischer Brokergesellschaften meist so ausgestaltet, dass das Brokerhaus selbst in Deutschland kein Vermögen im Sinne des § 23 ZPO besitzt.[38]

EuGH: *EuGH* vom 19. 1. 1993, C – 89 / 91 - Shearson, NJW 1993, 1251 = EuZW 1993, 224, Nr. 20 ff.; s. auch *Benicke*, WM 1997, 945 (950) m. w. Nachw.; *Czernich / Tiefenthaler*, Art. 13 Rdnr. 8; *Thorn*, IPrax 1995, 294 (296). Auch die Tatsache, dass Termingeschäfte einen spekulativen Charakter haben, der dem sozialen Zweck des Verbraucherschutzes fremd ist, kann nicht zu einer Verneinung der Verbrauchereigenschaft führen, denn eine Zuordnung je nach mit dem Geschäft verfolgten Zweck ist nicht möglich; Schlussanträge des Generalanwaltes *Darmon* in der Rs.C–89 / 91 – Shearson, Nr. 76 ff.; vgl. auch *OLG Düsseldorf* vom 26. 1. 1988 – 4 U 190 / 87, WM 1989, 50 (59); *de Bra*, S. 156; *Hartung*, ZIP 1991, 1185 (1191) m. w. Nachw.; *Schlosser*, in: Festschr. für Steindorff, S. 1383; a. A. *de Lousanoff*, in: Gedächtnisschr. für Arens, S. 264.

[33] *De Lousanoff*, in: Festschr. für Nirk, S. 630. *Wieczorek / Schütze-Hausmann*, ZPO, Art. 14 EuGVÜ Rdnr. 3 schließt sich dem an.

[34] *Kropholler*, Europäisches Zivilprozessrecht, Art. 3 Rdnr. 4; *Lüderitz*, in: Festschr. für Riesenfeld, S. 150.

[35] MünchKommZPO-*Patzina*, § 23 Rdnr. 24; *Stein / Jonas-Schumann*, ZPO, § 23 Rdnr. 33; im Rahmen der EuGVVO auch *Thomas / Putzo-Hüßtege*, ZPO, Art. 3 EuGVVO Rdnr. 1 und Art. 16 EuGVVO Rdnr. 1; *Wieczorek / Schütze-Hausmann*, ZPO, § 23 Rdnr. 41.

[36] *OLG München* vom 21. 1. 1992 – 25 U 2987 / 91, NJW-RR 1993, 701 (704); *Stein / Jonas-Schumann*, ZPO, § 23 Rdnr. 1; *Zöller-Vollkommer*, ZPO, § 23 Rdnr. 1 jeweils m. w. Nachw.

[37] *De Lousanoff*, in: Gedächtnisschr. für Arens, S. 263.

[38] *De Lousanoff*, in: Gedächtnisschr. für Arens, S. 263; *Wach / Weberpals, AG 1989, 193 (194); Wieczorek / Schütze-Hausmann*, ZPO, Art. 14 EuGVÜ Rdnr. 3.

In den Fällen, in denen sich die Anwendbarkeit des EuGVÜ aus dessen Art. 13 II ergibt,[39] ist an das Bestehen eines Niederlassungsgerichtsstandes nach § 21 ZPO zu denken.[40] Ein solcher ist jedoch nicht eröffnet, wenn ein ausländischer Broker in einem der Vertragsstaaten des EuGVÜ eine Repräsentanz im Sinne von § 53 a KWG unterhält, die Kundenaufträge in der Regel nur als Bote weiterleitet.[41] Dies hängt mit dem Niederlassungsbegriff des § 21 ZPO zusammen, der schon vom Wortlaut her enger ist als derjenige des EuGVÜ und eine selbständige Leitung der Niederlassung und damit das Recht zu Geschäftsabschlüssen kraft eigener Entschließung voraussetzt.[42]

Auch wenn der Kläger einen auf Delikt gestützten Schadensersatzanspruch geltend macht, indem er etwa den Vorwurf der sittenwidrigen, vorsätzlichen Schädigung nach § 826 BGB erhebt, führt dies in der Regel nicht zu einem Gerichtsstand im Inland. Zwar ist eine deliktische Schädigung im Sinne von § 32 ZPO nach ganz herrschender Meinung sowohl an dem Ort begangen, an dem der Täter die Verletzungshandlung ausgeführt hat, als auch dort, wo der Verletzungserfolg eintritt.[43] Bei einem Schadensersatzanspruch, der auf dem Verhalten eines im Ausland ansässigen Brokerhauses beruht, ist jedoch kein Handlungsort im Inland gegeben. Auch der Ort, an dem der Verletzungserfolg eintritt, wird regelmäßig im Ausland liegen, denn als solcher Erfolg kommt allein die Gefährdung beziehungsweise der teilweise Verlust des vom Kläger zu Spekulationszwecken überlassenen Geldes in Betracht.[44] Die Eröffnung weiterer Deliktsgerichtsstände an Orten, an denen sich der Schaden auswirkt,

---

[39] Voraussetzung hierfür ist, dass der Beklagte nicht seinen Sitz, aber eine Zweigniederlassung, Agentur oder sonstige Niederlassung im Hoheitsgebiet eines der Vertragsstaaten des EuGVÜ hat und es sich um eine Streitigkeit aus dem Betrieb dieser Niederlassung handelt.

[40] Ein solcher Gerichtsstand nach § 21 ZPO kann nur dann in Betracht kommen, wenn sich die Niederlassung des Vertragspartners im Inland befindet. Darüber hinaus liegt auch der Wohnsitz des klagenden Verbrauchers im Inland. Somit ist lediglich Bezug zu einem Vertragsstaat des EuGVÜ gegeben, so dass bereits dessen Anwendbarkeit umstritten ist. Nach h. M. ist der 4. Abschnitt des EuGVÜ jedoch auch in diesen rein innerstaatlichen Fällen anwendbar, s. nur *Geimer*, Anm. zu OLG München vom 21. 2. 1992 – 25 U 2987 / 91, RIW 1994, 59 (61); *Wieczorek / Schütze-Hausmann*, ZPO, Art. 13 EuGVÜ Rdnr. 29. Hält man mit einer Mindermeinung (etwa OLG München vom 21. 2. 1992 – 25 U 2987 / 91, NJW-RR 1993, 701 [704]) Art. 13 ff. EuGVÜ in diesen Fällen für unanwendbar, so kommt es nicht zu dem Problem der fehlenden örtlichen trotz auf Grund eines Staatsvertrages gegebener internationaler Zuständigkeit der deutschen Gerichte, vgl. *Benicke*, WM 1997, 945 (947 f.).

[41] Ausführlich hierzu d*e Lousanoff*, in: Gedächtnisschr. für Arens, S. 261 f. m. w. Nachw.

[42] *BGH* vom 13.7.1987 – II ZR 188/86, WM 1987, 1089 (1090) = NJW 1987, 3081 (3082); *Benicke*, WM 1997, 945 (953); de *Lousanoff*, in: Gedächtnisschr. für Arens, S. 261 f. m. w. Nachw.; *Wieczorek / Schütze-Hausmann*, ZPO, Art. 14 EuGVÜ Rdnr. 3.

[43] S. nur *Stein / Jonas-Roth*, ZPO, § 32 Rdnr. 26 m. w. Nachw. aus Rechtssprechung und Literatur.

[44] Vgl. *OLG München* vom 21. 1. 1992 – 25 U 2987 / 91, NJW-RR 1993, 701 (703 f.).

wie etwa am Wohnsitz des Geschädigten als dem Ort, an dem er üblicherweise sein Vermögen verwaltet, ist nicht gerechtfertigt.[45]

Beispielhaft für das Fehlen eines Gerichtsstandes für die Klage eines deutschen, privaten Anlegers gegen ein im Ausland ansässiges Brokerhaus ist folgender Fall:[46]

> Ein in Lübeck lebende Antragssteller wollte gegen eine Bank mit Sitz in Luxemburg vor den deutschen Gerichten Schadensersatzansprüche wegen unzureichender Beratung bei der Vornahme von Anlagegeschäften geltend machen. Zunächst verlangte er Prozesskostenhilfe für die beabsichtigte Rechtsverfolgung. Dieses Gesuch blieb jedoch vor dem *LG Lübeck* und - auf die Beschwerde des Antragsstellers hin - auch vor dem 5. Zivilsenat des *OLG Schleswig*[47] ohne Erfolg. LG und OLG verneinten die hinreichenden Erfolgsaussichten einer Klage, da eine solche mangels internationaler Zuständigkeit der deutschen Gerichte[48] nicht zulässig sei. Daraufhin wandte sich der Antragssteller an das *LG Berlin*. Jedoch wies auch dieses den Antrag auf Gewährung von Prozesskostenhilfe zurück. Die Entscheidung wurde durch das *Kammergericht* bestätigt. Letzteres unterstellte zwar zu Gunsten des Antragsstellers die internationale Zuständigkeit der deutschen Gerichte nach dem EuGVÜ. Es verneinte aber die örtliche Zuständigkeit des *LG Berlin* und damit auch die hinreichenden Erfolgsaussichten der beabsichtigten Klage.[49] Nun beantragte der Antragsteller beim 2. Zivilsenat des *OLG Schleswig* die Bestimmung des zuständigen Gerichtes nach § 36 I Nr. 6 ZPO. Dieser Antrag wurde mit der Begründung zurückgewiesen,[50] dass es an dem erforderlichen negativen Kompetenzkonflikt fehle. Das *LG Lübeck* habe, bestätigt durch den Beschluss des 5. Zivilsenates des *OLG Schleswig*, die internationale Zuständigkeit der deutschen Gerichte verneint, wohingegen das *LG Berlin*, bestätigt durch das *Kammergericht*, die internationale Zuständigkeit unterstellt und seine örtliche Zuständigkeit verneint habe. Damit seien die Gerichte unterschiedlicher Auffassung darüber, ob die internationale Zuständigkeit gegeben sei. Ein solcher Konflikt könne nicht im Wege des Gerichtsstandsbestimmungsverfahrens nach § 36 I

---

[45] *BGH* vom 14.5.1969 – I ZR 24/68, *BGHZ* 52, 108 (111); *OLG München* vom 21. 1. 1992 – 25 U 2987 / 91, NJW-RR 1993, 701 (703); *Stein / Jonas-Schumann*, ZPO, § 32 Rdnr. 30; *Zöller-Vollkommer*, ZPO, § 32 Rdnr. 16.

[46] S. zum Ganzen *Vollkommer / Vollkommer*, in: Festschr. für Geimer, S. 1369 ff.

[47] *OLG Schleswig* vom 29. 1. 1997 - 5 W 47/96, WM 1997, 991(991).

[48] LG und OLG verneinten das Vorliegen der Voraussetzungen des Art. 13 I Nr.3 EuGVÜ, da jedenfalls nicht - wie von Art. 13 I Nr. 3 lit. b EuGVÜ gefordert - die zum Abschluss des Vertrages erforderliche Rechtshandlung im Wohnsitzstaat des Verbrauchers vorgenommen worden sei. Darüber hinaus sei weder eine Zuständigkeit nach Art. 5 Nr. 5 EuGVÜ noch eine Zuständigkeitsvereinbarung nach Art. 17 I EuGVÜ gegeben, a. A. *Mankowski*, RIW 1997, 990 ff.

[49] Insofern lag der Entscheidung eine andere Begründung zu Grunde als derjenigen des *LG Berlin*. Letzteres hielt die Klage für unzulässig, da die (unterstellte) internationale Zuständigkeit wegen fehlender Regelung der örtlichen Zuständigkeit leer liefe, so *KG* vom 13. 1. 2000 – 19 W 5398/99, IPRax 2001, 44 (44) = NJW 2000, 2238 (2284).

[50] *OLG Schleswig* vom 10. 3. 2000 – 2 W 22 / 00, JZ 2000, 793 (793).

Nr. 6 ZPO gelöst werden. Nach erfolgloser Gegendarstellung beim *OLG Schleswig*[51] wandte sich der Antragssteller hiergegen mit einer außerordentlichen Beschwerde an den *Bundesgerichtshof.*[52] Auch diese hatte jedoch mangels Zulässigkeit keinen Erfolg, denn nach Auffassung des *BGH* war der angefochtene Beschluss des *OLG Schleswig* jedenfalls nicht greifbar gesetzeswidrig.[53]

So kam es zu einem „Prozessmarathon"[54] des Antragsstellers, der über vier Jahre lang andauerte, ohne dass ein örtlich zuständiges Gericht gefunden werden konnte.

bb) Reiseverträge

In der Praxis des Reisevertragsrechts bucht der Kunde üblicherweise in der Nähe seines Wohnsitzes. In den hier relevanten Fällen schließt er einen Vertrag mit einem Reiseveranstalter, der seinen Sitz in einem der Vertragsstaaten des EuGVÜ hat. Dies geschieht entweder in einem selbständigen Reisebüro[55] oder aber in einer im Inland gelegenen Niederlassung beziehungsweise Buchungsstelle des Reiseveranstalters.[56] Im Regelfall entrichtet der Kunde den Reisepreis im Voraus.[57] Wird dann die Reiseleistung durch den Vertragspartner mangelhaft erbracht, so muss der Kunde seine Ansprüche - meist auf Minderung des Reisepreises und Schadensersatz aus

---

[51] Beschluss vom 31. 3. 2000, so *BGH* vom 23. 1. 2001 – X ZB 7 / 00, NJW 2001, 1285 (1285).

[52] *BGH* vom 23. 1. 2001 – X ZB 7 / 00, NJW 2001, 1285.

[53] § 567 IV ZPO schließt die Beschwerde gegen Entscheidungen der Oberlandesgerichte grundsätzlich aus. Das im Gesetz nicht vorgesehene Rechtsmittel der außerordentlichen Beschwerde käme nach Ansicht des *BGH* nur in Betracht, wenn die Rechtsauffassung des OLG in eklatantem Widerspruch zu § 36 I Nr. 6 ZPO stünde und eine Gesetzesanwendung zur Folge hätte, die der Gesetzgeber ersichtlich ausschließen wollte. Dies sei hier jedoch nicht der Fall, *BGH* vom 23. 1. 2001 – X ZB 7 / 00, NJW 2001, 1285 (1285). Ob und nach welchen Kriterien ein Gerichtsstand zu bestimmen ist, wenn die deutschen Gerichte zwar international zuständig sind, es aber an einem örtlich zuständigen Gericht fehlt, musste der *BGH* somit nicht entscheiden.

[54] *Vollkommer / Vollkommer*, in: Festschr. für Geimer, S. 1373.

[55] Mit Bezug zum LugÜ *OLG Karlsruhe* (*Senat Freiburg*) vom 22. 9. 1999 – 19 AR 14 / 99, NJW-RR 2000, 353; *LG Konstanz* vom 24. 8. 1992 – 2 O 241 / 92, NJW-RR 1993, 638. *Müller / Gschlößl*, ZRP 1988, 201 (201) bezeichnet dies als den Regelfall.

[56] *LG Osnabrück* vom 8. 6. 1988 – 6 S 12 / 88, NJW-RR 1988, 1333; *AG Mannheim* vom 6. 1. 1997 – 5 C 2174 / 96, RRa 1997, 120 = IPRSpr. 1997 Nr. 137 (dort mit Datum 9. 1. 1997), *AG Stuttgart* vom 4. 3. 1997 – 16 C 2476 / 96, RRa 1997, 197 und *AG Hamburg* vom 7. 7. 1999 – 17 A C 88 / 99, NJW-RR 2000, 352. Insoweit ungewöhnlich ist der Sachverhalt, der einer Entscheidung des *AG Flensburg* zu Grunde lag: Hier buchte die Klägerin telefonisch bei einem ausländischen Reiseveranstalter eine Reise, *AG Flensburg* vom 16. 6. 1998 – 63 C 190 / 97, RRa 1998, 176.

[57] Begründung der Bundesregierung zum Entwurf eines Gesetzes über den Reiseveranstaltungsvertrag, BT-Drs VIII / 786, S. 33; *Koch*, S. 71.

dem Reisevertrag -[58] bei einem ausländischen Gericht am Sitz des Reiseveranstalters aktiv geltend machen:[59] Obwohl nach Art. 14 I Alt. 2 EuGVÜ die internationale Zuständigkeit der deutschen Gerichte gegeben ist,[60] stellt die ZPO in diesen Fällen zumeist keinen Gerichtsstand zur Verfügung.

Die §§ 651 a – k BGB enthalten keine besondere Gerichtsstandsregelung für Pauschalreisen. Eine 1977 im Entwurf eines Gesetzes über den Reiseveranstaltungsvertrag der Bundesregierung vorgesehene, besondere Gerichtsstandsregelung[61] wurde mit einer Mehrheitsentscheidung des Rechtsausschusses des Bundestages verworfen.[62]

Ein Gerichtsstand nach § 21 ZPO am Ort des Reisebüros beziehungsweise der Buchungsstelle des Reiseveranstalters besteht in der Regel nicht:[63] Selbständige Reisebüros sind regelmäßig lediglich Reisevermittler, so dass an deren Sitz keine Niederlassung des Reiseveranstalters begründet ist.[64] Bei Buchungsstellen des Reiseveranstalters handelt es sich demgegenüber im Allgemeinen nicht um selbständige Niederlassungen im Sinne des § 21 ZPO, so dass auch in diesen Fällen der Reiseveranstalter am Sitz seiner Hauptnieder-

---

[58] So auch in den Fällen, die den Entscheidungen *LG Konstanz* vom 24. 8. 1992 – 2 O 241 / 92, NJW-RR 1993, 638; *AG Mannheim* vom 6. 1. 1997 – 5 C 2174 / 96, RRa 1997, 120 = IPRSpr. 1997 Nr. 137 (dort mit Datum 9. 1. 1997); *AG Stuttgart* vom 4. 3. 1997 – 16 C 2476 / 96, RRa 1997, 197 und *AG Hamburg* vom 7. 7. 1999 – 17 A C 88 / 99, NJW-RR 2000, 352 zu Grunde lagen.

[59] Vgl. *Müller / Gschlößl*, ZRP 1988, 201 (201).

[60] Für Pauschalreiseverträge gilt der Ausschluss in Art. 13 III EuGVÜ nicht; sie fallen somit unter Art. 13 I Nr. 3 EuGVÜ, *Baumbach / Lauterbach / Albers / Hartmann-Albers*, ZPO, 61. Aufl. (2003), Art. 13 EuGVÜ Rdnr. 1. Selbst die Anmietung eines Ferienhauses nach Beratung einer Vermittlungsfirma auf der Grundlage eines Kataloges kann unter Art. 13 I Nr. 3 EuGVÜ fallen, *LG Kiel* vom 12. 8. 1996 – 1 T 55 / 96, RRa 1997, 164 = IPRSpr. 1996 Nr. 154; vgl. auch *Hüßtege*, IPRax 2001, 31 (32).

[61] Die Bundesregierung hielt es für angemessen, dem Reisenden die Geltendmachung etwaiger Ansprüche dadurch zu erleichtern, dass er bei Buchung über einen Reisevermittler oder eine auswärtige Buchungsstelle des Reiseveranstalters eine Klage am Ort des Gerichtes erheben kann, an dem sich der Reisevermittler, eine Niederlassung oder die Buchungsstelle befindet, vgl. § 23 des Entwurfes eines Gesetzes über den Reiseveranstaltungsvertrag, BT-Drs VIII / 786, S. 8 und S. 33.

[62] Die Mehrheit des Rechtsausschusses ging davon aus, dass eine Konzentration der Klagen bei dem Gericht, in dessen Bezirk der Reiseveranstalter seinen Sitz hat, für den Verbraucher nicht von Nachteil sei, sondern vielmehr auf Grund der besonderen Sachkunde des Gerichts eine verbraucherfreundliche Rechtsprechung zu erwarten sei; vgl. die Beschlussempfehlung und den Bericht des Rechtsausschusses zu dem von der Bundesregierung eingebrachten Entwurf eines Gesetzes über den Reiseveranstaltungsvertrag, BT-Drs VIII / 2342, S. 13.

[63] Vgl. *Wieczorek / Schütze-Hausmann*, ZPO, § 29 Rdnr. 48.

[64] *BGH* vom 18. 10. 1973 – VII ZR 247 / 72, *BGHZ* 61, 275 (278); vom 22. 10. 1987 – VII ZR 5 / 87, BGHZ 102, 80 (83); *Wieczorek / Schütze-Hausmann*, ZPO, § 21 Rdnr. 9; *Zöller-Vollkommer*, ZPO, § 21 Rdnrn. 8 und 9.

lassung zu verklagen ist.[65] Anderer Auffassung waren allerdings das *AG Freiburg* sowie das *LG Osnabrück*.[66] In beiden Fällen, in denen der jeweilige Reiseveranstalter eigene Buchungsstellen unterhielt, wurde unter Verweis auf die besonderen Umstände, die den äußeren Anschein einer selbständigen Niederlassung erweckten, § 21 ZPO zur Begründung der örtlichen Zuständigkeit der entscheidenden Gerichte herangezogen. Diese Auffassung konnte sich jedoch nicht durchsetzen.[67] Darüber hinaus dürfte ein solcher Anschein in der Regel nicht zu begründen sein. Vielmehr wird der Reisende erkennen können, dass die Buchungsstelle nicht auf Grund eigener Entscheidung selbständig einen Vertrag abschließt, und die gemäß § 21 ZPO erforderliche Selbständigkeit somit zu verneinen sein.[68]

Wie in den bereits erörterten Fällen der Börsentermingeschäfte inländischer Anleger an ausländischen Börsen wird auch in reisevertragsrechtlichen Fällen regelmäßig der besondere Gerichtsstand des Vermögens nicht eröffnet sein.[69]

Auch die Zuständigkeit eines Gerichtes nach § 29 ZPO kommt gewöhnlich nicht in Betracht: Ist ein Erfüllungsort nicht auf Grund gesetzlicher Spezialvorschriften oder einer Parteivereinbarung festgelegt, so ist zu seiner Bestimmung insbesondere auf die Natur des Schuldverhältnisses abzustellen. Infolgedessen bestimmt sich der Erfüllungsort bei ortsbezogenen Verpflichtungen in der Regel auf Grund des Zusammenhanges von Ort und zu erbringender Leistung, so dass es in der hier zu untersuchenden Fallgruppe

---

[65] Vgl. *Bartl*, S. 209 Rdnr. 264. Die Entscheidung des *AG Stuttgart* vom 4. 3. 1997 – 16 C 2476 / 96, RRa 1997, 197, in der das Gericht seine Zuständigkeit nach § 21 ZPO unabhängig von der Selbständigkeit der betreffenden Niederlassung für gegeben hielt, ist insoweit nicht maßgeblich. Dies gilt auch für die Entscheidung des *AG Hamburg* vom 7. 7. 1999 – 17A C 88 / 99, NJW-RR 2000, 352, wonach die internationale Zuständigkeit der deutschen Gerichte aus Art. 14 I EuGVÜ und die örtliche Zuständigkeit aus der nach Ansicht des Gerichtes weit auszulegenden Vorschrift des Art. 5 Nr. 5 EuGVÜ folge. Beide Gerichte verkennen, ebenso wie *Tonner* in seiner kritischen Anmerkung zu *AG Stuttgart*, RRa 1998, 62, die Anwendbarkeit des LugÜ in den zu entscheidenden Fällen auf Grund Art. 54 b II lit. a LugÜ. Nach dessen Art. 5 Nr. 5 wären in beiden Fällen un-problematisch sowohl die internationale als auch die örtliche Zuständigkeit am Ort der Niederlassung der beklagten Partei im Inland eröffnet gewesen. Kritisch auch *Mankowski*, IPRax 2001, 33 (36).

[66] *LG Osnabrück* vom 8. 6. 1988 – 6 S 12 / 88 – NJW-RR 1988, 1333 f. und *AG Freiburg* vom 23. 6. 1977 – 10 C 151 / 77, NJW 1977, 2319 jeweils zu einem innerstaatlichen Sachverhalt.

[67] S. auch *Müller / Gschlößl*, ZRP 1988, 201 (201), vgl. aber MünchKomm-*Tonner*, § 651 g Rdnr. 10.

[68] *LG München* vom 22. 11. 1978 – 15 S 11904 / 78, zitiert nach: *Bartl*, S. 209 f. Rdnr. 265; *Bartl*, S. 269 Rdnr. 385.

[69] Zur Begründung s. § 2 I 2. b) aa).

zu einem Gerichtsstand am Urlaubsort kommen kann.[70] Ein solcher dürfte dem Verbraucher in der Regel jedoch nicht weiterhelfen, da der Urlaubsort im Falle des mit einem ausländischen Reiseveranstalter abgeschlossenen Reisevertrages nicht im Inland liegen dürfte. Ergibt sich der Erfüllungsort nicht aus der Natur des Schuldverhältnisses, so ist im Zweifel gemäß §§ 269 I beziehungsweise II, 270 BGB der Wohnsitz beziehungsweise Sitz des Schuldners Erfüllungsort.[71] Danach ist der Reiseveranstalter an seinem Sitz zu verklagen.[72] Dieser liegt jedoch in den hier zu untersuchenden Fallkonstellationen ebenfalls nicht im Inland.

Schließlich bestehen bei Sach- oder Personenschäden in der Regel zwar deliktische Ansprüche gegen den Reiseveranstalter.[73] Jedoch führen diese - aus den bereits im Zusammenhang mit den Börsentermingeschäften inländischer Anleger an ausländischen Börsen dargestellten Gründen -[74] regelmäßig nicht zu einem Gerichtsstand im Inland.

cc) Geschäfte des Teleshopping

Der Begriff des Teleshopping umschreibt die Fälle, in denen im Fernsehen Waren angeboten werden, die der Zuschauer durch Telefonanruf unter einer während der Sendung eingeblendeten Nummer bestellen kann.[75] Dabei sind, wenn der inländische Fernsehzuschauer seine Bestellung bei einem Anbieter mit Sitz beziehungsweise Niederlassung im Hoheitsgebiet eines Vertragsstaates des EuGVÜ aufgibt, die Voraussetzungen des Art. 13 I Nr. 3 EuGVÜ gewöhnlich erfüllt: Der ausländische Verkäufer wirbt in einer zumindest auch in Deutschland ausgestrahlten Fernsehsendung für seine Waren, woraufhin der in Deutschland wohnhafte Käufer - bei dem es sich regelmäßig um einen Verbraucher im Sinne des EuGVÜ handeln wird - von seinem Wohnsitz aus eine Bestellung tätigt.[76] Somit ist gemäß Art. 14 I Alt. 2 EuGVÜ die internationale Zuständigkeit der deutschen Gerichte zu bejahen; diese wird jedoch in der Regel nicht durch einen Gerichtsstand im Inland ergänzt.

---

[70] *Baumbach / Lauterbach / Albers / Hartmann-Hartmann*, ZPO, § 29 Rdnr. 30; *Wieczorek / Schütze-Hausmann*, ZPO, § 29 Rdnr. 48. *Thorn* lehnt bei Pauschalreiseverträgen das Vorliegen eines Erfüllungsortes am Urlaubsort ab, da diese Verträge neben der Unterbringung, Reiseleitung, Verpflegung usw. auch gleichwertige Transportleistungen erfassten, die nicht allein mit dem Urlaubsort verknüpft seien; *Thorn*, IPRax 1994, 426 (427); vgl. auch *Koch*, der den Sitz des Reiseveranstalters als Erfüllungsort ansieht, *Koch*, S. 71.

[71] MünchKommZPO-*Patzina*, § 29 Rdnr. 24.

[72] So auch MünchKommZPO-*Patzina*, § 29 Rdnr. 77.

[73] Die wichtigsten deliktischen Ansprüche entstehen auf Grund der Verletzung von Verkehrssicherungspflichten durch den Reiseveranstalter, MünchKomm-*Tonner*, § 651 f Rdnrn. 13 ff.

[74] S. bereits § 2 I 2. b) aa).

[75] *Wagner*, WM 1995, 1129 (1129).

[76] Vgl. auch *Wagner*, WM 1995, 1129 (1129 f.).

Ein Gerichtsstand im Inland ist insbesondere nicht gemäß § 29 c ZPO eröffnet, da es sich bei den Geschäften des Teleshopping nicht um Haustürgeschäfte im Sinne des § 312 BGB handelt: Nach § 312 I Nr. 1 BGB liegt ein solches Geschäft immer dann vor, wenn ein zwischen einem Unternehmer und einem Verbraucher geschlossener Vertrag eine entgeltliche Leistung zum Gegenstand hat und der Verbraucher durch mündliche Verhandlung im Bereich einer Privatwohnung zum Vertragsabschluss bestimmt worden ist. Dies ist nach einer Ansicht auf Grund von Sinn und Zweck des § 312 I Nr. 1 BGB bei Geschäften des Teleshopping zu bejahen:[77] Die Präsentation eines bestimmten Produktes im Fernsehen solle den Zuschauer dazu veranlassen, die Ware in unmittelbarem Anschluss daran telefonisch zu bestellen. Dies bringe eine Gefährdung der rechtsgeschäftlichen Entschließungsfreiheit des Kunden mit sich, da dieser in seiner Wohnung unvorbereitet mit der Aufforderung zum Vertragsschluss konfrontiert werde und keine Möglichkeit habe, das Produkt zuvor mit anderen Erzeugnissen zu vergleichen. Nach anderer, zu befürwortender Ansicht fallen jedoch telefonische Verhandlungen grundsätzlich nicht unter § 312 I Nr. 1 BGB:[78] Vielmehr setzt diese Regelung bei der Vertragsanbahnung beziehungsweise beim Vertragsschluss einen direkten, persönlichen Kontakt zwischen Unternehmensvertreter und Verbraucher voraus.[79] Kommt es nicht zu einem solchen, so ist die Einflussnahme auf den Verbraucher weit weniger intensiv. Auch fehlt es an der mit der überraschenden persönlichen Anwesenheit des Unternehmensvertreters in der Privatwohnung des Verbrauchers verbundenen Überrumplungssituation, so dass es diesem insgesamt ungleich leichter fallen dürfte, den Kontakt ohne Abschluss eines Vertrages abzubrechen. Schließlich wird der Verbraucher beim Teleshopping lediglich durch eine allgemeine Produktpräsentation im Fernsehen als möglicher Kunde angesprochen. Die Initiative zum Vertragsschluss geht aber durch die Abgabe eines telefonischen Angebotes von ihm aus.[80] Eine dritte Ansicht kommt schließlich auf Grund § 312 f II BGB zur Einordnung der Geschäfte des Teleshopping als Haustürgeschäfte;[81] jedoch

---

[77] *Staudinger-Werner,* § 1 HausTWG Rdnr. 76; vgl. auch *Börnke*, der - widersprüchlich - darüber hinaus darauf abstellen will, ob der Verbraucher selbst den Telefonanruf getätigt hat, *Börnke*, S. 66 f. und *Wagner*, WM 1995, 1129 (1131).

[78] *BGH* vom 16. 1. 1996 – XI ZR 57 / 95, NJW 1996, 929 m. w. Nachw.; *Eckert*, DB 1994, 717 (721); *Erman-Saenger* § 312 Rdnr. 43; *Fuchs*, ZIP 2000, 1273 (1287); *Palandt-Grüneberg*, § 312 Rdnr. 12; so auch die Begründung zum Entwurf eines Gesetzes über den Widerruf von Haustürgeschäften und ähnlichen Geschäften, BT-Drs X / 2876, S. 11. Vgl. auch *Bultmann / Rahn*, die jedoch die Einordnung telefonischer Vertragsabschlüsse als Haustürgeschäfte als wünschenswert erachten, *Bultmann / Rahn*, NJW 1988, 2432 (2435 f.).

[79] Vgl. *Bülow / Artz*, NJW 2000, 2049 (2050) m. w. Nachw.

[80] *Eckert*, DB 1994, 717 (721).

[81] *Eckert*, DB 1994, 717 (721 f.), zu § 5 HausTWG *Gilles*, der daneben eine extensive Auslegung des § 1 I Nr. 1 HausTWG sowie eine Analogiebildung in Erwägung zieht; *Gilles*, NJW 1988, 2424 (2427).

kann dieser nicht gefolgt werden. So ist ein Umgehungsgeschäft nur dann zu bejahen, wenn bei gleicher Interessenlage mittels einer abweichenden rechtlichen Ausgestaltung eine vom Gesetz verbotene Regelung erreicht werden soll. Dies setzt aber seitens des Unternehmers den Willen voraus, die Anwendung verbraucherschützender Normen zu verhindern.[82] Das Konzept des Teleshopping wurde aber nicht auf Grund eines solchen Wunsches der Unternehmer entwickelt, sondern erschien vielmehr wirtschaftlich und tatsächlich sinnvoll.[83] Schließlich ist das Teleshopping trotz seines möglicherweise unterhaltenden Charakters auch nicht als Freizeitveranstaltung im Sinne des § 312 I Nr. 2 BGB anzusehen. Hierunter fallen nur gewerbliche beziehungsweise gewerblich motivierte Erlebnisse, die der Belehrung oder Unterhaltung der Teilnehmer dienen. Freizeit- und Verkaufsveranstaltung müssen dabei organisatorisch derart verbunden sein, dass der Verbraucher in eine freizeitlich unbeschwerte Stimmung versetzt wird und sich dem Vertragsabschluss nur schwer entziehen kann.[84] Eine solche Situation liegt den Geschäften des Teleshopping nicht zu Grunde. So befindet sich der Fernsehzuschauer nicht in einer ausnehmend freizeitlichen Situation beziehungsweise Umgebung inmitten einer Personengruppe. Außerdem werden mit den ausdrücklich als Werbesendungen gekennzeichneten Produktpräsentationen im Fernsehen erkennbar kommerzielle Zwecke verfolgt.[85]

Auch die Voraussetzungen des § 29 ZPO liegen, wenn der Verbraucher in Zusammenhang mit einem Geschäft des Teleshopping Ansprüche geltend machen möchte, nicht zwangsläufig vor. So ist etwa bei einer Klage des Verbrauchers auf Rückzahlung des Kaufpreises wegen Nichtigkeit des Kaufvertrages der Sitz beziehungsweise die Niederlassung von dessen Vertragspartner im Ausland Erfüllungs- und damit Gerichtsort.[86]

Da ein inländischer Fernsehzuschauer unter Zuhilfenahme des Teleshopping auch dann mit einem Vertragspartner mit Sitz beziehungsweise Niederlassung im Hoheitsgebiet eines Vertragsstaates des EuGVÜ einen Vertrag abschließen kann, wenn letzterer im Inland weder eine Niederlassung noch Vermögen hat, besteht auch nicht immer eine örtliche Zuständigkeit nach §§ 21, 23 ZPO.

Schließlich wird, wenn der Kläger einen auf Delikt gestützten Schadensersatzanspruch geltend macht, der Gerichtsstand des § 32 ZPO - aus den in

---

[82] *Palandt-Grüneberg*, § 312 f Rdnr. 2.
[83] *Staudinger-Werner* § 5 HausTWG Rdnr. 20.
[84] *Palandt-Grüneberg*, § 312 Rdnr. 16 m. w. Nachw.
[85] Vgl. *Börnke*, S. 73; *Eckert*, DB 1994, 717 (721).
[86] *Zöller-Vollkommer*, ZPO, § 29 Rdnr. 25 m. w. Nachw.

Zusammenhang mit Börsentermingeschäften inländischer Anleger an ausländischen Börsen genannten Gründen - regelmäßig nicht eröffnet sein.

II. Gegenwärtige Behandlung des Problems - Kritik

In Rechtsprechung und Literatur wurden zur Lösung dieses Problems des fehlenden Gerichtsstandes bei gegebener internationaler Zuständigkeit der deutschen Gerichte verschiedene Ansätze entwickelt. Diese sollen nachfolgend dargestellt und kritisch gewürdigt werden.

1. Kein Rechtsschutz im Inland

a) Keine internationale Zuständigkeit

aa) Nach einer Meinung geht die internationale Zuständigkeit der deutschen Gerichte ins Leere, wenn im Inland kein Gerichtsstand besteht. In diesem Fall der mangelnden internationalen Zuständigkeit ist die Klage aber wegen Fehlens einer Prozessvoraussetzung als unzulässig abzuweisen.[87]

bb) Eine solche Schlussfolgerung vom Fehlen eines örtlich zuständigen Gerichtes auf das Fehlen der internationalen Zuständigkeit erscheint jedoch - trotz ihrer Einfachheit [88]- nicht sinnvoll. Vielmehr ist *Milleker* zuzustimmen, wenn er feststellt, dass dies „die (...) Parallelität zwischen interner örtlicher und inländischer internationaler Zuständigkeit in unzulässiger Weise auf die Spitze" treibe.[89] Der Grundsatz, wonach die örtliche Zuständigkeit die internationale Zuständigkeit indiziert,[90] ist nicht ausnahmslos anzuwenden. Vielmehr greift er allein in den Fällen ein, in denen die internationale Zuständigkeit nicht ausdrücklich normiert ist. Internationale und örtliche Zuständigkeit können sich insbesondere dann nicht aus einer Norm ergeben, wenn die internationale Zuständigkeit der deutschen Gerichte auf Grund eines völkerrechtlichen Vertrages gegeben ist. Außerdem sind auf Grund der unterschiedlichen Interessenlage trotz dieses Prinzips internationale und örtliche Zuständigkeit strikt voneinander zu trennen.[91]

---

[87] So *Bernhardt* S. 96; *Neuner*, S. 53 für den Fall der Notzuständigkeit. *Reu* ist der Auffassung, die staatliche Zuständigkeit sei nicht ausübbar und daher auch nicht vorhanden, wenn die staatliche Rechtsordnung keine örtlich zuständige Behörde bereitstelle, *Reu*, S. 86.

[88] *Dölle*, RabelsZ 27 (1962), 201 (208).

[89] *Milleker*, S. 160 Fußn. 1. Ablehnend auch *Matthies*, S. 52; *Schröder*, S. 215 (für den Fall der Notzuständigkeit) und *Wach / Weberpals*, AG 1989, 193 (201).

[90] S. nur *BGH* vom 18. 4. 1985 – VII ZR 359 / 83, *BGHZ* 94, 156 (157 f.) = NJW 1985, 2090 (2090).

[91] Dies zeigt sich bereits daran, dass §§ 513 II, 545 II, 571 II 2, 576 II ZPO für die Prüfung der internationalen Zuständigkeit nicht zur Anwendung kommen; B*aumbach / Lauter-*

b) Keine Justizgewährungspflicht Deutschlands

aa) Trotz bestehender internationaler Zuständigkeit verneinte in jüngerer Zeit auch das *OLG München* die Zulässigkeit einer Klage, allerdings mangels örtlicher Zuständigkeit.[92] In seinem Urteil vertrat das Gericht die Auffassung, dass zwar Art. 14 I EuGVÜ nur die internationale Zuständigkeit regle und damit kein örtlich zuständiges Gericht bestimme. Dennoch bestehe weder im Rahmen des EuGVÜ noch innerhalb der Gerichtsstandsbestimmungen der ZPO eine Regelungslücke, die durch die Gerichte ausgefüllt werden könne. Insbesondere sei eine analoge Anwendung der §§ 6 a, 6 b AbzG und § 7 HausTWG beziehungsweise nunmehr § 29 c ZPO[93] nicht möglich. Der deutsche Gesetzgeber habe im Rahmen der Einführung des Verbraucherkreditgesetzes § 6 a AbzG ersatzlos gestrichen und damit zum Ausdruck gebracht, dass er die derzeitigen Gerichtsstandsbestimmungen auch unter dem Gesichtspunkt des Verbraucherschutzes grundsätzlich für ausreichend erachte. Sollte dennoch eine Regelungslücke in den deutschen Gerichtsstandsbestimmungen bestehen, so ist es nach Ansicht des *OLG München* Aufgabe des Gesetzgebers, diese auszufüllen.[94]

Das Vorhandensein einer planwidrigen Regelungslücke im deutschen Zuständigkeitsrecht, die durch die Rechtsprechung ausgefüllt werden könnte, bestreitet auch *de Lousanoff*.[95] So fehle es zum einen bereits an der Regelungslücke. Eine solche liege nur dann vor, wenn das Gesetz keine Antwort auf eine Frage enthalte, die „nach der zu Grunde liegenden Regelungsabsicht" einer Regelung bedarf.[96] Im vorliegenden Zusammenhang könne eine Regelungslücke daher nur dann angenommen werden, wenn Art. 13, 14 EuGVÜ auch in den Vertragsstaaten, deren nationales Recht keinen Gerichtsstand für Klagen des Verbrauchers kennt, einen solchen sicherstellen wollten. Dem stehe allerdings entgegen, dass zum Zeitpunkt der Neufassung des Vierten Abschnittes in den Mitgliedstaaten zum Teil in sehr

---

bach / Albers / Hartmann-Hartmann, ZPO, Übers § 12 Rdnr. 6; *v. Hoffmann*, S. 75 Rdnr. 32 und S. 77 f. Rdnr. 38; *Zöller-Geimer*, ZPO, IZPR Rdnr. 38 f. jeweils m. w. Nachw.

[92] *OLG München* vom 21. 2. 1992 – 25 U 2987 / 91, NJW-RR 1993, 701. In diesem Fall musste sich das Gericht mit der Klage eines deutschen Anlegers gegen ein US-amerikanisches Brokerhaus befassen, das unter Verlusten Börsentermingeschäfte für den Kläger durchgeführt hatte. Das Gericht unterstellte für die nachfolgend geschilderten Überlegungen die Anwendbarkeit der Art. 13 II, 14 I EuGVÜ.

[93] Ausführlich zu den im nationalen Recht bereits vorhandenen, verbraucherschützenden Gerichtsstandsregelungen s. § 4.

[94] *OLG München* vom 21. 1. 1992 – 25 U 2987 / 91, NJW-RR 1993, 701 (702).

[95] *De Lousanoff*, in: Gedächtnisschr. für Arens, S. 267 ff. Auch *Kralik* geht von einer vom Gesetzgeber gewollten Unvollständigkeit der Gerichtsstandsregelung in der ZPO aus, *Kralik*, ZZP (74) 1961, 2 (17 f.).

[96] *Larenz*, S. 194.

viel weiterem Umfang verbraucherfreundliche Gerichtsstände vorhanden waren als nach dem damaligen EuGVÜ.[97] Das neugefasste EuGVÜ sollte daher lediglich grenzüberschreitend den Schutz sicherstellen, der in den einzelnen Vertragsstaaten auf Grund nationaler Regelungen bereits bestand, denn es hätte langfristig zu unerwünschten Spannungen zwischen den nationalen Rechten und dem EuGVÜ geführt, wenn letzteres dem Verbraucher einen Teil des Schutzes vorenthalten hätte, den ihm die nationalen Rechte gewährten.[98] Demgegenüber sei es nicht Ziel der Neufassung gewesen, den nationalen Rechten unbekannte Verbrauchergerichtsstände zu schaffen. Ansonsten hätten die Verfasser des EuGVÜ in Art. 14 nicht nur die internationale, sondern auch die örtliche Zuständigkeit geregelt, wie dies auch bei anderen Vorschriften[99] geschehen sei. Zum anderen fehle es, eine solche Regelungslücke unterstellt, an deren Planwidrigkeit. Eine Regelungslücke sei vielmehr vom Gesetzgeber gewollt oder zumindest bewusst in Kauf genommen, weswegen die Ausfüllung allein ihm zustehe.[100] Schließlich führt nach *de Lousanoff* zumindest im Falle des spekulierenden Anlegers das Fehlen einer örtlichen Zuständigkeit nicht zu „gravierenden Unzuträglichkeiten",[101] da sich in der Sache auch bei Anrufung beispielsweise eines Gerichtes am Sitz des Brokerhauses oder eines vereinbarten Schiedsgerichtes keine abweichende Entscheidung ergeben dürfte.

bb) Dem ist zunächst entgegen zu halten, dass in allen Fällen, in denen das EuGVÜ die internationale Zuständigkeit in einem Vertragsstaat eröffnet und die Festlegung der örtlichen Zuständigkeit dem nationalen Recht dieses

---

[97] *De Lousanoff*, in: Gedächtnisschr. für Arens, S. 269.

[98] Bericht zu dem Übereinkommen über den Beitritt des Königreichs Dänemark, Irlands und des Vereinigten Königreichs Großbritannien und Nordirland zum Übereinkommen über die gerichtliche Zuständigkeit und die Vollstreckung gerichtlicher Entscheidungen in Zivil- und Handelssachen sowie zum Protokoll betreffend die Auslegung dieses Übereinkommens durch den Gerichtshof, BT - Drs 10/61, Nr. 153; *de Lousanoff*, in: Gedächtnisschr. für Arens, S. 270.

[99] Beispielsweise Art. 8 I Nr. 2 und Nr. 3 EuGVÜ.

[100] *De Lousanoff* beruft sich hier ebenso wie das *OLG München* auf die vergleichbare Problematik im Rahmen des Übereinkommens vom 19. 5. 1956 über den Beförderungsvertrag im internationalen Straßengüterverkehr (CMR). In diesem Zusammenhang hatte auch der *BGH* in einer von *Geimer* (*Geimer*, Kurzkommentar zu *KG* vom 13. 1. 2000 – 19 W 5398 / 99, EWiR 2000, 439 [440]) als „unglücklich" bezeichneten Entscheidung die Ansicht vertreten, dass es Aufgabe des Gesetzgebers sei, die Gerichtsstandsfrage zu regeln, *BGH* vom 6. 2. 1981 – I ZR 148 / 78, *BGHZ* 79, 332 (336) = VersR 1981, 633 mit Anm. *Wodrich* = NJW 1981, 1902 mit diesbezüglich ablehnender Anm. *Kropholler*, s. auch § 2 II. 4. b). Außerdem könne der Gesetzgeber zumindest bei Ratifikation des EuGVÜ nicht übersehen haben, dass im Inland nicht in allen Fällen ein der internationalen Zuständigkeit nach Art. 13, 14 EuGVÜ entsprechender Gerichtsstand eröffnet sei, *de Lousanoff*, in: Gedächtnisschr. für Arens, S. 271.

[101] *De Lousanoff*, in: Gedächtnisschr. für Arens, S. 271.

Staates überlässt, dieser ein örtlich zuständiges Gericht zur Sachentscheidung zur Verfügung stellen muss.[102]

Für das Bestehen einer solchen, auf das EuGVÜ gestützten Justizgewährungspflicht spricht bereits dessen Wortlaut. So bestimmt beispielsweise Art. 2 S. 1 EuGVÜ, dass Personen mit Wohnsitz in einem Vertragsstaat vor den Gerichten dieses Staates zu verklagen *sind*.[103] Eine solche Pflicht entspricht auch dem Sinn und Zweck des Übereinkommens: Das EuGVÜ sollte zur Schaffung eines gemeinsamen Binnenmarktes beitragen und daher auch die Rechtsschutzmöglichkeiten der Bürger verbessern.[104] Bestünde im Rahmen des EuGVÜ keine Justizgewährungspflicht der Vertragsstaaten, so könnte es zu negativen Kompetenzkonflikten kommen, die das Übereinkommen aber gerade vermeiden möchte.[105] Außerdem könnten die Vertragsstaaten in diesem Fall die Regelungen des Übereinkommens unterlaufen, indem sie kein örtlich zuständiges Gericht zur Verfügung stellten.[106] Die Wertentscheidung, die zur Bejahung der internationalen Zuständigkeit führte, darf nicht einfach mangels örtlicher Zuständigkeit wieder aufgehoben werden.[107] Auch aus der Tatsache, dass Art. 14 I Alt. 2 EuGVÜ nur die internationale Zuständigkeit regelt, kann nicht auf das Fehlen einer Regelungslücke geschlossen werden. Der Verzicht auf die Regelung der örtlichen Zuständigkeit dient allein dazu, den einzelnen Vertragsstaaten einen Gestaltungsspielraum bezüglich der Regelung der örtlichen Zuständigkeit einzuräumen und dem Verbraucher das Recht zu erhalten, den ihm günstigsten

---

[102] Etwas anderes gilt nur dann, wenn das EuGVÜ die Entscheidung über die internationale Zuständigkeit ausdrücklich den Vertragsstaaten überlässt beziehungsweise die Parteien die Zuständigkeit des an sich zuständigen Staates derogiert oder die schiedsgerichtliche Erledigung des Rechtsstreites vereinbart haben, vgl. *Geimer / Schütze*, Internationale Urteilsanerkennung, Bd. 1, Halbd. 1, S. 284 f.

[103] Zwar bestimmt Art. 5 EuGVÜ: „Eine Person, die ihren Wohnsitz im Hoheitsgebiet eines Mitgliedstaats hat, *kann* in einem anderen Vertragsstaat verklagt werden: (...)". Dies bedeutet allerdings nicht, dass das Gericht über die Inanspruchnahme der Zuständigkeit entscheiden kann, vielmehr steht dies nur dem Kläger zu, vgl. *Huber*, RIW 1993, 977 (979).

[104] So bereits die Präambel zum EuGVÜ; *KG* vom 13. 1. 2000 – 19 W 5398/00, IPRax 2001, 44 (45) = NJW 2000, 2283 (2284); *Benicke*, WM 1997, 945 (953); *Kropholler*, Europäisches Zivilprozessrecht, Einl. Rdnr. 6.

[105] Vgl. auch *Geimer*, WM 1976, 830 (835 und Fußn. 42); *Huber*, RIW 1993, 977 (979).

[106] *Geimer*, Kurzkommentar zu *KG* vom 13. 1. 2000 – 19 W 5398 / 99, EWiR 2000, 439 (440); *ders.*, Internationales Zivilprozessrecht, S. 326 Rdnr. 970; *Geimer / Schütze*, Internationale Urteilsanerkennung, Bd. 1, Halbd. 1, S. 284; *Wach / Weberpals*, AG 1989, 193, (201).

[107] *LG Konstanz* vom 24. 8. 1992 – 2 O 241/92, NJW-RR 1993, 638 (639) = IPRax 1994, 448; *Kropholler-Kropholler*, Hdb. des Internationalen Zivilverfahrensrechts - Bd. 1, S. 253 Rdnr. 145; *Mankowski*, IPRax 2001, 33 (34). Dieser Auffassung schließt sich *Wieczorek / Schütze-Hausmann*, ZPO, Vorb. § 12 Rdnr. 69 an.

Gerichtsstand zu wählen.[108] Auch die Systematik des EuGVÜ spricht für eine Justizgewährungspflicht der Vertragsstaaten: Nach Art. V des Protokolls vom 27. 9. 1968 können bestimmte Zuständigkeiten in Deutschland nicht geltend gemacht werden. Ein solcher, ausdrücklicher Vorbehalt wäre aber nicht erforderlich gewesen, wenn die Vertragspartner des EuGVÜ davon ausgegangen wären, dass das Übereinkommen die internationale Zuständigkeit nur unverbindlich anordne.[109] Eine Verneinung der Justizgewährungspflicht ließe sich auch nicht mit Art. 28 I EuGVÜ in Einklang bringen. Hiernach muss der Anerkennungs- beziehungsweise Vollstreckungsrichter im Rahmen der Prüfung, ob einem Urteil die Anerkennung beziehungsweise Vollstreckung zu versagen ist, auch überprüfen, ob Art. 13 ff. EuGVÜ beachtet worden sind. Dies zeigt, dass das EuGVÜ in seinem Vierten Abschnitt einen zuständigkeitsrechtlichen Mindeststandard für Verbrauchersachen sicherstellen soll.[110] Schließlich gelangt man auch mit Hilfe der historischen Auslegung zu einer Justizgewährungspflicht der Vertragsstaaten. So haben die kontinentaleuropäischen Staaten anlässlich des Beitritts des Vereinigten Königreichs zum EuGVÜ deutlich gemacht, dass die Vertragsstaaten verpflichtet sein sollen, eine eröffnete Zuständigkeit auch in Anspruch zu nehmen.[111]

Daneben lässt sich auch aus dem nationalen Recht eine Pflicht Deutschlands zur Justizgewährung herleiten. Auch wenn diese nicht ausdrücklich normiert ist, so ist sie doch verfassungsrechtlich durch das Rechtsstaatsprinzip in Verbindung mit dem Selbsthilfeverbot abgesichert.[112] In einem Rechtsstaat muss dem Verbot der Selbsthilfe ein Anspruch des Bürgers gegen den Staat auf Justizgewährung gegenüberstehen.[113] Dieser Anspruch besteht nicht nur

---

[108] *KG* vom 13. 1. 2000 – 19 W 5398 / 99, IPRax 2001, 44 (44) = NJW 2000, 2283 (2284). *Mankowski* ist der Auffassung, dass die Fassung des Art. 14 I Alt. 2 EuGVÜ diesbezüglich auf einem Redaktionsversehen beruhe, *Mankowski*, IPRax 2001, 33 (36).

[109] *Geimer*, WM 1976, 830 (835); *Geimer / Schütze*, Internationale Urteilsanerkennung, Bd. 1, Halbd. 1, S. 283 f.; *Huber*, RIW 1993, 977 (979).

[110] *Weber-Stecher*, S. 161, Fußn. 61 mit Bezug zum LuGÜ; im Anschluss hieran auch *Mankowski*, IPRax 2001, 33 (33).

[111] Vgl. Bericht zu dem Übereinkommen über den Beitritt des Königreichs Dänemark, Irlands und des Vereinigten Königreichs Großbritannien und Nordirland zum Übereinkommen über die gerichtliche Zuständigkeit und die Vollstreckung gerichtlicher Entscheidungen in Zivil- und Handelssachen sowie zum Protokoll betreffend die Auslegung dieses Übereinkommens durch den Gerichtshof, BT - Drs 10/61, Nr. 78.

[112] Vgl. *Buchner*, S. 60 m. w. Nachw.

[113] *BVerfG* vom 13.3.1990 – 2 BvR 94/88 u. a., NJW 1991, 413 (413); *Geimer*, WM 1976, 830 (836, Fußn. 45); *ders.*, ZfRV 1992, 321 (325); *ders.*, in: Festschr. für Schwind, S. 30 f; *Stein / Jonas-Brehm*, vor § 1 Rdnr. 285.

insoweit, als er zur Verwirklichung von Grundrechten notwendig ist; vielmehr umfasst er die Durchsetzung aller subjektiven, privaten Rechte.[114]

Schließlich kann eine Justizgewährungspflicht auch mit Hilfe von Art. 6 I EMRK begründet werden, der auch für den Bereich des Zivilrechtes Verfahrensgarantien - insbesondere einen Anspruch auf gerichtlichen Rechtsschutz - enthält.[115] So hat der *Europäische Gerichtshof für Menschenrechte* klargestellt, dass verfahrensrechtliche Garantien nur dann Bedeutung erlangen können, wenn Art. 6 I EMRK die Vertragsstaaten verpflichtet, überhaupt Zugang zu ihren Gerichten zu gewähren.[116]

Die somit bestehende Pflicht, ein örtlich zuständiges Gericht bereitzustellen, obliegt auch nicht allein dem Gesetzgeber. Vielmehr trifft sie alle Staatsorgane und somit auch die Gerichte. Die Schaffung eines örtlichen Ersatzgerichtsstandes durch die Rechtsprechung stellt keinen Verstoß gegen den Grundsatz der Gewaltenteilung dar, da die Schließung der gesetzlichen Lücke nicht dem ausdrücklichen Willen des Gesetzgebers widerspricht.[117] Zwar hat der Gesetzgeber § 6 a AbzG ersatzlos gestrichen, so dass für Klagen nach dem Verbraucherkreditgesetz kein ausschließlicher Gerichtsstand mehr besteht. Ein solcher ist aber beispielsweise für Klagen aus Haustürgeschäften nach § 29 c I ZPO weiterhin eröffnet. Daher können die der Streichung des § 6 a AbzG zu Grunde liegenden Überlegungen des Gesetzgebers nicht verallgemeinert und auf die hier relevante Fallgruppe der europäischen Verbrauchersachen übertragen werden. Somit besteht keine explizite Entscheidung des Gesetzgebers gegen die Schaffung eines örtlichen Ersatzgerichtsstandes in diesen Fällen.[118] Auch kann mittels einer Lückenschließung durch den Richter der Verpflichtung zur Justizgewährung vor Abschluss eines zeitraubendes Gesetzgebungsverfahrens nachgekommen werden. Da die Justizgewährungspflicht - wie gezeigt - auch völkerrechtlich besteht, entspricht bei geltendem Recht eine Lückenschließung durch den Richter dem

---

[114] Der Zugang gerade zu den deutschen Gerichten muss nach Ansicht von *Geimer* von Verfassungs wegen aber nur dann eröffnet werden, wenn der Sachverhalt, der Gegenstand der Klage ist, einen bestimmten Inlandsbezug aufweist, *Geimer*, in: Festschr. für Schwind, S. 31 ff.

[115] *Buchner*, S. 61 f., *Echterhölter*, JZ 1956, 142 (145); *Heldrich*, S. 139 f. m w. Nachw.; *Pfeiffer*, S. 352; *Stein / Jonas-Brehm*, vor § 1 Rdnr. 286.

[116] *Europäischer Gerichtshof für Menschenrechte* vom 21. 2. 1975, 4451 / 1970 – Golder, A 18, Nr. 35 f.

[117] Vgl. *Mankowski*, IPRax 2001, 33 (34).

[118] Nach Auffassung von *Mankowski* hat der Gesetzgeber die Folgen der Streichung des § 6 a AbzG ohnehin nur oberflächlich bedacht, *Mankowski*, IPRax 2001, 33 (35) m. w. Nachw.

Grundsatz des völkerrechtsfreundlichen Verhaltens, der sich an alle staatlichen Organe richtet.[119]

2. Regelung im Einzelfall

a) Gerichtsstandsbestimmungsverfahren analog § 36 I Nr. 1 ZPO

aa) Nach Meinung von *Vollkommer / Vollkommer* ist keine gesetzliche Regelung zur Bestimmung des örtlichen Ersatzgerichtsstandes erforderlich, sondern vielmehr im Einzelfall ein Gerichtsstandsbestimmungsverfahren analog § 36 I Nr. 1 ZPO[120] durch das im Rechtszuge zunächst höhere Gericht durchzuführen. Voraussetzung für die Anwendbarkeit des § 36 I Nr. 1 ZPO sei, dass das nach den allgemeinen Normen zuständige Gericht seine Zuständigkeit aus bestimmten rechtlichen oder tatsächlichen Gründen nicht ausüben könne.[121] Zwar gebe es im hier relevanten Fall gerade kein örtlich zuständiges Gericht im Inland.[122] Die Situation des fehlenden Gerichtsstandes trotz bestehender internationaler Zuständigkeit der deutschen Gerichte auf Grund eines internationalen Übereinkommens entspreche allerdings der in § 36 I Nr. 1 ZPO geschilderten Situation. Es liege ein Fall der rechtlichen Verhinderung vor. Diese beruhe darauf, dass der Gesetzgeber es unterlassen habe, für jeden Fall, in dem ein internationales Übereinkommen dies verlange, ein örtlich zuständiges Gericht bereitzustellen. Schließlich verweisen *Vollkommer / Vollkommer* zur Bekräftigung ihrer Auffassung auf das österreichische Recht.

---

[119] *Thorn*, IPRax 1994, 426 (427); *Schack*, Rdnr. 189.

[120] *Vollkommer / Vollkommer*, in: Festschr. für Geimer, S. 1374 f. *Max Vollkommer* hält § 36 Nr. 1 und Nr. 2 ZPO für entsprechend anwendbar, wenn auf Grund einer Lücke in den gesetzlichen Regelungen Ungewissheit über die örtliche Zuständigkeit besteht. Allerdings geht er auf die analoge Anwendung des § 36 I Nr. 2 ZPO nicht näher ein; *Zöller-Vollkommer*, ZPO, § 29 c Rdnr. 12 und § 36 Rdnr. 13.

[121] Eine rechtliche Verhinderung des zuständigen Gerichts liegt vor, wenn sämtliche Richter des Gerichtes sowie ihre Stellvertreter von der Ausübung des Amtes ausgeschlossen (§ 41 ZPO) oder wegen der Besorgnis der Befangenheit abgelehnt (§ 42 ZPO) sind. Ein Fall der tatsächlichen Verhinderung ist bei Krankheit und Tod, aber auch bei einem Stillstand der Rechtspflege wegen einer Naturkatastrophe oder Kriegseinwirkung (§ 245 ZPO) gegeben, vgl. *Althanns*, S. 4; MünchKommZPO-*Patzina*, § 36 Rdnrn. 19 und 20; *Stein / Jonas-Schumann*, ZPO, § 36 Rdnrn. 6 ff.; *Zöller-Vollkommer*, ZPO, § 36 Rdnrn. 11 und 12.

[122] Daher kommt alleine eine analoge Anwendung des § 36 I Nr. 1 ZPO in Betracht. So auch *Zöller-Vollkommer*, ZPO, § 36 Rdnr. 13. Demgegenüber scheinen *Vollkommer / Vollkommer*, in: Festschr. für Geimer, S. 1374 von einer unmittelbaren Anwendung des § 36 I Nr. 1 ZPO auszugehen, allerdings ebenfalls unter Berufung auf die hier geschilderte Argumentation.

Dieses enthält in § 28 I Nr. 1 JN[123] folgende Ordinationsmöglichkeit:

> Sind für eine bürgerliche Rechtssache die Voraussetzungen für die örtliche Zuständigkeit eines inländischen Gerichts im Sinne dieses Gesetzes oder einer anderen Rechtsvorschrift nicht gegeben oder nicht zu ermitteln, so hat der *Oberste Gerichtshof* aus den sachlich zuständigen Gerichten eines zu bestimmen, welches für die fragliche Rechtssache als örtlich zuständig zu gelten hat, wenn Österreich auf Grund eines völkerrechtlichen Vertrages zur Ausübung von Gerichtsbarkeit verpflichtet ist.

bb) Eine Gerichtsstandsbestimmung auf Grund einer Ermessensentscheidung des angerufenen Gerichtes analog § 36 I Nr. 1 ZPO ist zunächst auf ihre Vereinbarkeit mit dem Prinzip des gesetzlichen Richters zu untersuchen: Art. 101 I 2 GG fordert, dass nicht willkürlich ein nach der gesetzlichen Gerichtsorganisation oder dem Geschäftsverteilungsplan nicht vorgesehener Richter tätig wird. Dies bedeutet jedoch nicht, dass der gesetzliche Richter durch den Gesetzgeber endgültig bestimmt sein muss. Vielmehr kann dessen Bestimmung auch einem anderen Richter, der auf Grund einer gesetzlichen Bestimmung hierfür zuständig ist, übertragen werden.[124] Daher ist § 36 ZPO verfassungsrechtlich unbedenklich. Das durch ein Gerichtsstandsbestimmungsverfahren bestimmte Gericht ist gesetzlicher Richter im Sinne des Grundgesetzes.[125] Der Einfluss von sachfremden Erwägungen auf das Bestimmungsverfahren wird grundsätzlich dadurch verhindert, dass „das zuständige Gericht" bestimmt werden muss. Dies ist im Fall des § 36 I Nr. 1 ZPO zwar nicht möglich. Dennoch ist auch hier ein hinreichender Schutz vor sachfremden Erwägungen gewährleistet:[126] Das bestimmende Gericht kann nicht frei einen Gerichtsstand wählen, sondern muss sich bei der Bestimmung des zuständigen Gerichtes von Zweckmäßigkeitserwägungen leiten lassen und sowohl objektive als auch individuelle Gesichtspunkte berücksichtigen.[127] Auch eine analoge Anwendung der Zuständigkeitsregelung des § 36 I Nr. 1 ZPO ist grundsätzlich möglich, da eine Analogie im Verfahrensrecht und somit auch im Rahmen der Zuständigkeitsregelungen grundsätzlich zulässig ist, um Gesetzeslücken auszufüllen.[128] Allerdings be-

---

[123] Gesetz vom 1. 8. 1895, RGBl 1895 / 111, über die Ausübung der Gerichtsbarkeit und die Zuständigkeit der ordentlichen Gerichte in bürgerlichen Rechtssachen (Jurisdikionsnorm), zuletzt novelliert BGBl. 2001 I, S. 98. S. auch *Heiss / Mayr*, IPRax 1999, 305 (307).
[124] *Althanns*, S. 120; *Herz*, S. 7 m. w. Nachw. auch aus der Rechtsprechung.
[125] MünchKommZPO-*Patzina*, § 36 Rdnr. 1; *Stein / Jonas-Schumann*, ZPO, § 36 Rdnr. 1; *Vollkommer / Vollkommer*, in: Festschr. für Geimer, S. 1375.
[126] *Wieczorek / Schütze-Hausmann*, ZPO, § 36 Rdnr. 4.
[127] *Althanns*, S. 124; *Schröder*, S. 810 Fußn. 3643; *Herz*, S. 7 und S. 151 f. m. w. Nachw.; *Stein / Jonas-Schumann*, ZPO, § 37 Rdnr. 2; a. A. *Bettermann / Nipperdey / Scheuner-Bettermann*, S. 569.
[128] S. nur *BGH* vom 17. 10. 1952 – I ARZ 350/52, *BGHZ* 7, 307 (310); vom 21. 11. 1955 – II ARZ 1/55, *BGHZ* 19, 102 (107) bzgl. § 5 I 2 FGG; *Heldrich*, S. 197.

ruht die analoge Anwendung einer Zuständigkeitsvorschrift im Ergebnis meist auf einer nicht leicht vorhersehbaren Wertung. Dies ist insbesondere bei einer analogen Anwendung des § 36 I Nr. 1 ZPO der Fall. Dem rechtsuchenden Kläger dürfte es nicht leicht fallen, einzuschätzen, welches Gericht letztlich als zuständig bestimmt werden wird - trotz der Tatsache, dass sich das bestimmende Gericht an Zweckmäßigkeitsgesichtspunkten zu orientieren hat. Dies bringt unerwünschte Unsicherheiten mit sich.[129]

Des Weiteren befassen sich *Vollkommer / Vollkommer* nicht mit der Frage, welches Gericht zur Bestimmung zuständig sein soll. Im Falle des § 36 I Nr. 1 ZPO ist bestimmendes Gericht grundsätzlich das dem verhinderten Gericht übergeordnete Gericht. Da es ein eigentlich zuständiges Gericht in den hier zu behandelnden Fällen aber gerade nicht gibt, kommt trotz der Regelungen in § 36 I, II ZPO alleine eine Zuständigkeit des *Bundesgerichtshofes* in Betracht. Den *BGH* mit Gerichtsstandsbestimmungen zu bemühen, ist aber wegen dessen Überlastung nicht wünschenswert. Diesen Gedanken verdeutlicht die Reform des § 36 ZPO aus dem Jahre 1998, die insbesondere der Entlastung des *Bundesgerichtshofes* von Zuständigkeitsbestimmungen dienen sollte.[130]

Schließlich ist wegen des grundsätzlichen Antragserfordernisses nach § 37 I ZPO eine Ermittlung des Ersatzgerichtsstandes dann nicht möglich, wenn nicht der Rechtssuchende selbst, sondern ein Dritter Kenntnis über das zuständige Gericht erlangen möchte.[131]

b) Gerichtsstandsbestimmungsverfahren (analog) § 36 I Nr. 6 ZPO

aa) Für den Fall eines negativen Kompetenzkonfliktes verschiedener Gerichte im Inland wird eine Gerichtsstandsbestimmung (analog) § 36 I Nr. 6 ZPO vorgeschlagen.[132] Hiernach ist die Bestimmung des örtlich zuständigen Gerichtes durch ein höheres Gericht immer dann möglich, wenn verschiedene Gerichte, von denen eines für den Rechtsstreit zuständig ist, sich rechtskräftig für unzuständig erklärt haben.

---

[129] Vgl. auch *Matthies*, S.51 f.

[130] S. *Zöller-Vollkommer*, ZPO, § 36 Rdnrn. 1 und 3 m. w. Nachw.; a. A. *Matthies*, der im Jahre 1975 die Auffassung vertrat, dass auf Grund der geringen Zahl der Fälle eine besondere Belastung des *BGH* nicht zu befürchten sei, *Matthies*, S. 58.

[131] Vgl. auch *Heldrich*, S. 198.

[132] *Matthies*, S. 57; *Stein / Jonas-Schumann*, ZPO, § 36 Rdnr. 26 und de lege ferenda wohl auch *Milleker*, S. 164, § 2 II. 4. a), de lege lata s. aber § 2 II. 2. c) aa).

Dieses Verfahren mache weitere, unübersichtliche Zuständigkeitsvorschriften mit jeweils mehreren Hilfsgerichtsständen entbehrlich.[133]

bb) Ein negativer Kompetenzkonflikt setzt allerdings voraus, dass die vom Kläger angerufenen Gerichte unterschiedlicher Auffassung über ihre örtliche[134] Zuständigkeit sind.[135] Die internationale Zuständigkeit der deutschen Gerichte muss gegeben sein.[136] Dies schränkt die Zahl der Fälle, in denen ein solches Gerichtsstandsbestimmungsverfahren zur Festlegung eines Ersatzgerichtsstandes angewandt werden kann, erheblich ein. Jedenfalls scheidet eine unmittelbare Anwendung des § 36 I Nr. 6 ZPO aus, wenn - wie etwa in dem eingangs geschilderten Fall eines verlustreichen Anlagegeschäftes -[137] eines der vom Kläger angerufenen Gerichte bereits seine internationale Zuständigkeit verneint. Fraglich bleibt jedoch, ob in diesem Fall eines Konfliktes der Gerichte über die internationale Zuständigkeit § 36 I Nr. 6 ZPO analog angewandt werden kann. Dies ist, obwohl bereits das *Reichsgericht* § 36 Nr. 6 ZPO im Falle eines interlokalen Zuständigkeitsmangels anwandte, um den Kläger nicht rechtlos zu lassen,[138] zu verneinen.[139] Zwar ist dieser Fall in seiner Wirkung vergleichbar mit dem eines negativen Kompetenzkonfliktes auf internationaler Ebene, so dass der Gedanke an eine analoge Anwendung des § 36 I Nr. 1 ZPO nahe liegt. Allerdings sind die Sachverhalte auf Grund der Besonderheiten der internationalen Zuständigkeit nicht vergleichbar, so dass es an der Grundlage für einen Analogieschluss fehlt: Das die Gerichtsstandsbestimmung vornehmende, inländische Gericht könnte ein ausländisches Gericht nicht für zuständig erklären, sollte es die internationale Zuständigkeit der deutschen Gerichte für nicht gegeben halten.[140] Grundsätzlich spricht auch die Tatsache, dass in den Fällen der Rechtswegkompetenzkonflikte nach

---

[133] *Matthies*, S. 57.

[134] Ein Gerichtsstandsbestimmungsverfahren kann jedenfalls in diesem Fall stets erfolgen. Dies ergibt sich bereits aus der Stellung des § 36 ZPO im 2. Titel der ZPO, vgl. *Herz*, S. 11.

[135] *OLG Schleswig* vom 10. 3. 2000 – 2 W 22 / 00, JZ 2000, 793 (793); *Baumbach / Lauterbach / Hartmann / Albers-Hartmann*, ZPO, § 36 Rdnr. 24; *Thomas / Putzo-Putzo*, ZPO, § 36 Rdnr. 21; *Zöller-Vollkommer*, ZPO, § 36 Rdnr. 22.

[136] *BGH* vom 17. 9. 1980 – IV b ARZ 50 / 83, FamRZ 1981, 23 = NJW 1980, 2646; *Herz*, S. 17 m. w. Nachw.; *Mankowski*, Anm. zu *OLG Schleswig* vom 10. 3. 2000 – 2 W 22 / 00, JZ 2000, 793 (795) m. w. Nachw.

[137] S. § 2 I. 2. b) aa).

[138] *RG* vom 12. 8. 1941 – II GB 64 / 41, *RGZ* 167,222 (224).

[139] So auch *OLG Schleswig* vom 10. 3. 2002 – 2 W 22 / 00, JZ 2000, 793 (793); *Mankowski*, Anm. zu *OLG Schleswig* vom 10. 3. 2002 – 2 W 22 / 00, JZ 2000, 793 ff.; *Pagenstecher*, RabelsZ 11 (1937), 337 (381); *Zöller-Vollkommer*, ZPO, § 36 Rdnr. 29. Offen gelassen von *BGH* vom 23. 1. 2001 – X ZB 7 / 00, NJW 2001, 1285 (1285). Mit Hinweis auf die ansonsten bestehende Rechtsschutzlosigkeit der Parteien a. A. *Althanns*, S. 61, allerdings ohne weitere Rechtfertigung der Analogie.

[140] Vgl. *Eckstein*, S. 126; *Schumann*, in: Festschr. für Nagel, S. 403 ff.

herrschender Meinung[141] eine analoge Anwendung des § 36 I Nr. 6 ZPO möglich ist, für die Möglichkeit einer Analogie in den Fällen der widersprechenden Entscheidungen zur internationalen Zuständigkeit. So steht die internationale Zuständigkeit der örtlichen Zuständigkeit grundsätzlich näher als die Rechtswegzuständigkeit. Jedoch kann in den Fällen des Konfliktes über die Rechtswegkompetenz das bestimmende Gericht ein Gericht des anderen Gerichtszweiges für zuständig erklären.[142] Dies ist bei einem Streit über die internationale Zuständigkeit nicht der Fall. Daher steht bezüglich der hier relevanten Frage die internationale Zuständigkeit der örtlichen Zuständigkeit nicht näher als die Rechtswegzuständigkeit.

Gegen ein Gerichtsstandsbestimmungsverfahren spricht auch, dass ein solches verhältnismäßig zeitaufwendig ist.[143] So müssen grundsätzlich mindestens zwei rechtskräftige, sich widersprechende Entscheidungen vorliegen.[144]

Schließlich kann auch im Falle des § 36 I Nr. 6 ZPO ein Dritter in der Regel keine Klarheit über den Ersatzgerichtsstand gewinnen, da dieses Gerichtsstandsbestimmungsverfahren zwar durch eine Vorlage des Gerichtes,[145] nicht jedoch durch den Antrag eines Dritten ausgelöst werden kann.

c) Wahlrecht des Klägers

aa) Eine weitere Ansicht gesteht dem Kläger in den Fällen des fehlenden Gerichtsstandes im Inland trotz bestehender internationaler Zuständigkeit ein Wahlrecht zu.[146] Ein solches Wahlrecht kennt auch das auf dem Staatsangehörigkeitsprinzip aufbauende französische Prozessrecht. Mit seiner Hilfe hat die französische Rechtsprechung die Lücken innerhalb der örtlichen Zuständigkeitsnormen geschlossen, die durch die vom Wohnsitz des jeweiligen Beklagten und vom Bezug des Streitgegenstandes zu Frankreich unabhängigen Regelungen der Art. 14 und 15 Code civil entstehen.[147] Nach der im

---

[141] S. nur *Herz*, S. 55 m. w. Nachw.

[142] *Mankowski*, Anm. zu *OLG Schleswig* vom 10. 3. 2000 – 2 W 22 / 00, JZ 2000, 793 (796).

[143] So auch *Heldrich*, S. 198.

[144] *Baumbach / Lauterbach / Albers / Hartmann-Hartmann*, ZPO § 36 Rdnr. 24; *Herz*, S. 63 ff. m. w. Nachw.

[145] *Herz*, S. 96 ff. m. w. Nachw.; *Thomas / Putzo-Putzo*, ZPO, § 36 Rdnr. 2.

[146] *Linke*, S. 74 Rdnr. 181 für den Fall der Prorogation der deutschen internationalen Zuständigkeit und S. 87 f. Rdnr. 206; *Milleker*, S. 164; *Schröder*, S. 215 (für den Fall der Notzuständigkeit), S. 468 (für den Fall einer Zuständigkeitsvereinbarung) und S. 810 (für den Fall der Zuständigkeitsrückverweisung).

[147] *Schröder* S. 172 ff. m. w. Nachw. Nach Art. 14 Code civil kann ein Franzose jedermann vor französischen Gerichten verklagen, unabhängig von der Staatsangehörigkeit des Beklagten, auch wenn dieser nicht in Frankreich wohnt und der Streitgegenstand auch an-

deutschen Zivilprozessrecht vertretenen Auffassung, die sich an die französische Rechtsprechung anlehnt, darf der Kläger sein Wahlrecht allerdings nicht unredlich beziehungsweise rechtsmissbräuchlich ausüben.[148] Er muss das Gericht auswählen, an dem unter Berücksichtigung der Umstände des Einzelfalles die Rechtspflege am vernünftigsten vorgenommen werden kann.[149] Die Befürworter eines Wahlrechts des Klägers berufen sich insbesondere auf die guten Erfahrungen der französischen Gerichtspraxis. Außerdem bedeute ein solches Recht den kleinstmöglichen Eingriff in gerichtsorganisatorische Fragen und komme dennoch einem Gerichtsstandsbestimmungsverfahren durch die Gerichte am nächsten.[150] Nach *Schröder* „kann" diese Lösung „unter Umständen" den Vorstellungen der Parteien „am ehesten" entsprechen.[151]

bb) Allerdings zeigt bereits die vorsichtige Formulierung *Schröders*, dass die Parteiinteressen bei der Wahl des Gerichtsstandes durch den Kläger nicht zwingend gleich gewichtet werden und die Wahl somit nicht grundsätzlich auch dem Beklagteninteresse entspricht. So dürfte der Kläger bei seiner Wahl naturgemäß die Interessen der beklagten Parteien vernachlässigen, ohne jedoch hierdurch die Grenze der Unredlichkeit beziehungsweise des Rechtsmissbrauches zu überschreiten. Daher stellt ein Wahlrecht des Klägers eine zu einseitige Betonung von dessen Interessen dar.[152] Ferner scheint *Milleker*, obwohl er zu den Vertretern dieser Auffassung gehört, an der Tauglichkeit eines Klägerwahlrechtes zur Bestimmung eines Ersatzgerichtsstandes zu zweifeln. So führt er als Vorteil eines solchen Verfahrens dessen Nähe zu einer gerichtlichen Gerichtsstandsbestimmung an. Außerdem möchte er die

---

sonsten keinerlei Beziehung zu Frankreich aufweist. Des Weiteren kann gemäß Art. 15 Code civil ein Franzose jederzeit vor einem französischen Gericht verklagt werden, unabhängig von seinem Wohnort und einem Bezug des Streitgegenstandes zu Frankreich, vgl. auch *Bauer*, RabelsZ 30 (1960), 483 (492).

[148] *Kropholler-Kropholler*, Hdb. des Internationalen Zivilverfahrensrechts - Bd. 1, S. 252 Rdnr. 143. Daher kann dem Einwand *Hausmanns*, ein Wahlrecht des Klägers berge die Gefahr des Rechtsmissbrauches in sich, nicht zugestimmt werden, *Wieczorek / Schütze-Hausmann*, ZPO, Vorb. § 12 Rdnr. 70. Nach *Linke* ist eine missbräuchliche Ausübung des Wahlrechtes durch den Kläger nicht möglich, da dieser seine Wahl vor Gericht rechtfertigen muss, *Linke*, S. 88 Rdnr. 206.

[149] Näher *Milleker*, S. 164 m. w. Nachw.

[150] *Milleker*, S. 164.

[151] *Schröder*, S. 468 (für den Fall einer Zuständigkeitsvereinbarung).

[152] So auch *de Bra*, S. 181; *Kropholler-Kropholler*, Hdb. des Internationalen Zivilverfahrensrechts - Bd. 1, S. 254 Rdnr. 145; *Schack*, S. 176 Rdnr. 398; *Wieczorek / Schütze-Hausmann*, ZPO, Vorb. § 12 Rdnr. 70, allerdings jeweils ohne weitere Begründung und für den Fall der internationalen Notzuständigkeit.

Möglichkeit, de lege ferenda ein spezielles Gerichtsstandsbestimmungsverfahren zu schaffen, nicht ausgeschlossen wissen.[153]

Darüber hinaus gibt auch ein Wahlrecht des Klägers einem Dritten nicht die Möglichkeit, das zuständige Gericht zu ermitteln.

Schließlich dürfte es in den hier relevanten Fällen in der Regel zu einem Gerichtsstand am Wohnsitz des Klägers führen.[154] Die Einräumung eines Wahlrechtes erscheint damit vergleichsweise umständlich und zeitaufwendig, da dieses Ergebnis auch auf einfacherem Wege erreicht werden kann.[155]

3. Analogie zu bestehenden Gerichtsstandsnormen bzw. allgemeinen Regelungen

a) Niederlassung des Vertragspartners des Verbrauchers

aa) In den Fällen, in denen auf Grund Art. 13 II der Anwendungsbereich des Vierten Abschnittes des EuGVÜ eröffnet ist, aber die engeren Voraussetzungen des § 21 ZPO nicht erfüllt sind und aus diesem Grunde kein örtlich zuständiges Gericht im Inland gefunden werden kann, fordert das *Amtsgericht Stuttgart* eine analoge Anwendung des § 21 ZPO. Habe die beklagte Partei eine Niederlassung in dem Vertragsstaat des EuGVÜ, in dem der Verbraucher seinen Wohnsitz habe, so sei ein Gerichtsstand am Sitz dieser Niederlassung am sinnvollsten, unabhängig davon, ob sie selbständig im Sinne des § 21 ZPO sei.[156] Ein solcher Gerichtsstand entspräche am ehesten Sinn und Zweck sowohl des § 21 ZPO als auch der Art. 13 ff. EuGVÜ.

bb) Allerdings ist die Zahl der Fälle, in denen mittels einer analogen Anwendung des § 21 ZPO ein örtlich zuständiges Gericht bestimmt werden kann, begrenzt. So kommt eine derartige Analogie nur dann in Betracht, wenn sich die Niederlassung des beklagten Unternehmens in der Bundesrepublik Deutschland befindet;[157] das beklagte Unternehmen selbst aber seinen Sitz nicht in einem der Vertragsstaaten des EuGVÜ hat, da ansonsten auf Grund des Vorbehaltes in Art. 13 I EuGVÜ internationale und örtliche Zuständigkeit

---

[153] *Milleker*, S. 164, s. auch III. 4. a).
[154] Vgl. *Kropholler-Kropholler*, Hdb. des Internationalen Zivilverfahrensrechts - Bd. 1, S. 252 Rdnr. 143; *Linke*, S. 88 Rdnr. 206.
[155] S. § 2 II. 3. d).
[156] *AG Stuttgart* vom 4. 3. 1997 – 16 C 2476 / 96, RRa 1997, 197 (198).
[157] Da auch der klagende Verbraucher seinen Wohnsitz in der Bundesrepublik hat, ist bereits die Anwendbarkeit des Art. 13 II EuGVÜ und damit des 4. Abschnittes des EuGVÜ überhaupt umstritten. Die h. M. erachtet allerdings den Bezug zu einem Vertragsstaat des EuGVÜ als ausreichend für die Anwendbarkeit des Art. 13 II EuGVÜ, s. bereits Fußn. 40.

unmittelbar aus Art. 5 Nr. 5 EuGVÜ hergeleitet werden können.[158] Auf Grund der derart eingeschränkten Anwendungsmöglichkeiten kann eine analoge Anwendung des § 21 ZPO in den Fällen der fehlenden örtlichen trotz gegebener internationaler Zuständigkeit der deutschen Gerichte nicht zu einer einheitlichen Bestimmung eines Ersatzgerichtsstandes und damit auch nicht zu Rechtsklarheit beziehungsweise der wünschenswerten Vereinfachung der bestehenden Rechtslage führen.

Darüber hinaus vermag - auf Grund der unterschiedlichen Schutzrichtungen - eine analoge Anwendung des § 21 ZPO der Zielsetzung des Vierten Abschnittes des EuGVÜ nicht gerecht zu werden. So knüpft zwar Art. 13 EuGVÜ in seinem zweiten Absatz an die Niederlassung des Vertragspartners an; diese Norm ist jedoch lediglich maßgeblich für die Bestimmung des Anwendungsbereiches des Vierten Abschnittes des EuGVÜ. Die Bestimmung der Zuständigkeit als solche wird demgegenüber allein von Art. 14 EuGVÜ geregelt,[159] der nicht an den Ort der Niederlassung des Vertragspartners, sondern vielmehr an den Wohnsitz des Verbrauchers anknüpft.

b) Sitz der Bundesregierung

aa) Nach einer anderen, insbesondere von *Geimer* vertretenen Auffassung sind in den Fällen des fehlenden Gerichtsstandes grundsätzlich die Gerichte am Sitz der Bundesregierung und damit seit dem 1. 9. 1999 die Gerichte Berlins[160] zuständig.[161]

Dies wird teilweise mit einer Analogie zu §§ 15 I 2, 27 II ZPO, die eigentlich Fälle der Staatsangehörigkeitszuständigkeit betreffen, begründet:[162] Sowohl der in §§ 15 I 2, 27 II ZPO zum Ausdruck kommende Grundsatz des deutschen Zivilprozessrechtes, eine Hilfszuständigkeit am Sitz der Bundesregierung zu eröffnen, als auch praktische Bedürfnisse sprächen für eine

---

[158] Vgl. *Mankowski*, IPRax 2001, 33 (36).
[159] Vgl. *Wach / Weberpals*, AG 1989, 193 (201).
[160] Bekanntmachung vom 22. 7. 1999, BGBl. 1999, S. 1725.
[161] *Geimer*, WM 1976, 830 (832); *ders.*, NJW 1976, 441 (442); *ders.*, EuZW 1993, 564 (566); *Geimer/Schütze*, Europäisches Zivilverfahrensrecht, Art. 14 Rdnr. 13; *Zöller-Geimer*, Art. 17 EuGVVO Rdnr. 11; grds. auch *LG Konstanz* vom 24. 8. 1992 – 2 O 241 / 92, NJW-RR 1993, 638 (639) = IPRax 1994, 448; *Heldrich*, S. 196 ff.; *Kropholler-Kropholler*, Hdb. des Internationalen Zivilverfahrensrechts - Bd. 1, S. 254 Rdnr. 145 und *Wieczorek / Schütze-Hausmann*, ZPO, Vorb. § 12 Rdnr. 70. Offen *Weber-Stecher*, der in Anlehnung an *Geimer* einen Gerichtsstand in der Hauptstadt, aber auch am Wohnsitz beziehungsweise gewöhnlichen Aufenthalt des Verbrauchers für möglich hält, *Weber-Stecher*, S. 161 mit Bezug auf das LuGÜ.
[162] *Heldrich*, S. 199; *Kropholler-Kropholler*, Hdb. des Internationalen Zivilverfahrensrechts - Bd. 1, S. 254 Rdnr. 145; *Wieczorek / Schütze-Hausmann*, ZPO, Vorb. § 12 Rdnr. 70.

zentrale Erfassung der hier beachtlichen Fälle.[163] Teilweise wird dieses Ergebnis aber auch im Wege der ergänzenden Auslegung des EuGVÜ erreicht:[164] Es bestehe eine subsidiär eingreifende konventionsrechtliche Regel, wonach bei Fehlen einer Gerichtsstandsregelung im nationalen Recht das Gericht der Hauptstadt örtlich zuständig sei.

bb) Allerdings schränken die meisten Vertreter dieser Auffassung die Zuständigkeit der Hauptstadtgerichte in einem zweiten Schritt wieder ein. So gesteht *Geimer* in jüngerer Zeit ein, dass eine ungeschriebene Konventionsregel nur ultima ratio sein könne, weswegen ein im Wege der Analogie zu speziellen Vorschriften des deutschen Rechtes feststellbarer Gerichtsstand vorrangig sei.[165] Eine solche Gewichtung nimmt auch *Heldrich* vor.[166] *Kropholler* und *Hausmann* halten bei Bestehen eines allgemeinen Gerichtsstandes des Klägers im Inland beziehungsweise einer internationalen Zuständigkeit der deutschen Gerichte auf Grund eines Staatsvertrages eine abweichende Lösung für „sinnvoll".[167] In der zu untersuchenden Fallgruppe sind aber all diese Bedingungen für eine anderweitige Bestimmung eines Ersatzgerichtsstandes erfüllt. Daher kommt nach Ansicht der Mehrzahl ihrer Vertreter die Theorie der Ersatzzuständigkeit der Hauptstadtgerichte von vorneherein nicht zur Anwendung.

Darüber hinaus kann nach dieser Auffassung das im Streitfalle zuständige Gericht nicht immer eindeutig ermittelt werden.[168] In Berlin gibt es zwölf Amtsgerichte, von denen nach Auskunft des *Amtsgerichtes Tiergarten* keines als Hauptstadtgericht bestimmt ist.[169] Auch die §§ 15 I 2, 27 II ZPO, auf die sich die Vertreter dieser Ansicht teilweise stützen, vermögen hier nicht weiterzuhelfen. Trotzdem wird der Frage nach der konkreten Zuständigkeit nicht weiter

---

[163] So *Kropholler-Kropholler*, Hdb. des Internationalen Zivilverfahrensrechts - Bd. 1, S. 254 Rdnr. 145.

[164] *Geimer*, WM 1976, 830 (832); *ders.*, EuZW 1993, 564 (566); *Geimer/Schütze*, Europäisches Zivilverfahrensrecht, Art. 14 Rdnr. 9.

[165] *Geimer/Schütze*, Europäisches Zivilverfahrensrecht, Art. 2 Rdnr. 116 und Art. 14 Rdnr. 9; *Zöller-Geimer*, Art. 17 EuGVVO Rdnr. 11. Noch ohne Einschränkung jedoch *Geimer*, WM 1976, 830 (832); *ders.*, NJW 1976, 441 (442); *ders.*, EuZW 1993, 564 (566).

[166] *Heldrich*, S. 197 ff.

[167] *Kropholler-Kropholler*, Hdb. des Internationalen Zivilverfahrensrechts - Bd. 1, S. 254 Rdnrn. 145 und 146; *Wieczorek / Schütze-Hausmann*, ZPO, Vorb. § 12 Rdnr. 70; bzgl. des allgemeinen Gerichtsstandes des Klägers in Anlehnung an *Kropholler* auch *LG Konstanz* vom 24. 8. 1992 – 2 O 241 / 92, NJW-RR 1993, 638 (639) = IPRax 1994, 448.

[168] Vgl. auch *Pfeiffer*, S. 650 Fußn. 452.

[169] Das *AG Tiergarten* führt die Dienstaufsicht über die Berliner Amtsgerichte, zitiert nach: *OLG Karlsruhe* (*Senat Freiburg*) vom 22. 9. 1999 – 19 AR 14 / 99, NJW-RR 2000, 353 (354) mit Bezug zum LugÜ.

nachgegangen[170] oder sogar pauschal *das* Gericht der Hauptstadt für zuständig erklärt.[171] Soweit ersichtlich, hat sich bisher allein das *OLG Karlsruhe* mit der Frage beschäftigt, welches Amtsgericht als Hauptstadtgericht zuständig sein soll.[172] Der *Senat* hielt die Zuständigkeit des *Amtsgerichtes Berlin-Mitte* auf Grund des Regierungssitzes der Bundesregierung in diesem Gerichtsbezirk für nahe liegend, verwies allerdings auch auf die zentrale Funktion, die dem *Amtsgericht Berlin-Schöneberg* in Fällen mit Auslandsberührung zugewiesen ist. Im Ergebnis kann der Kläger bei Streitigkeiten, die unter die sachliche Zuständigkeit der Amtsgerichte fallen, also nicht eindeutig erkennen, welches Gericht er anrufen muss. Dies führt zu unerwünschter Rechtsunsicherheit.

Des Weiteren entspricht ein Ersatzgerichtsstand am Sitz der Bundesregierung nicht dem bereits erwähnten Ziel des Vierten Abschnittes des EuGVÜ, die Rechtsschutzmöglichkeiten des Verbrauchers zu verbessern. Dieses Streben nach verbesserten Rechtsschutzmöglichkeiten gebietet es, dem Verbraucher auch im Rahmen der örtlichen Zuständigkeit möglichst die Gelegenheit zu geben, seinen Anspruch vor dem ihm am leichtesten zugänglichen Gericht geltend zu machen. Dies wird bei einem Gerichtsstand in Berlin jedoch in vielen Fällen, wie etwa bei einem in Passau lebenden Verbraucher, nicht der Fall sein. Für diesen stellt die Anrufung der Berliner Gerichte ein räumliches Hindernis dar, das ihn womöglich von der Erhebung einer Klage abhält.[173] Darüber hinaus wird oft auch der Beklagte nicht in Berlin ansässig sein. In diesem Fall dürfte eine Ersatzzuständigkeit der dortigen Gerichte den Interessen keiner Partei entsprechen.[174]

Auch organisatorische Gründe sprechen gegen eine Zuständigkeit der Gerichte am Sitz der Bundesregierung in den Fällen, in denen trotz der internationalen Zuständigkeit der deutschen Gerichte im Inland kein Gerichtsstand eröffnet ist, da die deutschlandweite Zuständigkeit der Berliner Gerichte in den hier maßgeblichen Fällen für diese mit einer Mehrbelastung verbunden ist. Dies ist insbesondere wegen der steigenden Zahl grenzüberschreitender Verbrauchergeschäfte von Bedeutung, da damit auch die Zahl der Streitfälle

---

[170] So *Geimer*, NJW 1976, 441 (442); *ders.*, Internationales Zivilprozessrecht, S. 325 Rdnr. 965.
[171] So etwa *Kropholler-Kropholler*, Hdb. des Internationalen Zivilverfahrensrechts - Bd. 1, S. 254 Rdnr. 145.
[172] *OLG Karlsruhe* (*Senat Freiburg*) vom 22. 9. 1999 – 19 AR 14 / 99, NJW-RR 2000, 353 (354) mit Bezug zum LugÜ. Allerdings musste der *Senat* diese Frage nicht entscheiden.
[173] *De Bra* sieht hierin eine Missachtung der Zielsetzungen der nationalen, verbraucherschützenden Gerichtsstandsregelungen; *de Bra*, S. 181.
[174] *Mankowski*, IPRax 2001, 33 (34) m. w. Nachw.; *Thorn*, IPRax 1994, 426 (428).

zunehmen wird, so dass eine Überlastung der Gerichte zu befürchten ist.[175] Grundsätzlich kann zwar eine Konzentration gleichartiger Prozesse bei einigen wenigen Gerichten zu einer Beweiserleichterung und möglicherweise auch zu einer verbraucherfreundlichen Rechtsprechung führen.[176] So mag die häufige Befassung eines Gerichtes mit den Problemen eines Rechtsgebietes zu dessen größerer Sachkunde führen.[177] Auch mögen die Erkenntnisse, die das zur Entscheidung berufene Gericht über die Geschäftsgebaren und das - möglicherweise rechtswidrige - Verhalten eines Unternehmens gewonnen hat, in nachfolgende Prozesse einfließen und für die klagenden Verbraucher dann von Vorteil sein.[178] Allerdings ist auch der umgekehrte Effekt denkbar. Die Frage, ob eine Ansammlung von gleichartigen Prozessen an einem einzigen Gerichtsstand für den Verbraucher günstig ist, müsste daher zunächst mit Hilfe der Rechtstatsachenforschung geklärt werden. Darüber hinaus muss in Bezug auf die vorliegend zu untersuchende Fallgruppe bereits eine entsprechende Gleichartigkeit der Sachverhalte bezweifelt werden. So wird es sich zwar immer um die Klage eines Verbrauchers handeln, bei der zwar die internationale Zuständigkeit der deutschen Gerichte feststeht, aber die Frage nach dem örtlich zuständigen Gericht nicht zweifelsfrei zu klären ist. Jedoch liegen diesen Fällen sehr unterschiedliche Sachverhalte zu Grunde.[179] Daher ist selbst bei einer Konzentration der Prozesse bei den Berliner Gerichten nicht mit einem Vorteil für die klagenden Verbraucher zu rechnen. Im Übrigen vermag auch ein öffentliches Interesse an der Verfahrenskonzentration das Interesse der an den Verfahren beteiligten Verbraucher an einem einfachen Zugang zu Gericht nicht zu überwiegen.[180]

Bezüglich der Herleitung der Zuständigkeit der Gerichte der Hauptstadt aus §§15 I 2, 27 II ZPO ist anzumerken, dass diese Regelungen - wonach eine Person nur dann ihren allgemeinen Gerichtsstand am Sitz der Bundesregierung hat, wenn sie im Inland nicht einmal einen letzten Wohnsitz hatte - unstreitig reine Hilfszuständigkeiten beinhalten. Eine derartige ultima ratio

---

[175] *Mankowski*, IPRax 2001, 33 (35); *Milleker*, S. 161.

[176] Vgl. *Heinbuch*, S. 203 bzgl. § 26 FernUSG unter Verweis auf die bisherige Rechtsprechung der Stuttgarter Gerichte.

[177] Dieses Argument führte auch dazu, dass die Einführung eines besonderen Gerichtsstandes in Reisevertragssachen vom Rechtsausschuss des Bundestages abgelehnt wurde, vgl. die Beschlussempfehlung des Rechtsausschusses, BT-Drs VIII / 2343, S. 13.

[178] *Koch*, S. 78 m. w. Nachw.; vgl. auch den Bericht der Bundesregierung über die Erfahrungen mit dem Zweiten Gesetz zur Änderung des Abzahlungsgesetzes vom 15. 5. 1974 (BGBl. I, S. 1169), BT-Drs VIII / 234, S. 6.

[179] S. nur § 2 I. 2. b).

[180] Vgl. auch *Koch*, S. 78; *Vollkommer / Vollkommer*, in: Festschr. für Geimer, S. 1385.

kann aber nur ausnahms- und hilfsweise eingreifen, so dass eine analoge Anwendung bedenklich erscheint.[181]

Schließlich hat das *Kammergericht*[182] am 13. 1. 2000 ein Grundsatzurteil gefällt, indem es im eingangs geschilderten Fall[183] die Zuständigkeit des *LG Berlin* verneinte. Damit hat es - so *Mankowski* - der Theorie der Ersatzzuständigkeit der Hauptstadtgerichte „praktisch den Todesstoß“[184] zugefügt, denn die angerufenen Berliner Gerichte werden in Folge dieser Entscheidung ihre Zuständigkeit wohl verneinen.

c) Amtsgericht Berlin Schöneberg

aa) Ebenfalls zur Zuständigkeit eines Berliner Amtsgerichtes kommt eine weitere Meinung, der zufolge §§ 606 III, 640 a I 4 ZPO beziehungsweise §§ 36 II 1, 65 III, 73 II 1 FGG analog anzuwenden sind und damit das *Amtsgericht Schöneberg* zuständig ist.[185]

bb) Allerdings vermag auch diese Auffassung das im Streitfall zuständige Gericht nicht in allen denkbaren Fallkonstellationen konkret zu benennen. §§ 606 III, 640 a I 4 ZPO beziehungsweise §§ 36 II 1, 65 III, 73 II 1 FGG erklären das Familiengericht beim *Amtsgericht Schöneberg* für zuständig. Daraus wird für die hier interessierende Fallgruppe der Verbrauchersachen eine Ersatzzuständigkeit des dortigen Amtsgerichtes im Allgemeinen abgeleitet. Unklar bleibt jedoch, ob dies auch bei Streitigkeiten der Fall sein soll, die auf Grund ihres Streitwertes der sachlichen Zuständigkeit der Landgerichte unterfallen. In diesen Fällen muss ebenso wie eine streitwertunabhängige Zuständigkeit des *Amtsgerichtes Schöneberg* eine Zuständigkeit des *Land-*

---

181 Vgl. *Mankowski*, IPRax 2001, 33 (35). Zur grundsätzlichen Statthaftigkeit der analogen Anwendung von Ausnahmenormen im Rahmen des ihnen zu Grunde liegenden, allgemeinen Rechtsgedankens s. *Baumbach / Lauterbach / Albers / Hartmann-Hartmann*, ZPO, Einl. III Rdnr. 44, *Zöller-Vollkommner*, ZPO, Einl. Rndr. 97.

182 *KG* vom 13. 1. 2000 – 19 W 5398/99, IPRax 2001, 44 (44 f.) = NJW 2000, 2283 (2283 f.).

183 § 2 I. 2. b) aa).

184 *Mankowski*, IPRax 2001, 33 (36 f.). S. auch *Wagner*, WM 2003, 116 (119).

185 *Neuhaus / Kropholler*, RabelsZ 44 (1980), 326 (338 f.), § 37 a IV des Entwurfes eines Gesetzes über internationales Privat- und Verfahrensrecht. Für den Fall der internationalen Notzuständigkeit hält *Neuhaus*, RabelsZ 20 (1955), 201 (260) analog §§ 15 I 2, 27 II, 606 III, 640 a I, 648 II ZPO a. F. die Gerichte der Hauptstadt oder die Gerichte Berlins für zuständig. Vgl. *Walchshöfer*, der darüber hinaus fordert, dass an der Streitigkeit mindestens ein deutscher Staatsangehöriger beteiligt und die Entscheidung eines deutschen Gerichtes auf Grund des Interesses der deutschen Partei erforderlich ist, *Walchshöfer*, ZZP (80), 165 (204 f.). Diese Ansicht kann daher nicht streng von der unter § 2 II. 3. a) aa) geschilderten Auffassung getrennt werden.

gerichtes Berlin in Betracht gezogen werden.[186] Da §§ 606 III, 640 a I 4 ZPO beziehungsweise §§ 36 II 1, 65 III, 73 II 1 FGG lediglich Angelegenheiten regeln, bei denen unabhängig vom Streitwert die sachliche Zuständigkeit der Amtsgerichte gegeben ist, hilft der Verweis auf diese Vorschriften bei der Bestimmung des zuständigen Gerichtes nicht weiter. Somit bringt auch diese Ansicht Unklarheiten für den klagenden Verbraucher mit sich.

Des Weiteren ist die Zuständigkeit gerade des Familiengerichtes beim *Amtsgericht Schöneberg* allein historisch zu erklären: Um den nur vorläufigen Charakter der damaligen Bundeshauptstadt Bonn zu unterstreichen, entschied man sich für eine Ersatzzuständigkeit in Berlin und auf Grund von dessen politischer Bedeutung für den Bezirk des *Amtsgerichtes Schöneberg*: In Folge des Umzuges der nichtkommunistischen Stadtverordneten vom Berliner ins Schöneberger Rathaus im Jahre 1949 war dieses bis zum 30. 9. 1991 nicht nur Sitz des Regierenden Bürgermeisters und der Senatskanzlei, sondern auch Tagungssitz des Senates, des Abgeordnetenhauses und des Rates der Bürgermeister. Allerdings ist nach Art. 2 I S. 1 des Einigungsvertrages[187] nunmehr Berlin Hauptstadt Deutschlands und seit 1. 10. 1991 das Berliner Rathaus wieder Sitz des Regierenden Bürgermeisters und der Senatskanzlei sowie Tagungsort für den Senat von Berlin und den Rat der Bürgermeister. Mit dieser geschichtlichen Entwicklung entfiel aber die Grundlage für eine Anknüpfung an den Bezirk Schöneberg, so dass heute die Begründung der Zuständigkeit des dortigen Amtsgerichtes und damit auch eine analoge Anwendung der §§ 606 III, 640 a I 4 ZPO beziehungsweise §§ 36 II 1, 65 III, 73 II 1 FGG nicht mehr angebracht erscheint.

Darüber hinaus sprechen gegen eine Zuständigkeit des *Amtsgerichtes Schöneberg* die Erwägungen, die gegen eine Zuständigkeit der Gerichte am Sitz der Bundesregierung[188] sprechen. So entspricht auch eine Ersatzzuständigkeit des *Amtsgerichtes Schöneberg* weder dem Verbraucherschutzgedanken des EuGVÜ noch - im Regelfall - den Parteiinteressen. Außerdem enthalten §§ 606 III, 640 a I 4 ZPO beziehungsweise §§ 36 II 1, 65 III, 73 II 1 FGG wie auch §§15 I 2, 27 II ZPO bloße Hilfszuständigkeiten, so dass bereits gegen deren sinngemäße Anwendung Bedenken bestehen. Schließlich erscheint eine Überlastung des alleine zuständigen *Amtsgerichtes Schöne-*

---

[186] Dies erscheint in Anbetracht der Regelung des § 10 ZPO nahe liegend, wonach das Urteil eines Landgerichtes nicht mit dem Argument, die Zuständigkeit der Amtsgerichte sei begründet gewesen, angefochten werden kann. Vgl. auch § 506 ZPO, wonach bei nachträglicher sachlicher Unzuständigkeit des Amtsgerichtes der Rechtsstreit auf Antrag an das zuständige Landgericht zu verweisen ist, ohne einen solchen Verweisungsantrag die Klage aber abgewiesen wird.

[187] BGBl. 1990 II, S. 889.

[188] S. § 2 II. 3. b) bb).

berg noch wahrscheinlicher als diejenige der Berliner Zivilgerichte im Allgemeinen. Damit ist auch diese Auffassung insgesamt abzulehnen.

d) Wohnsitz des Verbrauchers

aa) Einer weiteren Meinung zufolge ist in den Fällen, in denen ein Staatsvertrag die internationale Zuständigkeit der deutschen Gerichte bestimmt, jedoch im Inland kein örtlich zuständiges Gericht zu finden ist, ein Ersatzgerichtsstand am Wohnsitz des klagenden Verbrauchers zu eröffnen.

Zwar erscheint eine klare Trennung der methodischen Begründungen, die zu diesem Ergebnis führen, nicht möglich, jedoch lassen sich grundsätzlich zwei verschiedene Ansätze erkennen: Einerseits wird, um zu der örtlichen Zuständigkeit der Gerichte am Wohnsitz des Klägers zu gelangen, von der internationalen Zuständigkeit, die sich gemäß Art. 14 I Alt. 2 EuGVÜ nach dem Wohnsitz des Verbrauchers bestimmt, auf die örtliche Zuständigkeit geschlossen.[189] Durch diese Projizierung der Regelungen des völkerrechtlichen Vertrages auf die Ebene der örtlichen Zuständigkeit werde die im deutschen Recht vorhandene Lücke geschlossen und zugleich die Berufung des örtlich sachnächsten Gerichtes sichergestellt.[190] Auch könne man dadurch dem Verbraucherschutzgedanken des EuGVÜ am besten gerecht werden, da so der Wille der Vertragsparteien des Übereinkommens gezielt fortgedacht werde.[191] Andererseits wird dieses Ergebnis durch die Eröffnung eines Ersatzgerichtsstandes am allgemeinen Gerichtsstand des klagenden Verbrauchers im Inland erreicht.[192] Gemäß § 13 ZPO wird der allgemeine Gerichtsstand

---

[189] *Kropholler-Kropholler*, Hdb. des Internationalen Zivilverfahrensrechts - Bd. 1, S. 254 Rdnr. 146; *Schack*, S. 126 Rdnr. 279; *Wieczorek / Schütze-Hausmann*, ZPO, Art. 14 EuGVÜ Rdnr. 4 und Vorb. § 12 Rdnr. 70. *De Bra* hält den Rückschluss aus Art. 14 I EuGVÜ auf die Zuständigkeit der Gerichte am Wohnsitz des Verbrauchers für nahe liegender als einen Schluss hieraus auf die Zuständigkeit der Gerichte der Hauptstadt, *de Bra*, S. 181 f.; *Geimer* findet den Vorschlag „erwägenswert", *Geimer*, Internationales Zivilprozessrecht, S. 326 Rdnr. 968 beziehungsweise hält eine örtliche Zuständigkeit der Gerichte am Wohnsitz des Verbrauchers in Analogie zu § 29 c ZPO und § 26 FernUSG für „eleganter" oder sogar für gegeben, *Geimer / Schütze*, Europäisches Zivilverfahrensrecht, Art. 14 Rdnr. 9; *Zöller / Geimer*, ZPO, Art. 17 EuGVVO Rdnr. 11; *Geimer / Schütze*, Europäisches Zivilverfahrensrecht, 2. Aufl. (2004), Art. 16 Rdnr. 9. *Wagner* geht daher bereits von einem Meinungsumschwung *Geimers* aus, *Wagner*, WM 2003, 116 (119 Fußn. 60).

[190] *Kropholler-Kropholler*, Hdb. des Internationalen Zivilverfahrensrechts - Bd. 1, S. 254 Rdnr. 146 und mit Blick auf das CMR S. 358 Rdnr. 403.

[191] *Mankowski*, Anm. zu *OLG Schleswig* vom 10. 3. 2000 – 2 W 22 / 00, JZ 2000, 793 (794), der von einer analogen Anwendung des EuGVÜ ausgeht.

[192] *KG* vom 13. 1. 2000 – 19 W 5398 / 99, IPRax 2001, 44 (45) = NJW 2000, 2283 (2284); *LG Konstanz* vom 24. 8. 1992 – 2 O 241 / 92, NJW-RR 1993, 638 (639) = IPRax 1994, 448; unter Verweis hierauf auch *AG Mannheim* vom 6. 1. 1997 – 5 C 2174 / 96, RRa 1997, 120 (121) = IPRSpr. 1997, Nr. 137 (mit Datum 9. 1. 1997); wohl auch *OLG Karlsruhe* (*Senat*

einer Person durch deren Wohnsitz bestimmt. Zur näheren Begründung dieser Lösung, die sachlich angebracht sei,[193] wird ebenfalls auf das EuGVÜ verwiesen. Sinn und Zweck des Vierten Abschnittes des EuGVÜ sei es, dem Kläger einen für ihn möglichst leicht zu erreichenden Gerichtsstand zur Verfügung zu stellen. Des Weiteren decke sich dieses Ergebnis mit den im deutschen Recht vorhandenen Zuständigkeitsregelungen für bestimmte Verbraucherverträge.[194]

bb) Im Ergebnis ist der Begründung einer örtlichen Zuständigkeit am Wohnsitz des klagenden Verbrauchers zuzustimmen. Das Gericht am Wohnsitz des Verbrauchers ist zweifellos das für ihn am leichtesten Zugängliche. Da dessen Zuständigkeit in der Regel auch nicht zu einer Verletzung der Interessen der beklagten Partei führt,[195] wird diese Lösung den Interessen beider Parteien soweit als möglich gerecht. Darüber hinaus entspricht sie dem Verbraucherschutzgedanken des EuGVÜ und überträgt diesen folgerichtig in das deutsche Recht. Auch den Wertungen des nationalen Rechtes entspricht ein Gerichtsstand am Wohnsitz des Verbrauchers. Dies zeigt ein Vergleich mit den im deutschen Zivilprozessrecht für bestimmte Arten von Verbraucherverträgen bereits vorhandenen Gerichtsstandsregelungen.[196] So begründen § 29 c I 1 ZPO und § 26 I FernUSG die Zuständigkeit des Gerichtes, in dessen Bezirk der Verbraucher zum Zeitpunkt der Klageerhebung seinen Wohnsitz[197] beziehungsweise allgemeinen Gerichtsstand hat.[198]

Freiburg) vom 22. 9. 1999 – 19 AR 14 / 99, NJW-RR 2000, 353 (354) in einer Entscheidung zum LugÜ; *Börnke*, S. 106; MünchKommZPO-*Gottwald*, Art. 14 EuGVÜ Rdnr. 4; *Schaltinat*, S. 98; *Schlosser*, EuGVÜ, Art. 14 Rdnr.2; *Thorn*, IPRax 1994, 426 (428 f.). S. auch *Kropholler-Kropholler*, Hdb. des Internationalen Zivilverfahrensrechts - Bd. 1, S. 254 Rdnr. 145 und S. 255 Rdnr. 147 (de lege lata) und *Wieczorek / Schütze-Hausmann*, ZPO; Vorb. § 12 Rdnr. 70, die jedoch zumindest de lege lata einem Schluss von der internationalen auf die örtliche Zuständigkeit den Vorzug geben. Auch *Kreuzer / Wagner* befürworten im Rahmen von Verbrauchersachen eine örtliche Ersatzzuständigkeit am Wohnsitz des Verbrauchers, allerdings ohne eine Begründung anzuführen, *Dauses-Kreuzer / Wagner*, EU-Wirtschaftsrecht Q Rdnr. 224.

[193] *Schaltinat*, S. 98.

[194] *KG* vom 13. 1. 2000 – 19 W 5398 / 99, IPRax 2001, 44 (45) = NJW 2000, 2283 (2284); *Schlosser*, EuGVÜ, Art. 14 Rdnr. 2; *Thorn*, IPRax 1994, 426 (428).

[195] *Kropholler-Kropholler*, Hdb. des Internationalen Zivilverfahrensrechts - Bd. 1, S. 255 Rdnr. 147; unter Verweis hierauf auch *de Bra*, S. 182.

[196] Ausführlich hierzu s. § 4.

[197] Fehlt es an einem Wohnsitz des Verbrauchers, so ist der Gerichtsstand gemäß § 29 c I 1 ZPO an dessen gewöhnlichen Aufenthalt anzuknüpfen.

[198] *De Bra* spricht daher von einer Gesamtanalogie zu den verbraucherschützenden Zuständigkeitsregelungen des deutschen Rechtes; *de Bra*, S. 182. *Wach / Weberpals* hielten im Jahre 1989 unter Verweis auf Sinn und Zweck des 4. Abschnittes des EuGVÜ § 6 a AbzG für analog anwendbar. Die internationale Zuständigkeitsnorm des Art. 14 EuGVÜ habe vor der Neufassung des EuGVÜ in § 6 a AbzG eine Entsprechung gefunden. Nach der Aus-

Ferner ermöglicht die Wahl des Klägerwohnsitzes als Anknüpfungspunkt die Ausdehnung der grundsätzlich bestehenden Parallelität zwischen Internationalem Versicherungs- und Verbraucherprozessrecht auch auf den Bereich des Gerichtsstandes für Aktivklagen des jeweils geschützten Personenkreises.[199] Zwar enthält Art. 14 I Alt. 2 EuGVÜ im Gegensatz zu Art. 8 I Nr. 2 EuGVÜ lediglich eine Regelung der internationalen Zuständigkeit. Allerdings sprechen die hierfür maßgeblichen Gründe[200] nicht gegen die Eröffnung eines Ersatzgerichtsstandes am Wohnsitz des Verbrauchers: Ein solcher Gerichtsstand gelangt nur zur Anwendung, wenn das nationale Recht keine Regelung der örtlichen Zuständigkeit enthält, der Gesetzgeber also von dem ihm durch Art. 14 I Alt. 2 EuGVÜ eingeräumten Spielraum gerade keinen Gebrauch gemacht hat. Folglich kommt es auch nicht zu einer Einschränkung des Verbrauchers in seinem Recht, einen ihm möglichst günstigen Gerichtsstand zu wählen.

Allerdings verlangt die Begründung eines Ersatzgerichtsstandes am Wohnsitz des klagenden Verbrauchers mittels eines Rückschlusses von der staatsvertraglich eröffneten internationalen Zuständigkeit der Gerichte im Wohnsitzstaat des Verbrauchers nach einer genaueren Betrachtung. So erscheint fraglich, ob vom Vorliegen der internationalen auf die örtliche Zuständigkeit geschlossen werden kann, da - wie sich bereits in § 2 II. 1. a) gezeigt hat - internationale und örtliche Zuständigkeit strikt voneinander zu trennen sind.[201] Dennoch ist auf Grund des zwischen den beiden Zuständigkeiten bestehenden, engen Zusammenhanges ein solcher Rückschluss möglich. So indiziert auch umgekehrt die örtliche Zuständigkeit in gesetzlich nicht geregelten Fällen nach ganz herrschender Meinung die internationale Zuständigkeit.[202] Eine solche Ableitung ist historisch zu erklären: In Anlehnung an das römische Recht unterschied man in Deutschland lange Zeit zumindest begrifflich nicht zwischen örtlicher und internationaler Zuständigkeit. Besondere Regelungen über die internationale Zuständigkeit erschienen, da man

---

dehnung des Anwendungsbereiches des 4. Abschnittes des EuGVÜ fehle es in den Fällen, in denen es sich nicht um ein Abzahlungsgeschäft, sondern um eine sonstige Verbrauchersache handle, im nationalen Recht an einer Entsprechung. Es liege daher nahe, die durch die Neufassung des EuGVÜ entstandene Lücke mittels einer Analogie zu § 6 a AbzG zu schließen; *Wach / Weberpals*, AG 1989, 193 (201). Vgl. auch *Wagner*, WM 2003, 116 (119).

[199] Vgl. auch *Mankowski*, IPRax 2001, 33 (36).

[200] S. § 2 II. 1. b) bb).

[201] Die Möglichkeit der Umkehr des Grundsatzes der Doppelfunktionalität der örtlichen Zuständigkeitsregeln verneint *Schaltinat*; *Schaltinat*, S. 33.

[202] S. nur *BGH* vom 18. 4. 1985 – VII ZR 359 / 83, *BGHZ* 94, 156 (157 f.) = NJW 1985, 2090 (2090); *v. Hoffmann*, S. 77 f. Rdnr. 38; *Zöller-Geimer*, ZPO, IZPR, Rdnr. 37.

dem Prozessrecht - zu Unrecht -[203] keine sachentscheidende Wirkung zubilligte, nicht erforderlich.[204] Allerdings zeigen sowohl Normen wie §§ 15, 16 ZPO, in denen die Regelung von Fällen mit Auslandsbezug im Vordergrund steht, als auch die Begründung des Entwurfes der Zivilprozessordnung,[205] dass der Gesetzgeber bei Schaffung der Gerichtsstände auch an die internationale Zuständigkeit gedacht hat:[206] Er hat bewusst doppelfunktionale Regeln aufgestellt und weitgehend die gleichen Anknüpfungskriterien für örtliche und internationale Zuständigkeit gewählt.[207]

Schließlich hat mit Art. 16 I Alt. 2 EuGVVO nunmehr auch der europäische Gesetzgeber die örtliche Zuständigkeit des Gerichtes am Wohnsitz des Verbrauchers für dessen Aktivprozesse festgeschrieben. Auch wenn diese Tatsache einen entsprechenden Ersatzgerichtsstand im Rahmen des nationalen Rechtes nicht zu rechtfertigen vermag, so dient sie zumindest als Anhaltspunkt für dessen Angemessenheit und Sachnähe.

4. Schaffung eines Verbrauchergerichtsstandes durch den Gesetzgeber

a) Schließlich wird, um die Fälle der fehlenden örtlichen Zuständigkeit im Inland trotz gegebener internationaler Zuständigkeit der deutschen Gerichte lösen zu können, de lege ferenda die Schaffung eines eigenständigen Gerichtsstandes gefordert.[208]

Allerdings gehen die Ansichten darüber, wie dieser Gerichtsstand ausgestaltet sein sollte, auseinander. So befürwortet *Milleker* die Schaffung einer Ordinationsvorschrift speziell für die Fälle der mangelnden örtlichen Zu-

---

[203] Von der Zuständigkeit des Staates hängt die Anwendbarkeit des Verfahrensrechtes sowie eines bestimmten Internationalen Privatrechtes ab; vgl. *BGH* vom 14.6.1965 – GSZ 1 / 65, *BGHZ* 44, 46 (50).

[204] *Heldrich*, in: Festschr. für Ficker, S. 66 ff. und S. 205; *Kropholler-Kropholler*, Hdb. des Internationalen Zivilverfahrensrechts - Bd. 1, S. 199 f. Rdnr. 4. Das *Reichsgericht* hat noch im 20. Jahrhundert die internationale Zuständigkeit als örtliche angesehen und infolgedessen bei Fehlen der internationalen Zuständigkeit Klagen mangels örtlicher Zuständigkeit abgewiesen, s. nur *RG* vom 14. 11. 1929 – IV 665 / 28, *RGZ* 126, 196 (199); vom 14. 2. 1936 – II 169 / 35, *RGZ* 150, 265 (268).

[205] *Hahn*, Materialien zur ZPO, S. 149 f.

[206] *Geimer*, in: liber amicorum Böckstiegel, S. 191 ff.; *Stein / Jonas-Roth*, vor § 12 Rdnr. 32. Eine richterrechtliche Entwicklung der internationalen Zuständigkeit nehmen demgegenüber etwa *Firsching* und *Walchshöfer* an; *Staudinger-Firsching* vor Art. 24 EGBGB Rdnr. 304; *Walchshöfer*, ZZP 80, 883; *ders.* NNJW 1972, 2165.

[207] *Fricke*, Anerkennungszuständigkeit, S. 81.

[208] *Kropholler-Kropholler*, Hdb. des Internationalen Zivilverfahrensrechts - Bd. 1, S. 255 Rdnr. 147; in Anlehnung an *Kropholler Wieczorek / Schütze-Hausmann*, ZPO, Vorb. § 12 Rdnr. 70; *Vollkommer / Vollkommer*, in: Festschr. für Geimer, S.1375; *Milleker*, S. 164.

ständigkeit im Inland trotz gegebener internationaler Zuständigkeit der deutschen Gerichte.[209] *Kropholler* schlägt für den Fall, dass der Kläger keinen allgemeinen Gerichtsstand im Inland hat, die örtliche Zuständigkeit des für Berlin-Schöneberg zuständigen Gerichtes vor, wobei es diesem im Falle eines wichtigen Grundes möglich sein soll, die Sache bindend an ein anderes Gericht zu verweisen.[210] *Pfeiffer* regt de lege ferenda die örtliche Zuständigkeit der Gerichte in Frankfurt am Main an.[211] *Vollkommer / Vollkommer* empfehlen für Aktivklagen des Verbrauchers einen besonderen Gerichtsstand an dessen Wohnsitz[212] und auch *de Bra* hält es für überlegenswert, durch die Schaffung einer entsprechenden Regelung einheitlich einen Gerichtsstand am Wohnsitz des Verbrauchers zu eröffnen.[213]

b) Die Schaffung eines Verbrauchergerichtsstandes erscheint zur Lösung des Problems der fehlenden örtlichen trotz gegebener internationaler Zuständigkeit der deutschen Gerichte sinnvoll. Aus den oben geschilderten Erwägungen[214] sollte ein solcher Gerichtsstand dem Vorschlag von *de Bra* und *Vollkommer / Vollkommer* entsprechend grundsätzlich am Wohnsitz des Verbrauchers festgeschrieben werden.

---

[209] *Milleker*, S. 164; vgl. für die Fälle der internationalen Notzuständigkeit auch *Pagenstecher*, RabelsZ 11(1937), 337 (381 Fußn. 2).

[210] *Kropholler-Kropholler*, Hdb. des Internationalen Zivilverfahrensrechts - Bd. 1, S. 255 Rdnr. 147.

[211] In Zusammenhang mit der Kodifikation einer deutschen Notzuständigkeit, *Pfeiffer*, S. 649 f. Fußn. 452. Zur Begründung verweist *Pfeiffer* u. a. auf die in der Politik vorherrschende Bestrebung, Staatsfunktionen nicht in der Hauptstadt zu konzentrieren, sondern auf das Bundesgebiet zu verteilen. Auch entspräche ein Gerichtsstand in Frankfurt a. M. praktischen Bedürfnissen. So werde auf Grund der guten internationalen Verkehrsverbindungen dem im Ausland ansässigen Beklagten das Erscheinen vor Gericht nicht unverhältnismäßig erschwert. Letzterem Argument kommt jedoch auf Grund der nunmehr im gesamten Bundesgebiet guten Infrastruktur nur geringe Bedeutung zu. Darüber hinaus handelt es sich bei der vorliegenden Frage nicht um eine politische, sondern allein um eine zuständigkeitsrechtliche. Außerdem entspricht eine Ersatzzuständigkeit der Frankfurter Gerichte - ebenso wenig wie diejenige der Berliner Gerichte, s. § 2 II. 3 b) bb) - dem Verbraucherschutzgedanken des Vierten Abschnittes des EuGVÜ beziehungsweise im Regelfall den Parteiinteressen. Schließlich ist auch hier eine Überlastung der Gerichte zu befürchten. Damit ist auch eine Ersatzzuständigkeit der Gerichte in Frankfurt a. M. insgesamt abzulehnen.

[212] *Vollkommer / Vollkommer*, in: Festschr. für Geimer, S.1387 ff. mit ausführlicher Skizzierung des zu schaffenden Verbrauchergerichtsstandes.

[213] *De Bra* S. 180 Fußn. 220; S. 182 Fußn. 237 und S. 218 ff.

[214] S. § 2 II. 3. d).

Die Transformation der Regelung des Art. 14 I Alt. 2 EuGVÜ - zumindest hinsichtlich des für zuständig erklärten Gerichtes -[215] in das nationale Prozessrecht in Form der Schaffung eines Gerichtsstandes am Wohnsitz des Verbrauchers entspräche methodisch der Vorgehensweise in Zusammenhang mit dem Übereinkommen über den Beförderungsvertrag im internationalen Straßengüterverkehr vom 19. 5. 1956.[216] Auch in dessen Anwendungsbereich tauchte das Problem des fehlenden Gerichtsstandes im Inland trotz gegebener internationaler Zuständigkeit der deutschen Gerichte auf: Das CMR hat gemäß Art. 1 I unabhängig von Wohnsitz und Staatsangehörigkeit der Parteien Gültigkeit für Verträge über die entgeltliche Beförderung von Gütern auf der Straße mittels Fahrzeugen. Voraussetzung ist allerdings, dass der Ort der Übernahme des Gutes und der für die Ablieferung vorgesehen Ort in zwei verschiedenen Staaten, von denen mindestens einer ein Vertragsstaat des CMR ist, liegen. Das Übereinkommen enthält in Art. 31 I folgende Zuständigkeitsregelung:

> Wegen aller Streitigkeiten aus einer diesem Übereinkommen unterliegenden Beförderung kann der Kläger, außer durch Vereinbarung der Parteien bestimmte Gerichte von Vertragsstaaten, die Gerichte eines Staates anrufen, auf dessen Gebiet
> a) der Beklagte seinen gewöhnlichen Aufenthalt, seine Hauptniederlassung oder die Zweigniederlassung oder Geschäftsstelle hat, durch deren Vermittlung der Beförderungsvertrag geschlossen worden ist, oder
> b) der Ort der Übernahme des Gutes oder der für die Ablieferung vorgesehene Ort liegt.
> Andere Gerichte können nicht angerufen werden.

Bereits aus dem Wortlaut der Vorschrift ergibt sich, dass diese lediglich die internationale Zuständigkeit regelt. Dies folgt auch aus ihrer Entstehungsgeschichte.[217] Damit bleibt die Entscheidung über die örtliche Zuständigkeit dem jeweiligen nationalen Recht überlassen.[218] Das autonome deutsche

---

[215] Weitergehend zur wünschenswerten Übereinstimmung eines zukünftigen nationalen Verbrauchgerichtsstandes mit den in den Vierten Abschnitten von EuGVÜ und EuGVVO enthaltenen Regelungen s. § 5.

[216] BGBl. 1961 II, S. 1119.

[217] Vgl. *BGH* vom 6. 2. 1981 – I ZR 148 / 78, *BGHZ* 79, 332 (333, 336) = VersR 1981, 633 mit Anm. *Wodrich* = NJW 1981, 1902 mit diesbezüglich zustimmender Anmerkung *Kropholler*, vom 9. 12. 1982 – I ZR 25 / 81; *OLG Düsseldorf* vom 1. 3. 1979 – 18 U 162 / 78, VersR 1979, 381 (382); vom 23. 10. 1980 – 18 U 96 / 80, VersR 1981, 1081 (1082); vgl. auch *Kropholler-Kropholler*, Hdb. des Internationalen Zivilverfahrensrechts - Bd. 1, S. 358 Rdnr. 403; *Müller / Hök*, RIW 1988, 773 (774) m. w. Nachw.

[218] Grundsätzlich zustimmend auch *Willenberg*, allerdings enthalte Art. 38 I lit. b CMR (gemeint ist wohl Art. 31 I lit. b CMR) zwei besondere örtliche Zuständigkeiten, die die nationalen Zuständigkeitsregelungen ergänzten; *Willenberg*, NJW 1968, 1020 (1024). Nach Ansicht des *LG Hamburg* ist Art. 31 I CMR entgegen seinem Wortlaut im Interesse der Vertragsstaaten und der beabsichtigten Rechtsvereinheitlichung dahingehend auszulegen, dass neben der internationalen auch die örtliche Zuständigkeit geregelt ist, *LG Hamburg* vom

Recht hielt jedoch nicht in allen Fällen, in denen die internationale Zuständigkeit der deutschen Gerichte wegen eines in Deutschland gelegenen Übernahme- oder Ablieferungsortes nach Art. 31 I lit. b CMR gegeben war, ein örtlich zuständiges Gericht bereit. Infolgedessen wies der *Bundesgerichtshof* trotz nach dem CMR eröffneter internationaler Zuständigkeit der deutschen Gerichte eine Klage unter Hinweis auf das Fehlen eines örtlich zuständigen Gerichtes ab.[219] Allerdings hat schließlich der nationale Gesetzgeber das im Rahmen des Transportrechtes bestehende Problem des fehlenden Gerichtsstandes gelöst: Mit Wirkung vom 5. 7. 1989 wurde dem Gesetz zu dem Übereinkommen vom 19. 5. 1956 über den Beförderungsvertrag im internationalen Straßengüterverkehr Art. 1 a hinzugefügt.[220] Hiernach ist für Rechtsstreitigkeiten aus einer dem CMR unterliegenden Beförderung auch das Gericht zuständig, in dessen Bezirk der Ort der Übernahme des Gutes oder der für die Ablieferung des Gutes vorgesehene Ort liegt. Der Gesetzgeber hat sich also dem deutschen Recht bis dahin unbekannter, von Art. 31 I lit. b CMR aber zur Bestimmung der internationalen Zuständigkeit verwendeter Anknüpfungspunkte bedient. Infolgedessen kann nunmehr ein Frachtführer, der weder seinen Wohnsitz noch eine Niederlassung in der Bundesrepublik hat,[221] am Ort der Übernahme des Gutes verklagt werden kann, falls dieser in Deutschland und die Beförderung dem CMR unterliegt.

Methodisch entsprechend ist der nationale Gesetzgeber auch in jüngerer Vergangenheit vorgegangen. So erhielt Art. 102 § 1 I des Einführungsgesetzes zur Insolvenzordnung durch das Gesetz zur Neuregelung des Internationalen Insolvenzrechtes vom 14. 3. 2003[222] folgende Regelung:

> Kommt in einem Insolvenzverfahren den deutschen Gerichten nach Art. 3 I der Verordnung (EG) Nr. 1346 / 2000 des Rates vom 29. 05. 2000 über Insolvenzverfahren die internationale Zuständigkeit zu, ohne dass nach § 3 der Insolvenzordnung ein inländischer Gerichtsstand begründet wäre, so ist das Insolvenzgericht ausschließlich zuständig, in dessen Bezirk der Schuldner den Mittelpunkt seiner hauptsächlichen Interessen hat.

---

22. 1. 1979 – 62 O 136 / 78, VersR 1979, 246. Zustimmend *Suhr*, VersR 1979, 830; vgl. aber auch die ablehnende Anm. von *Gran*, VersR 1979, 664 f.

[219] In dem der Entscheidung zu Grunde liegenden Fall hatte die Klägerin den in Wien ansässigen Beklagten beauftragt, Waren von Nürnberg nach Kuwait zu transportieren und, da die Ware verdarb, vor dem *LG Nürnberg* von dem Beklagten Schadensersatz verlangt; *BGH* vom 6. 2. 1981 – I ZR 148 / 78, *BGHZ* 79, 332 (335 f.) = VersR 1981, 633 mit Anm. *Wodrich* = NJW 1981, 1902 mit diesbezüglich ablehnender Anm. *Kropholler*. Ablehnend auch *Geimer*, der die Entscheidung als „unglücklich" bezeichnete; *Geimer*, Kurzkommentar zu *KG* vom 13. 1. 2000 – 19 W 5398 / 99, EWiR 2000, 439 (440).

[220] BGBl. 1989 II, S. 586.

[221] Durch Art. 1 a wird kein besonderer Gerichtsstand für inländische Frachtführer bestimmt; *LG Hannover* vom 4. 9. 1991 – 22 O 120 / 90, NJW 1992, 3109 (3109).

[222] BGBl. 2003 II, S. 345.

Die Bestimmung der örtlichen Zuständigkeit kann demnach nunmehr an Hand des durch Art. 3 I der Verordnung (EG) Nr. 1346 / 2000 vorgegebenen Kriteriums erfolgen.[223] Dadurch wird verhindert, dass zwar die internationale Zuständigkeit der deutschen Gerichte nach der Verordnung gegeben, die örtliche Zuständigkeit im Inland jedoch nicht hinreichend bestimmt ist. Eine solche Konstellation war zuvor in Einzelfällen denkbar, da die zentralen Anknüpfungskriterien des deutschen Insolvenzrechtes nicht mit denen der Verordnung übereinstimmen. So ist nach § 3 InsO das Gericht, in dessen Bezirk der Schuldner seinen allgemeinen Gerichtsstand beziehungsweise den Mittelpunkt einer selbständigen wirtschaftlichen Tätigkeit hat, ausschließlich zuständig, während Art. 3 I der Verordnung (EG) Nr. 1346 / 2000 hinsichtlich der Eröffnung des Hauptverfahrens auf den Mitgliedstaat abstellt, in dem der Schuldner den Mittelpunkt seiner hauptsächlichen Interessen hat.

Durch die Normierung eines Verbrauchergerichtsstandes kann - unabhängig von dessen Ausgestaltung im Einzelnen - auch einer Ungleichbehandlung entgegengewirkt werden, die mit der Eröffnung eines Ersatzgerichtsstandes de lege lata stets verbunden ist: Ist für die Klage eines Verbrauchers nicht nur die internationale Zuständigkeit der deutschen Gerichte, sondern auch ein Gerichtsstand - etwa gemäß § 23 ZPO - eröffnet, so kann der Verbraucher zur Prozessführung vor einem räumlich weit von seinem Wohnsitz entfernten Gericht gezwungen sein. Fehlt hingegen ein Gerichtsstand im Inland, so hat der Verbraucher - folgt man der nach geltendem Recht gutzuheißenden Theorie, wonach in den Fällen des fehlenden Gerichtsstandes im Inland trotz gegebener internationaler Zuständigkeit der deutschen Gerichte ein Ersatzgerichtsstand am Wohnsitz des klagenden Verbrauchers eröffnet ist[224] - die Möglichkeit, an seinem Wohnsitz Klage zu erheben. Eine solche Besserstellung des Verbrauchers im Fall der Lückenhaftigkeit des nationalen Rechts beruht aber lediglich auf Zufälligkeiten und ist daher zu vermeiden.[225]

Die Befürchtung von *Matthies*, die Schaffung eines weiteren Gerichtsstandes im deutschen Zivilprozessrecht könne zu größerer Unübersichtlichkeit führen,[226] ist indessen unbegründet: Die Einführung eines Verbrauchergerichtsstandes in das deutsche Zivilprozessrecht führt nicht zwingend zur Errichtung von Hilfsgerichtsständen. Es sind aber gerade diese - oftmals gestaffelten - Hilfsgerichtsstände, die die Überschaubarkeit der Gerichtsstandsregelungen und damit die Rechtsanwendung erschweren. Vielmehr würde eine weitere Zuständigkeitsnorm zur Vereinfachung der bestehenden

---

[223] RegE eines Gesetzes zur Neuregelung des Internationalen Insolvenzrechts, ZIP 2002, 2331.
[224] S. § 2 II. 3. b) aa).
[225] Vgl. de *Bra*, S. 182 Fußn. 237.
[226] So *Matthies*, S. 57, vgl. bereits oben III. 2 b) aa).

Rechtslage beitragen. Durch die Schaffung eines Gerichtsstandes am Wohnsitz des Verbrauchers könnte die Unsicherheit, die zurzeit auf Grund der Vielzahl der zum Problem der mangelnden örtlichen trotz gegebener internationaler Zuständigkeit vertretenen Ansichten in der Praxis vorherrscht, beendet werden. Die Aufnahme eines Gerichtsstandes für Klagen des Verbrauchers in das deutsche Zivilprozessrecht ist daher im Interesse der Voraussehbarkeit und Berechenbarkeit des Rechtes und damit letztlich der Rechtssicherheit[227] wünschenswert.

III. Ergebnis

De lege lata ist der Theorie zu folgen, die in den Fällen des fehlenden Gerichtsstandes im Inland trotz gegebener internationaler Zuständigkeit der deutschen Gerichte für einen Ersatzgerichtsstand am Wohnsitz des klagenden Verbrauchers eintritt. Allein ein solcher Gerichtsstand fügt sich in die im deutschen Recht bereits vorhandenen Zuständigkeitsregelungen bezüglich einzelner Verbraucherverträge ein und wird gleichzeitig der verbraucherschützenden Zielsetzung des EuGVÜ gerecht. Außerdem gelingt mit Hilfe dieser Ansicht eine unkomplizierte, schnelle und jedermann mögliche Feststellung des zuständigen Gerichtes.

De lege ferenda erscheint darüber hinaus im Interesse der Rechtssicherheit die Ergänzung des deutschen Zivilprozessrechtes um einen Verbrauchergerichtsstand am Wohnsitz des Verbrauchers erstrebenswert: Unabhängig von ihrer konkreten Ausgestaltung hätte eine solche Regelung dem Antragssteller des in § 2 I. 2. b) aa) geschilderten Falles eindeutig einen Gerichtsstand an seinem Wohnsitz in Lübeck eröffnet und ihm so ein länger als vier Jahre andauerndes und schlussendlich dennoch ergebnisloses Verfahren erspart.

---

[227] Zum Begriff der Rechtssicherheit s. *Creifelds*, S. 1074, Stichwort: Rechtssicherheit.

§ 3 Weitere Argumente für die Schaffung eines Verbrauchergerichtsstandes

I. Fehlende prozessuale Absicherung des von Art. 29 a EGBGB verfolgten Zieles

Um zu verhindern, dass das im Binnenmarkt geltende Verbraucherschutzniveau umgangen wird, regelt Art. 29 a EGBGB in Ergänzung zu Art. 29 EGBGB den kollisionsrechtlichen Verbraucherschutz für die Bereiche, in denen der europäische Gesetz-geber spezielle Kollisionsregeln in Verbraucherschutzrichtlinien erlassen hat. Art. 29 a EGBGB fasst diese Kollisionsregelungen zusammen und vereinfacht sie. Die Vorschrift respektiert grundsätzlich auch bei Verbraucherverträgen eine Rechtswahl der Parteien. Vereinbaren die Parteien aber die Geltung des Rechtes eines Drittstaates - also eines Staates, der nicht der Europäischen Union oder dem Abkommen über den Europäischen Wirtschaftsraum angehört - so wird unterstellt, dass der Verbraucher damit einem ihm nachteiligen Recht ausgesetzt werden soll. An die Stelle dieses vereinbarten Rechtes tritt daher gemäß Art. 29 a EGBGB das gemeinschaftsweit geltende Richtlinienrecht. Es soll also, sofern ein Verbrauchervertrag einen engen Bezug zum Gebiet der EU beziehungsweise des EWR aufweist, verhindert werden, dass bestimmte EU-Richtlinien durch drittstaatliches Recht verdrängt werden. Der Gesetzgeber beabsichtigte mit der Einführung des Art. 29 a EGBGB somit die Vorschriften des Verbraucherschutzes, die auf der Umsetzung bestimmter EG-Richtlinien beruhen, auch in den Fällen durchzusetzen, in denen ein Vertrag auf Grund einer Rechtswahl nicht dem Recht eines Mitgliedstaates der Europäischen Union oder eines anderen Vertragsstaates des Abkommens über den Europäischen Wirtschaftsraum unterliegt.[228]

Zur prozessualen Absicherung dieses Zieles empfiehlt es sich, einen eigenständigen Verbrauchergerichtsstand im Inland zu schaffen:[229] Die Sonderanknüpfung von Vorschriften des europäischen Verbraucherschutzes ist in den Fällen, die nicht in den Anwendungsbereich von EuGVÜ oder EuGVVO fallen, nicht zwangsläufig sichergestellt. Vielmehr kann der kollisionsrechtliche Schutz des Art. 29 a EGBGB leer laufen, wenn der Verbraucher gezwungen ist, den Unternehmer in dessen Heimatstaat zu verklagen. Dieser Fall tritt immer dann ein, wenn nach deutschem Zivilverfahrensrecht die internationale Zuständigkeit der nationalen Gerichte nicht gegeben ist, weil sich weder ausdrückliche Regelungen zu einer solchen Zuständigkeit finden lassen,[230] noch

---

228 *Staudinger-Magnus*, Art. 29 a EGBGB Rdnr. 1 f.

229 *Vollkommer / Vollkommer*, in: Festschr. für Geimer, S. 1386 f.

230 Eine Verbesserung der Rechtslage auf dem Gebiet der verfahrensrechtlichen Absicherung des kollisionsrechtlichen Verbraucherschutzes bringt auf Grund seines gegenüber

diese sich in analoger Anwendung der Regelungen über die örtliche Zuständigkeit ergibt. Klagt aber der Verbraucher in einem Drittstaat, so kann die von den Parteien getroffene Rechtswahl hinsichtlich des Vertragsstatuts ohne Einschränkung gültig sein.[231] Das von den Parteien gewählte Recht bietet dem Verbraucher aber möglicherweise ein Schutzniveau, das hinter dem durch die EG-Verbraucherschutzrichtlinien gewährleisteten Grad zurückbleibt. Hätte der Verbraucher in einem solchen Fall die Möglichkeit, im Inland zu klagen, so würde dies - vorausgesetzt der von ihm geschlossene Vertrag weist einen engen Bezug zum Gebiet der EU beziehungsweise des Europäischen Wirtschaftsraumes auf - für ihn eine Besserstellung bedeuten. Auch dann wäre zwar, wenn die Voraussetzungen des Art. 27 EGBGB erfüllt sind und die Rechtswahl damit wirksam war, das gewählte Recht maßgeblich. Darüber hinaus wäre aber über Art. 29 a EGBGB sichergestellt, dass die Vorschriften des Verbraucherschutzes, die auf der Umsetzung bestimmter EG-Richtlinien beruhen, durchgesetzt werden. Ein im nationalen Recht verankerter, allgemeiner Verbrauchergerichtsstand ermöglichte dem Verbraucher eine Klage im Inland: Eine entsprechende Norm regelte nicht nur die örtliche Zuständigkeit, sondern könnte auf Grund ihrer Doppelfunktionalität auch die internationale Zuständigkeit der deutschen Gerichte eröffnen.

Umgekehrt besteht die Möglichkeit, dass der im Inland wohnende Verbraucher seinerseits vor einem Gericht verklagt wird, dass sich nicht in einem der Mitgliedstaaten des EuGVÜ beziehungsweise der EU befindet. Dies ist immer dann denkbar, wenn das Recht eines Drittstaates bei einer Klage gegen den Verbraucher sowohl die internationale Zuständigkeit seiner Gerichte bejaht, als auch dem klagenden Unternehmer ein örtlich zuständiges Gericht zur Verfügung stellt. Auch in diesem Fall ist nicht gewährleistet, dass die Vorschriften des Verbraucherschutzes, die auf der Umsetzung gewisser EG-Richtlinien beruhen, beziehungsweise Regelungen von ähnlich hohem Schutzniveau durchgesetzt werden. Kommt es so zu einer aus Sicht des Verbrauchers nachteiligen Entscheidung, kann diese im Inland nach den §§ 328, 722 f. ZPO gegebenenfalls anerkannt und vollstreckt werden: Da das deutsche Zivilprozessrecht bei Klagen gegen den Verbraucher nicht grundsätzlich eine ausschließliche Zuständigkeit vorsieht, kann die hierfür notwendige, spiegelbildliche Zuständigkeit des Erststaates nach § 328 Nr. 1 ZPO auf Grund der §§ 12 ff. ZPO gegeben sein. Folglich könnte zumindest die Anerkennung und Vollstreckung des in einem Drittstaat ergangenen Urteiles im Inland vermeiden werden, wenn das deutsche

Art. 13 I EuGVÜ erweiterten Anwendungsbereiches Art. 15 I EuGVVO mit sich; *Bitterich*, S. 541.

[231] Dies ist immer dann der Fall, wenn das Kollisionsrecht des Staates, in dem der Verbraucher Klage erhoben hat, ungleich dem deutschen Recht den Parteien die Bestimmung des für ihre Vertragsbeziehungen maßgeblichen Rechtes uneingeschränkt überlässt.

Zivilprozessrecht einen bezüglich der Klagen gegen den Verbraucher ausschließlich ausgestalteten, allgemeinen Verbrauchergerichtsstand enthielte. Dadurch würde ein Zugriff des ausländischen Vertragspartners des Verbrauchers im Wege der Zwangsvollstreckung auf das hiesige Vermögen des in der Bundesrepublik wohnhaften Verbrauchers verhindert. Allerdings muss die Tatsache, dass es auf Grund eines solchen Verbrauchergerichtsstand zu einer internationalen Zuständigkeit sowohl der Gerichte des Drittstaates als auch derjenigen in der Bundesrepublik und damit zu einem positiven Kompetenzkonflikt kommen kann, für den Verbraucher nicht unbedingt vorteilhaft sein. Vielmehr obläge es - da maßgebliches Verfahrensrecht stets das Recht des international zuständigen Staates ist -[232] dem Recht des Drittstaates, darüber zu entscheiden, ob er die durch einen derart ausgestalteten Verbrauchergerichtsstand dann ausschließliche internationale Zuständigkeit der deutschen Gerichte anerkennt.

II. Ungleichbehandlung des klagenden Verbrauchers

Bei einem grenzüberschreitenden Verfahren im Anwendungsbereich der EuGVVO[233] hat der inländische Verbraucher gemäß Art. 16 I Alt. 2 EuGVVO die Möglichkeit, vor dem Gericht des Ortes, an dem er seinen Wohnsitz hat, Klage zu erheben. In einem rein innerstaatlichen Rechtsstreit führen die §§ 12 ff. ZPO den klagenden Verbraucher dagegen oftmals zum Gericht am (Wohn-) Sitz des beklagten Vertragspartners. Hierin liegt aus der Sicht des klagenden Verbrauchers eine Schlechterstellung beziehungsweise aus der Sicht des Beklagten eine Bevorzugung gegenüber einem Rechtsstreit mit Auslandsbezug.[234]

Zwar ist eine solche Ungleichbehandlung des klagenden Verbrauchers hinsichtlich des ihm zur Verfügung gestellten Gerichtes nicht an Art. 12 I EGV, der nur im Anwendungsbereich des EG-Vertrages gilt, zu messen. Auch handelt es sich hierbei nicht um einen hinsichtlich seiner Rechtmäßigkeit nach nationalem Recht zu beurteilenden Fall der Inländerdiskriminierung: Eine solche umgekehrte Diskriminierung ist immer dann gegeben, wenn Ausländern im Inland nationale Rechtsvorschriften nicht entgegengehalten werden können und diese dadurch im Vergleich zu Inländern faktisch und rechtlich besser gestellt werden beziehungsweise wenn das Gemeinschaftsrecht ausschließlich Ausländern weitergehende Rechte gewährt als sie

---

[232] S. nur *Zöller-Geimer*, ZPO, IZPR Rdnr. 39.

[233] Im Falle einer Klage des Verbrauchers im Anwendungsbereich des EuGVÜ stimmt der Gerichtsstand mit demjenigen überein, der auch bei einem rein innerstaatlichen Sachverhalt eröffnet ist: Da das EuGVÜ lediglich eine Regelung der internationalen Zuständigkeit enthält, bestimmt sich die örtliche Zuständigkeit jeweils nach nationalem Recht.

[234] *Vollkommer / Vollkommer*, in: Festschr. für Geimer, S. 1386.

Inländern nach nationalem Recht zustehen.[235] In der hier vorliegenden Fallgruppe knüpft die Ungleichbehandlung jedoch nicht an den Status des Klägers als Inländer beziehungsweise Ausländer an. Vielmehr kann es allein auf Grund des Ortes des (Wohn-) Sitzes beziehungsweise der Niederlassung des beklagten Vertragspartners des Verbrauchers zur Eröffnung unterschiedlicher Gerichtsstände kommen. Dies führt jedoch nicht zu einem Verstoß gegen Art. 3 I GG, da die Ungleichbehandlung nicht durch dieselbe Rechtssetzungsgewalt erfolgt. Vielmehr wird die Personengruppe der Verbraucher, die ein rein innerstaatliches Verfahren anstreben, auf Grund der unterschiedlichen Regelungen in EuGVVO und nationalem Recht anders behandelt als diejenige der Verbraucher, die gegen einen Vertragspartner mit (Wohn-) Sitz beziehungsweise Niederlassung im Hoheitsgebiet eines Mitgliedstaates der EU vorgehen möchten. Somit fehlt es bereits von vorneherein an der wesentlichen Gleichheit.[236]

Dennoch ist eine solche Ungleichbehandlung des klagenden Verbrauchers sachlich nicht gerechtfertigt und daher nicht hinnehmbar: Der Verbrauchergerichtsstand des Art. 16 I Alt. 2 EuGVVO beabsichtigt in erster Linie, dem Verbraucher den Zugang zu Gericht zu erleichtern und damit die tatsächliche Durchsetzung seiner Ansprüche zu sichern. Ziel der EuGVVO ist es, den Verbraucher als die schwächere Partei durch Zuständigkeitsvorschriften, die für ihn günstiger sind als die allgemeinen Regelungen, zu schützen.[237] Es ist jedoch auch bei einer rein innerstaatlichen Rechtsstreitigkeit erstrebenswert, dem Verbraucher größtmöglichen Rechtsschutz durch die Bereitstellung eines entsprechenden Gerichtsstandes zu bieten. An dieser Einschätzung vermag auch die Tatsache, dass Regelungsgegenstand der EuGVVO primär nicht die in Rechtsstreitigkeiten ohne Auslandsbezug allein maßgebliche örtliche, sondern vielmehr die internationale Zuständigkeit ist, nichts zu ändern. Zwar wird mit der internationalen Zuständigkeit indirekt die Frage nach dem zur Entscheidung berufenen Internationalen Privatrecht und damit auch diejenige nach dem letztendlich anwendbaren materiellen Recht beantwortet, da das international zuständige Gericht grundsätzlich nach seinem nationalen Kollisionsrecht entscheidet, welches materielle Recht zur Anwendung gelangt.[238] Allerdings sind im Bereich des Internationalen Schuldrechtes die Kollisionsnormen durch das Römische EWG-Übereinkommen über das auf Schuldverhältnisse anzuwendende Recht vom 19. 6. 1980 in den Mitgliedstaaten der EU weitgehenden vereinheitlicht. Darüber hinaus befindet sich in diesen Staaten der materiellrechtliche Verbraucherschutz wegen der fortge-

---

235 *Hobe*, S. 36 Rdnr. 97 und S. 128 Rdnr. 234; *Schilling*, JZ 1994, 8 (8 f.); *Streinz*, S. 293 ff. Rdnr. 682 ff.
236 Vgl. *Maunz / Dürig* Art. 3 Rndr. 313 a; *Pieroth / Schlink*, S. 105 Rdnr. 431.
237 So der 13. Erwägungsgrund der EuGVVO.
238 S. bereits Fußn. 204.

schrittenen Rechtsvereinheitlichung etwa durch die Umsetzung von Richtlinien auf vergleichbarem Niveau. Damit ist das in der Sache anzuwendende Recht im Ergebnis von der Frage nach dem international zuständigen Gericht weitgehend unabhängig.

Die Diskrepanz im Schutzumfang je nach (Wohn-) Sitz beziehungsweise Niederlassung der beklagten Partei könnte durch die Einführung eines eigenständigen Verbrauchergerichtsstandes in das deutsche Zivilprozessrecht, der für Aktivklagen des Verbrauchers einen Gerichts-stand an dessen Wohnsitz eröffnet, aufgehoben werden. Eine solche Regelung ermöglichte es dem Verbraucher in rein innerstaatlichen Rechtsstreitigkeiten ebenso wie in Verfahren mit Auslandsbezug Klage vor dem Gericht am Ort seines Wohnsitzes zu erheben.

III. Unzureichender Verbraucherschutz bei Prozessen gegen den Verbraucher

Bei Klagen gegen den Verbraucher erklärt Art. 16 II EuGVVO ebenso wie Art. 14 II EuGVÜ ausschließlich die Gerichte des Mitgliedstaates für international zuständig, in dem der Verbraucher seinen Wohnsitz hat. Die Bestimmung der örtlichen Zuständigkeit bleibt dem autonomen Recht der Mitgliedstaaten überlassen. Zwar steht im Falle der internationalen Zuständigkeit der deutschen Gerichte, die gerade auf Grund des Wohnsitzes des beklagten Verbrauchers in der Bundesrepublik Deutschland gegeben ist, auf Grund §§ 12, 13 ZPO immer auch ein örtlich zuständiges Gericht bereit. Allerdings muss der Verbraucher nicht notwendig vor dem Gericht, bei dem er seinen allgemeinen Gerichtsstand hat, verklagt werden. Vielmehr wird § 12 ZPO verdrängt, wenn anderweitig ein ausschließlicher Gerichtsstand begründet ist. Darüber hinaus hat der Kläger gemäß § 35 ZPO die freie Wahl zwischen allgemeinem Beklagtengerichtsstand und gegebenenfalls eröffneten weiteren allgemeinen oder besonderen Gerichtsständen. Dies gibt dem Kläger grundsätzlich die Möglichkeit, den Rechtsstreit vor dem für ihn räumlich am günstigsten gelegenen Gericht auszutragen.[239] Besteht also im Inland für den betreffenden Streitgegenstand neben dem allgemeinen Gerichtsstand des beklagten Verbrauchers zumindest ein anderer Gerichtsstand, etwa derjenige des Erfüllungsortes nach § 29 ZPO,[240] so kann der Kläger den Rechtstreit auch vor diesem Gericht austragen. Der beklagte Verbraucher kann daher gezwungen sein, zur Rechtsverteidigung innerhalb seines Wohnsitzstaates reisen zu müssen. Dies führt dazu, dass der Verbraucher eine Prozessführung in der

---

[239] Eingeschränkt wird das Wahlrecht allein durch den Grundsatz von Treu und Glauben, vgl. *Wieczorek / Schütze-Hausmann*, § 35 Rdnr. 6.

[240] So ist beispielsweise beim Bauvertrag die Vergütungspflicht eines Bauherrn an dem Ort, an dem das Bauwerk errichtet wird und der nicht notwendigerweise mit dem Wohnsitz des Schuldners übereinstimmen muss, zu erfüllen.

Bundesrepublik unter rein praktischen Gesichtspunkten als nachteilig empfinden kann, da unter Umständen ein im Ausland gelegenes Gericht für ihn einfacher und schneller zu erreichen wäre. Eine Klage im Wohnsitzstaat des Verbrauchers ist jedoch im Anwendungsbereich von EuGVÜ und EuGVVO auf Grund der demnach ausschließlichen internationalen Zuständigkeit der dortigen Gerichte unumgänglich. Zweck dieser Regelungen ist es, den Verbraucher als typischerweise schwächeren Vertragspartner zu schützen. Diese Bestrebung wird allerdings unterlaufen, wenn den grundsätzlich nicht außerhalb ihres Wohnsitzstaates gerichtspflichtigen Verbrauchern die Rechtsverteidigung dadurch erschwert wird, dass sie in ihrem Wohnsitzstaat auch vor Gerichten verklagt werden können, die unter Umständen weit vom Ort ihres Wohnsitzes entfernt sind. Um dem entgegen zu wirken, ist die Einführung eines für Passivprozesse des Verbrauchers ausschließlichen Gerichtsstandes an dessen Wohnsitz in das deutsche Zivilprozessrecht wünschenswert.[241]

IV. Unübersichtlichkeit der bestehenden Rechtslage

Während EuGVÜ und EuGVVO alle prozessualen Bestimmungen zum Schutze des Verbrauchers in ihren Vierten Abschnitten vereinen, kennt das deutsche Zivilprozessrecht keine einheitliche Regelung. Vielmehr finden sich im deutschen Recht neben den in der ZPO enthaltenen Gerichtsstandsregelungen, die größtenteils auch auf Verbrauchergeschäfte anwendbar sind, mehrere, in verschiedenen Gesetzen außerhalb der ZPO verstreute Einzelfallregelungen.

Allgemein enthalten diese Gesetze Sonderregelungen, die bestimmte Personenkreise beziehungsweise Rechtsgeschäfte sowohl in materieller als auch in prozessualer Hinsicht schützen sollen. Auf Grund ihres unterschiedlichen Hintergrundes bestimmt sich der Anwendungsbereich dieser Sonderkodifikationen an Hand unterschiedlicher Kriterien beziehungsweise weisen sie unterschiedliche Strukturen und Inhalte auf.[242] Die im Rahmen dieser Untersuchung maßgeblichen Sondergesetze stimmen jedoch insofern überein, als dass sie neben materiellrechtlichen Bestimmungen auch eine Gerichtsstandsregelung enthalten. So wurde beispielsweise in das bereits im Jahre 1894 geschaffene Abzahlungsgesetz 1969 mit § 6 a ein ausschließlicher Gerichtsstand am Wohnsitz des Abzahlungskäufers eingefügt, der allerdings 1991 in Folge der Einführung des Verbraucherkreditgesetzes ersatzlos wegfiel. Entsprechend sah das im Jahre 1986 in Kraft getretene Haustürwiderrufgesetz in § 7 eine ausschließliche Zuständigkeit des Gerichtes am Wohnsitz des Kunden vor. Durch das Schuldrechtsmodernisierungsgesetz vom 1. 1. 2002

---

[241] So auch *Vollkommer / Vollkommer*, in: Festschr. für Geimer, S. 1376.
[242] Vgl. *Schaltinat*, S. 23; *Scherer*, S. 253 ff.

wurde jedoch auch das Haustürwiderrufgesetz aufgehoben. Während die materiellrechtlichen Regelungen nunmehr in das Bürgerliche Gesetzbuch eingegliedert sind, ist die bisherige Regelung des § 7 HausTWG in die ZPO eingegangen und bildet die Grundlage für den besonderen Gerichtsstand für Haustürgeschäfte in § 29 c. Darüber hinaus ist nach § 26 des Fernunterrichtsschutzgesetzes für Streitigkeiten aus einem Fernunterrichtsvertrag oder über das Bestehen eines solchen Vertrages das Gericht am allgemeinen Gerichtsstand des Teilnehmers zuständig.[243]

Durch diese diversen, unterschiedlich ausgeformten Gerichtsstandsregelungen und ihre Normierung in verschiedenen Gesetzen in- und außerhalb der ZPO kommt es zu einer unsystematischen Zersplitterung des Prozessrechtes.[244] Dies wirkt sich nachteilig auf die Übersichtlichkeit aus und erschwert den Umgang mit den Vorschriften. Insbesondere dem anwaltlich nicht vertretenen Verbraucher dürfte es schwer fallen, seine prozessualen Möglichkeiten zu kennen und zu nutzen. So ist etwa zweifelhaft, ob der rechtsunkundige Verbraucher, der einen Prozess anstrebt, einen in einem Sondergesetz normierten Gerichtsstand überhaupt finden wird.[245] Die Kenntnis einer sondergesetzlichen Gerichtsstandsregelung ist aber insbesondere unerlässlich, wenn dort ein ausschließlicher Gerichtsstand eröffnet wird, da dann in der Regel ein Wahlrecht nach § 35 ZPO nicht besteht. Die Vielzahl der verbraucherschützenden Gerichtsstandsregelungen und deren Verteilung auf unterschiedliche Gesetze wirkt so dem mit ihrer Schaffung verfolgten Ziel, den Verbraucher zu Klagen gegen seinen Vertragspartner zu ermutigen, eher entgegen und führt zu Rechtsunsicherheit.[246]

Darüber hinaus steht eine Zersplitterung des Zivilprozessrechtes in Sondergesetze in Widerspruch zu den gesetzgeberischen Tendenzen der Beschleunigung und Vereinfachung des Zivilverfahrens.[247] Auf Grund dessen erscheint die jahrzehntelang anhaltende Neigung des Gesetzgebers, verstärkt Spezialgesetze zu schaffen und damit die Zahl der verbraucherschützenden Sondernormen auch auf dem Gebiet des Prozessrechtes zu vervielfältigen, rückläufig. Dies zeigt sich insbesondere an der Auflösung des Haustürwiderrufgesetzes als eigenständigem Gesetz im Rahmen der Schuldrechtsmodernisierung und

---

[243] Auf diese Regelungen wird in § 4 näher eingegangen werden.

[244] So auch *de Bra*, S. 217 f.; *Heinbuch*, S. 204; *Schaltinat*, S. 23; *Scherer*, S. 257 m. w. Nachw. und zur Regelung von Teilbereichen des materiellen Zivilrechts in Sondergesetzen *Scholz*, MDR 1988, 730 (736).

[245] Zur Frage nach dem Adressat einer verbraucherschützenden Zuständigkeitsregelung s. § 15 II.

[246] Vgl. *Börnke*, S. 10 f., 184, 197 f.; *de Bra*, S. 217 f; in Bezug auf § 6 a AbzG *Gaede*, S. 253; für den Sektor des Verbraucherrechtes allgemein auch *Gilles*, JA 1980, 1 (2).

[247] *Heinbuch*, S. 204.

der damit verbundenen Eingliederung des Gerichtsstandes für Haustürgeschäfte in die ZPO. Diese begrüßenswerte Entwicklung würde die Schaffung eines eigenständigen Verbrauchergerichtsstandes im Rahmen der ZPO unterstützen. Eine einheitliche Zuständigkeit in Verbrauchersachen würde zu mehr Vorhersehbarkeit und Rechtssicherheit verhelfen und dem Verbraucher dadurch die Durchsetzung seiner Rechte erleichtern.

Zivilprozessuale Regelungen mit verbraucherschützender Zielsetzung sind oftmals nur auf Grund ihres Zusammenhanges mit den materiellrechtlichen Regelungen eines bestimmten Sachgebietes, für die ein Sondergesetz geschaffen wurde,[248] in solchen Gesetzen enthalten. Eine solche Anknüpfung ist jedoch nicht erforderlich. Ein Verbrauchergerichtsstand als rein prozessuale Norm kann auch systematisch zutreffend innerhalb des Titels „Gerichtsstand" in die ZPO eingefügt werden. Dies zeigt sich bereits an der Einführung des Gerichtsstandes des § 29 c ZPO, in deren Folge nunmehr prozessuale und materiellrechtliche Regelungen in unterschiedlichen Gesetzen enthalten sind. Ein eigenständiger Verbrauchergerichtsstand ist somit unabhängig von seiner konkreten Ausgestaltung wünschenswert. Es kann daher an dieser Stelle dahingestellt bleiben, ob eine solche Gerichtsstandsregelung die bereits in Sondergesetzen und der ZPO enthaltenen, verbraucherschützenden Normen derart angleichen und zusammenfassen sollte, dass diese abgeschafft werden können,[249] oder ob der neu zu schaffende Gerichtsstand die bereits vorhandenen Regelungen ergänzen sollte.[250] Auch ein zusätzlicher Gerichtsstand vermag bei entsprechender Ausgestaltung der Rechtszersplitterung langfristig entgegenzuwirken, indem er in Zukunft die Schaffung weiterer, sondergesetzlicher Gerichtsstandsregelungen entbehrlich macht. Darüber hinaus kann auch ein derartiger Gerichtsstand die Rechtsanwendung erleichtern, vorausgesetzt er stimmt in seiner Form und seinen Begrifflichkeiten mit den in der ZPO bereits vorhandenen Zuständigkeitsregelungen überein.[251]

V. Ersatzlose Streichung des § 6 a AbzG

Auch um die in Folge der ersatzlosen Streichung des § 6 a AbzG[252] für die Verbraucher entstanden Nachteile auszugleichen, empfiehlt sich die Einführung eines Verbrauchergerichtsstandes in das deutsche Zivilprozessrecht: Die in § 6 a AbzG enthaltene ausschließliche örtliche Zuständigkeit der Gerichte am Wohnsitz beziehungsweise gewöhnlichen Aufenthalt des Abzahlungs-

---

[248] Zur verbraucherrechtlichen Sondergesetzgebung auf dem Gebiet des materiellen Rechtes *Damm*, JZ 1978, 173 (176).
[249] Vgl. *Scherer*, S. 257 f.
[250] Auf diese Frage wird in § 15 I. näher eingegangen werden.
[251] Vgl. hierzu ausführlich § 16 I. 2.
[252] Ausführlich zu Gerichtsstandsregelung des § 6 a AbzG s. § 4 I.

käufers war geschaffen worden, um die bis dahin bestehenden Praxis der Vertragsparteien, für Aktivprozesse des Verkäufers einen Gerichtsstand an dessen (Wohn-) Sitz zu vereinbaren, zu beenden, da infolgedessen häufig Versäumnisurteile gegen die Verbraucher, denen eine Rechtsverteidigung am Sitz des Verkäufers als zu aufwändig erschien, ergangen waren. Das gänzliche Fehlen einer Gerichtsstandsregelung im Verbraucherkreditgesetz, mit dessen Inkrafttreten das AbzG 1991 außer Kraft trat, wurde unter anderem mit den zwischenzeitlich geschaffenen §§ 29 II, 38 ZPO erklärt. So schütze der hierin enthaltene Grundsatz des allgemeinen Prorogrationsverbotes bei Klagen gegen die Verbraucher diese hinreichend.[253]

Diese Begründung[254] erstaunt allerdings bereits auf Grund ihrer Unvereinbarkeit mit der Einführung des Gerichtsstandes für Haustürwiderrufsgeschäfte in § 7 HausTWG, von dem sogar bei vor Inkrafttreten des Gesetzes geschlossenen Verträgen Gebrauch gemacht werden konnte.[255] Diese unterschiedliche Beurteilung hinsichtlich der Schutzwürdigkeit der Verbraucher überrascht auf den ersten Blick, da sowohl dem Verbraucherkreditgesetz als auch dem Haustürwiderrufsgesetz der Wunsch zu Grunde lag, den Verbraucher als die sozial schwächere, geschäftlich oft unerfahrene Vertragspartei zu schützen.[256] Allerdings besteht im Falle eines Haustürgeschäftes neben dem Erfordernis des materiellrechtlichen Verbraucherschutzes stets auch ein Schutzbedürfnis auf verfahrensrechtlicher Ebene: Kommt es zum Abschluss eines Haustürgeschäftes im Sinne des § 312 I 1 BGB, so ist der Verbraucher immer auch prozessual schutzwürdig, da er zum Zeitpunkt des Vertragsschlusses die damit für einen möglichen späteren Rechtstreit in verfahrensrechtlicher Hinsicht verbunden Folgen nur sehr schwer vorhersehen kann. Bereits auf Grund der Natur eines Haustürgeschäftes vermag der Verbraucher nicht ohne weiteres zu erkennen, wo das vertragsschließende Unternehmen seinen Sitz hat. Folglich ist es ihm bei Vertragsschluss kaum möglich, abzuschätzen, wo ein Gerichtsstand für ein später möglicherweise stattfindendes Verfahren gegeben sein wird. Nicht zwingend ist dies demgegenüber im Falle eines Abzahlungsgeschäftes: Hier vermag der Verbraucher den Vertrag im sicheren Wissen um den Sitz seines Vertragspartners - etwa in dessen Ge-

---

[253] Begründung der Bundesregierung zum Entwurf eines Gesetzes über Verbraucherkredite, zur Änderung der Zivilprozessordnung und anderer Gesetze, BT-Drs XI / 5462, S. 16.

[254] [254] Nach Auffassung von *Mankowski* hat der Gesetzgeber die Folgen der Streichung des § 6 a AbzG lediglich oberflächlich bedacht, *Mankowski*, IPRax 2001, 33 (35) m. w. Nachw.

[255] In diesem Zusammenhang bemerkenswert ist auch, dass § 7 HausTWG im Rahmen der Schuldrechtsreform nicht ersatzlos gestrichen, sondern vielmehr als Grundlage für § 29 c ZPO verwandt wurde, s. § 4 III.

[256] Vgl. die Begründungen der Bundesregierung zum Entwurf eines Gesetzes über den Widerruf von Haustürgeschäften und anderen Geschäften, BT-Drs VIII / 130, S. 6 ff. sowie zum Entwurf eines Gesetzes über Verbraucherkredite, zur Änderung der Zivilprozessordnung und anderer Gesetze, BT-Drs XI / 5462, S. 11; s. auch *Mues*, ZIP 1996, 739 (739).

schäftsräumen - abschließen. In einem solchen Fall entfällt die prozessuale Schutzwürdigkeit des Verbrauchers, da er bereits bei Vertragsschluss die räumliche Entfernung zwischen diesem Ort und seinem eigenen Wohnsitzes abschätzen und Rückschlüsse hieraus für später möglicherweise entstehende Rechtsstreitigkeiten ziehen kann. Die Schaffung des § 7 HausTWG lässt allerdings erkennen, dass der Gesetzgeber mit der Streichung des ausschließlichen Gerichtsstandes für Abzahlungsgeschäfte keine generelle Abneigung gegenüber dem Verbraucherschutz durch entsprechende Zuständigkeitsregelungen zum Ausdruck bringen wollte.[257]

Darüber hinaus hat sich gezeigt, dass entgegen der ursprünglichen Annahme des Gesetzgebers allein §§ 29 II, 38 ZPO zum prozessualen Schutz des Verbrauchers nicht ausreichend sind: Vielmehr hat sich die Lage der Abzahlungskäufer mit der ersatzlosen Streichung des § 6 a AbzG verschlechtert.[258] Diese Entwicklung halten *Schmelz / Klute* sogar für so gravierend, dass sie von einer „Morgengabe an die Teilzahlungswirtschaft"[259] sprechen.

Deutlich wird dies bereits bei Prozessen gegen den Verbraucher: Zwar wird der beklagte Verbraucher nach geltender Rechtslage durch die Begründung des allgemeinen Gerichtsstandes an seinem Wohnsitz (§§ 12, 13 ZPO) und den Grundsatzes des Prorogationsverbotes (§§ 29 II, 38 ZPO) geschützt. Trotzdem besteht nach dem Wegfall der ausschließlichen örtlichen Zuständigkeit des Gerichtes am Wohnsitz beziehungsweise gewöhnlichen Aufenthaltsort des Verbrauchers auch in diesen Fällen die Möglichkeit seiner Benachteiligung, da er nunmehr auch vor einem räumlich weit entfernten Gericht verklagt werden kann; so etwa, wenn der Verbraucher in Folge eines Ladenkaufes im Gerichtsstand des Erfüllungsortes auf Zahlung des Kaufpreises verklagt wird.[260] Ein Verfahren an einem vom Wohnsitz / gewöhnlichen Aufenthalt des Verbrauchers räumlich weit entfernten Ort ist aber dann nicht hinnehmbar,

---

[257] A. A. *Geimer*; *Zöller-Geimer*, ZPO, IZPR Rdnr. 90 c.

[258] Indessen wird die Streichung des § 6 a AbzG auch für sinnvoll gehalten. So sprachen sich bereits im Vorfeld *Scherer*, *Scholz* und *Schumann* für eine Abschaffung des § 6 a AbzG aus; *Scherer*, S. 260; *Scholz*, BB 1974, 570 (571); *ders.* MDR 1974, 969 (973) und *Schumann*, JA 1975, 423 (426). *Gerlach* weist auf die Nachteile hin, die unter der Anwendung der Gerichtsstandsregelung für den Unternehmer eines gewöhnlichen Ladengeschäftes, in dem es auch zum Vertragsabschluss kam, entstanden, wenn er von einem Verbraucher mit räumlich weit entferntem Wohnsitz verklagt wurde. In einem solchen Fall erscheine die Schutzwürdigkeit des Käufers jedenfalls fraglich; *Gerlach*, NJW 1969, 1939 (1941).

[259] *Schmelz / Klute*, ZIP 1989, 1509 (1521). S. auch *Stadler*, JZ 1994, 642 (643 Fußn. 77).

[260] Vgl. *BGH* vom 2. 10. 2002 – VIII ZR 163 / 01, NJW-RR 2003, 192 (193). Bereits dieser Beispielsfall zeigt, dass es auch in den Fällen der Passivprozesse der Verbraucher zu deren Schlechterstellung kommen kann und entkräftet damit die Ansicht von *Mues*, der in diesen Fällen die Auswirkungen des Wegfalls von § 6 a AbzG für kaum erkennbar hält; *Mues*, ZIP 1996, 739 (740 f.).

wenn der Verbraucher auch in prozessualer Hinsicht schutzwürdig ist. Dies ist immer dann der Fall, wenn der Verbraucher bei Abschluss des Vertrages nicht ohne weiteres erkennen kann, wo ein späterer möglicher Rechtsstreit stattfinden kann; etwa weil ihm nicht ersichtlich wird, wo sein Vertragspartner seinen (Wohn-) Sitz hat.

Insbesondere zeigt sich die Verschlechterung allerdings in den Fällen, in denen der Verbraucher die Rolle des Klägers einnimmt, denn hier gilt nunmehr grund-sätzlich das Prinzip des actor sequitur forum rei. Auf Grund dessen muss ein Verbraucher, der den in Folge eines Abzahlungskaufes geschuldeten Kaufpreis bereits entrichtet und dennoch von seinem Widerrufsrecht aus § 355 I 1 BGB Gebrauch gemacht hat, gegebenenfalls das Gericht am Sitz seines Vertragspartners anrufen.[261] Ist dieses räumlich weit entfernt, so wird der Verbraucher nicht selten vor einem Prozess zurückschrecken. Damit kann die Anwendung der allgemeinen Gerichtsstandsregelungen der ZPO aber dazu führen, dass der Verbraucher in dem Entschluss gehemmt wird, von seinem gesetzlich gewährten und vom Schutzzweck des Verbraucherkreditgesetzes umfassten Widerrufsrecht Gebrauch zu machen. Dieses Ergebnis erscheint wiederum unbillig, wenn der Verbraucher nicht nur in materiellrechtlicher Hinsicht, sonder auch prozessual schutzwürdig ist. In diesen Fällen erscheint es folgewidrig, dem Verbraucher mit § 355 BGB zwar eine besondere materielle Schutznorm zur Verfügung zu stellen, die effektive Durchsetzbarkeit des Widerrufsrechtes aber nicht sicherzustellen, so dass im Ergebnis die Gefahr der Wirkungslosigkeit des durch das materielle Recht gewährleisteten Schutzes besteht.[262] Schließlich zeigt bereits die Tatsache, dass es nach bestehender Rechtslage - wie in § 2 ausgeführt - zum Nachteil des klagenden Verbrauchers zu einer Diskrepanz zwischen internationaler und örtlicher Zuständigkeit kommen kann, dass alleine das in §§ 29 II, 38 ZPO normierte, grundsätzliche Prorogationsverbot keinen hinreichenden Verbraucherschutz bieten kann. Im Ergebnis sollten daher die Nachteile, die die ersatzlose Streichung des § 6 a AbzG für die Verbraucher mit sich gebracht hat, in den Fällen aufgehoben werden, in denen die Abzahlungskäufer auch in verfahrensrechtlicher Hinsicht schutzwürdig sind. Diesem Erfordernis könnte

---

[261] Nach bestehender Rechtslage ist die Eröffnung eines Gerichtsstandes am Wohnsitz des Verbrauchers in diesen Fällen zweifelhaft. Bezüglich der allein in Betracht kommenden Zuständigkeit nach § 29 ZPO ist bereits streitig, ob es sich - wie von § 29 ZPO gefordert - bei einer Klage auf Rückgewähr infolge eines verbraucherschützenden Widerrufsrechtes um eine Streitigkeit aus einem Vertragsverhältnis handelt. Unterstellt man dies, so ist weiterhin fraglich, ob der Erfüllungsort an Hand der ursprünglichen Leistungspflicht - was in der Regel zum (Wohn-) Sitz des Vertragspartners des Verbrauchers führen würde - oder einheitlich nach dem Ort, an dem sich die Sache dem Vertrag gemäß befindet, zu bestimmen ist, vgl. auch *Zöller-Vollkommer*, ZPO, § 29 Rdnr. 25.

[262] Vgl. *Mues*, ZIP 1996, 739 (743); *Reich*, S. 505 sowie § 6 II. 2. b) aa) (1).

durch die Einführung eines entsprechend ausgestalteten Verbrauchergerichtsstandes in das deutsche Zivilprozessrecht nachgekommen werden.

VI. Gegenargumente - Bewertung

1. Aufhebung der wünschenswerten Konzentration von Verfahren am (Wohn-) Sitz des Vertragspartners des Verbrauchers

Wenn eingewandt wird, dass ein Gerichtsstand am Wohnsitz des Verbrauchers - wie er in § 2 II. 4., beziehungsweise § 3 II., III. und V. gefordert wird - eine wünschenswerte Konzentration von Verfahren am (Wohn-) Sitz des Vertragspartners des Verbrauchers verhindere, so kann dem nicht gefolgt werden: Zum einen kann eine solche Konzentration ohnehin nur für die Fällen der Aktivklagen der Verbraucher erreicht werden, da für Klagen gegen diese nur in Ausnahmefällen ein gesetzlicher Gerichtsstand am (Wohn-) Sitz der anderen Vertragspartei eröffnet sein wird und §§ 29 II, 38 ZPO entsprechende Gerichtsstandsvereinbarung grundsätzlich verbieten. Zum anderen erscheint es - wie bereits in Zusammenhang mit einer Konzentration von Prozessen bei den Gerichten Berlins aufgeführt -[263] fraglich, ob die Häufung von Verfahren bei einem Gericht überhaupt Vorteile mit sich bringt. An dieser Einschätzung vermag auch das Argument, die Prozessführung am Sitz der beklagten Partei sei kostengünstiger, da diese das Verfahren dann zumindest ohne Korrespondenzanwälte führen können, nichts zu ändern.[264] Einerseits ist diese Begründung nicht in Einklang zu bringen mit dem Ziel des prozessualen Verbraucherschutzes, gerade dem Verbraucher den Zugang zu Gericht zu erleichtern. Andererseits ist, seit sich die Parteien gemäß § 78 I ZPO in Anwaltsprozessen erster Instanz von jedem bei einem beliebigen Amts- oder Landgericht zugelassenen Rechtsanwalt beziehungsweise vor einem Oberlandesgericht von jedem Rechtsanwalt, der beim betreffenden Gericht oder einem anderen Oberlandesgericht zugelassen ist, vertreten lassen können, die Einlassung vor einem auswärtigen Gericht erheblich vereinfacht worden. So bedarf es auch im landgerichtlichen beziehungsweise oberlandesgerichtlichen Verfahren nun keines Korrespondenzanwaltes am Ort des Prozessgerichtes mehr.[265]

---

[263] § 2 II. 3. b) bb).

[264] So *Baumgärtel*, der davon ausgeht, dass bei einer Dezentralisierung der Verfahren eine Verteuerung der Schuldenbeitreibung eintritt; *Baumgärtel*, in: Festschr. für Weber, S. 28 f.

[265] Vgl. auch *Vollkommer / Vollkommer*, in: Festschr. für Geimer, S. 1385.

Schließlich sind auch die Bedenken von *Matthies* und *Reu*, bei der Schaffung eines neuen Gerichtsstandes könne leicht über das angestrebte Ziel hinausgegangen werden, unbegründet.[266]

Es ist nicht zu erwarten, dass mit Einführung eines allgemeinen Verbrauchergerichtsstandes in das deutsche Zivilprozessrecht die Zahl der Fälle ansteigt, in denen zwar ein örtlich zuständiges Gericht im Inland gegeben wäre, jedoch die deutschen Gerichte nicht international zuständig sind. Zu einer solchen Divergenz zwischen internationaler und örtlicher Zuständigkeit kann es alleine in den Fällen kommen, in denen der Grundsatz der Doppelfunktionalität nicht einschlägig ist, also nicht von der örtlichen auf die internationale Zuständigkeit der deutschen Gerichte geschlossen wird; so etwa bei Sachverhalten, die dem Anwendungsbereich des EuGVÜ unterliegen.[267] Nach dessen Art. 14 I sind für Klagen des Verbrauchers sowohl die Gerichte des Wohnsitzstaates des Verbrauchers als auch desjenigen seines Vertragspartners zuständig. Der Vertragspartner des Verbrauchers kann demgegenüber gemäß Art. 14 II EuGVÜ nur vor den Gerichten des Staates klagen, in dem der Verbraucher seinen Wohnsitz hat. Folglich ist die internationale Zuständigkeit der deutschen Gerichte nach dem EuGVÜ immer gegeben, wenn der Verbraucher einen inländischen Wohnsitz hat. Wenn nun - wie bereits in § 2 II. 4., sowie § 3 II., III. und V. befürwortet - ein zukünftiger Verbrauchergerichtsstand eine Zuständigkeit an diesem Wohnsitz festschriebe, so könnte es im Anwendungsbereich des EuGVÜ nicht zu einem Auseinanderfallen von örtlicher und internationaler Zuständigkeit kommen. Darüber hinaus wäre bei einem derart ausgestalteten Verbrauchergerichtsstand auch in Zusammenhang mit zukünftigen Übereinkommen eine Divergenz zwischen örtlicher und internationaler Zuständigkeit nicht zu befürchten. So sieht der Haager Konventionsentwurf über die gerichtliche Zuständigkeit und die Anerkennung und Vollstreckung ausländischer Entscheidungen in Zivil- und Handelssachen für Rechtsstreitigkeiten, an denen ein Verbraucher beteiligt ist, die Zuständigkeit der Gerichte des Staates vor, in dem dieser seinen gewöhnlichen Aufenthalt hat. Unter gewöhnlichen Aufenthalt wird im internationalen Verfahrensrecht der Ort verstanden, an dem eine Person ihren Daseinmittelpunkt hat.[268] Dieser wird in der Regel mit dem Wohnsitz als räumlichen Schwerpunkt der Lebensver-

---

[266] *Matthies*, S. 57; *Reu*, S. 110.

[267] Auch Sachverhalte im Anwendungsbereich der EuGVVO sind mit Blick auf eine mögliche Divergenz zwischen internationaler und örtlicher Zuständigkeit der deutschen Gerichte ohne Bedeutung, da die Verordnung sowohl die internationale als auch die örtliche Zuständigkeit des Gerichtes am Wohnsitz des Verbrauchers eröffnet, s. bereits § 2 II. 1. a) aa).

[268] *Staudinger-Habermann/*Weick, vor § 7 – 11 Rdnr. 3 m. w. Nachw.

hältnisse einer Person[269] zusammenfallen, so dass auch in Hinblick auf den Haager Konventionsentwurf nicht mit einer Abweichung von örtlicher und internationaler Zuständigkeit zu rechnen ist.

Schafft man also einen nationalen Verbrauchergerichtsstand, der in seiner Ausgestaltung an die in bestehenden und zukünftigen Staatsverträgen enthaltenen Regelungen der internationalen Zuständigkeit angeglichen ist, so ist eine Divergenz zwischen örtlicher und internationaler Zuständigkeit nicht zu befürchten. Darüber hinaus ist eine entsprechende Gerichtsstandsregelung im deutschen Zivilprozessrecht auch in Fällen ohne Auslandsbezug wünschenswert.[270] Aus diesem Grunde verlöre eine Verbrauchergerichtsstandsregelung selbst dann nicht ihre Berechtigung, wenn auf Grund eines zukünftigen Staatsvertrages, der zur Bestimmung der internationalen Zuständigkeit in Verbrauchersachen einen anderen Anknüpfungsmoment verwendete, die internationale Zuständigkeit der deutschen Gerichte zu verneinen wäre, obwohl ein örtlich zuständiges Gericht zur Verfügung stünde.

VII. Ergebnis

Die vorangehende Untersuchung hat gezeigt, dass die gegen die Ergänzung des deutschen Zivilprozessrechtes um einen Verbrauchergerichtsstand am Wohnsitz des Verbrauchers bestehenden Bedenken nicht durchgreifen. Vielmehr erscheint ein derartiger Schritt in mehrfacher Hinsicht notwendig: De lege ferenda könnte so ein Leerlaufen des in Art. 29 a EGBGB enthaltenen, kollisionsrechtlichen Schutzes verhindert und die für die Verbraucher mit der ersatzlosen Streichung des § 6 a AbzG verbundenen Nachteile ausgeglichen werden. Ferner könnte die wünschenswerte Gleichbehandlung von Verbrauchern, die in rein innerstaatlichen Rechtsstreitigkeiten klagen und solchen, die ein Verfahren mit Auslandsbezug anstreben, sichergestellt werden. Schließlich wäre mit einer solchen Zuständigkeitsregelung nicht nur eine Erleichterung der Rechtsanwendung im Allgemeinen, sondern - bei entsprechender Ausgestaltung der Norm - auch der Rechtsverteidigung des Verbrauchers in der Rolle des Beklagten verbunden.

---

269 *Staudinger-Habermann/Weick*, vor § 7 – 11 Rdnr. 7 m. w. Nachw.
270 Dies hat sich bereits in § 3 IV. und V. gezeigt.

Zweiter Teil – Anforderungen an die Ausgestaltung eines Verbrauchergerichtsstandes

§ 4 Im nationalen Recht bereits vorhandene verbraucherschützende Gerichtsstandsregelungen

Im Folgenden soll geklärt werden, auf welche Art und Weise die im deutschen Zivilprozessrecht bereits vorhandenen Gerichtsstandsregelungen den Verbraucher schützen. Dies ermöglicht zum einen Schlussfolgerungen für die Ausgestaltung eines zukünftigen Verbrauchergerichtsstandes, da die Eignung der gegenwärtigen Gerichtsstände zum Schutze des Verbrauchers und die Probleme, die sich im Zusammenhang mit ihrer Anwendung ergeben, hierbei nicht unberücksichtigt bleiben dürfen. Zum anderen erscheint die Berücksichtigung der bestehenden Gerichtsstände unumgänglich, um die Einheitlichkeit der Rechtsordnung zu wahren: Eine neu zu schaffende Zuständigkeitsvorschrift sollte sich in das System der bereits bestehenden gleichartigen Regelungen einfügen.[271]

Die nachfolgend dargestellten Gerichtsstandsregelungen wurden an Hand ihres verbraucherschützenden Charakters ausgewählt, wobei mittels der Ausgestaltung der Rechtsfolgenseite der Normen eine weitere Einschränkung vorgenommen wurde. Berücksichtigt wurden allein Zuständigkeitsbestimmungen, die primär einen Gerichtsstand am Wohnsitz des Verbrauchers eröffnen, denn in § 2 II. 4. und § 3 II., III., V. hat sich gezeigt, dass ein zu schaffender Verbrauchergerichtsstand derart ausgeformt sein sollte. Auf Gerichtsstandsregelungen mit anderen dem Verbraucher günstigen örtlichen Anknüpfungen - etwa an den Ort der befassten Agentur (§ 48 VVG), Niederlassung (§ 109 VAG)[272] oder Repräsentanz (§ 6 II AuslInvestmG) beziehungsweise denjenigen des Tat- oder Bestimmungsortes (§ 56 I, II LuftVG) - wird demgegenüber im Folgenden nicht näher eingegangen werden. Obwohl § 94 a I AMG vorrangig einen Gerichtsstand am Wohnsitz des Klägers eröffnet, wird auch diese Zuständigkeitsregelung nachfolgend keine Berücksichtigung finden, denn ihr unterfallen lediglich Ansprüche aus gesetzlicher Gefährdungshaftung beziehungsweise Auskunftsansprüche und damit solche, die unabhängig von einem vorausgegangenen Vertragsschluss - der vorliegend ausschlaggebend ist - bestehen. Schließlich soll auch nicht erörtert werden, in welchem Verhältnis die dargestellten, nationalen Gerichtsstands-

---

[271] *Müller*, S. 82 f.

[272] § 109 VAG wurde überdies nach Maßgabe des Art. 16 des Dritten Gesetzes zur Durchführung versicherungsrechtlicher Richtlinien des Rates der Europäischen Gemeinschaften vom 21. 7. 1994 aufgehoben, BGBl 1994 I, S. 1652. Vgl. auch BT-Drs XII / 6959, S. 92, wonach die Aufhebung auf Grund der vollständigen Verdrängung des Inhaltes von § 109 VAG durch das EuGVÜ erfolgte.

regelungen zueinander[273] und zu den Regelungen der internationalen Zuständigkeit stehen, da dies ohne Bedeutung für die Ausgestaltung eines zukünftigen Verbrauchergerichtsstandes ist.

I. § 6 a I AbzG

Das Abzahlungsgesetz aus dem Jahre 1894[274], das 1969 um eine Gerichtsstandsregelung erweitert worden war,[275] ordnete nach nochmaliger Änderung durch das Gesetz zur Vereinfachung und Beschleunigung gerichtlicher Verfahren mit Wirkung vom 1. 7. 1977[276] in § 6 a I Folgendes an:

> Für Klagen aus Abzahlungsgeschäften ist das Gericht ausschließlich zuständig, in dessen Bezirk der Käufer zur Zeit der Klageerhebung seinen Wohnsitz, in Ermangelung eines solchen seinen gewöhnlichen Aufenthaltsort hat.

Diese Gerichtsstandsregelung sollte zu einer Verbesserung der prozessualen Stellung der Abzahlungskäufer führen: Bis zur Einführung des § 6 a AbzG wurden in Teilzahlungsverträgen oftmals formularmäßig Gerichtsstandsvereinbarungen dergestalt getroffen, dass ein vom Wohnsitz des Verbrauchers weit entferntes, für den Verkäufer örtlich günstig gelegenes Gericht als zuständig bestimmt wurde. Da der Käufer auf Grund solcher Gerichtsstandsvereinbarungen in der Praxis häufig in seinen Möglichkeiten, Einwendungen vor Gericht geltend zu machen, beeinträchtigt worden war, sollten Klagen aus Abzahlungsgeschäften nur noch am Wohnsitzgericht des Käufers erhoben werden können.[277]

In personeller Hinsicht war das AbzG allein in den Fällen nicht anwendbar, in denen der Empfänger der Ware als Kaufmann in das Handelsregister eingetragen war.[278] War demgegenüber auch der Abzahlungsverkäufer Verbraucher, so konnte das AbzG nach dem Wortlaut seines § 8 zur Anwendung kommen. Ein Abzahlungsgeschäft war bei jedem Kaufvertrag über eine bewegliche Sache, bei dem der Kaufpreis in der Anzahlung und darüber hinaus mindestens zwei Teilzahlungen zu entrichten war, gegeben.[279] § 6 a I AbzG galt generell für alle Klagen aus Abzahlungsgeschäften und wirtschaftlich dem

---

[273] Ausführlich hierzu *Börnke*, S. 157 ff.
[274] RGBl. 1894 I, S. 450.
[275] Art. 1 Nr. 2 des Gesetzes zur Änderung des AbzG vom 1. 9. 1969, BGBl. 1969 I, S. 1542.
[276] BGBl. 1976 I, S. 3281.
[277] Begründung des Rechtsausschusses zu § 6 a des von der Fraktion der SPD eingebrachten Entwurfes zur Änderung des AbzG, BT-Drs V / 4521, S. 2. Ausführlich zu Sinn und Zweck des § 6 a AbzG *Scherer*, S. 33 ff.
[278] Vgl. *de Bra*, S. 16 f. ; *Scherer*, S. 131 f. jeweils m. w. Nachw.
[279] *BGH* vom 22. 2. 1978 – VIII ZR 41 / 77, *BGHZ* 70, 378 (381 ff.).

Abzahlungskauf ähnlichen Verträgen,[280] das heißt sowohl für Klagen des Abzahlungskäufers als auch für diejenigen des Verkäufers. Mit Blick auf den Schutzzweck der Gerichtsstandsregelung war der Kreis der „Klagen aus Abzahlungsgeschäften" weit zu ziehen.[281] Allerdings bestand hinsichtlich der Frage, ob § 6 a I AbzG auch bei Klagen aus ungerechtfertigter Bereicherung oder unerlaubter Handlung Anwendung finden konnte, keine Einigkeit: Die herrschende Meinung differenzierte zwischen bereicherungsrechtlichen und deliktischen Ansprüchen, wobei für letztere eine Anwendbarkeit des § 6 a I AbzG verneint wurde, da die unerlaubten Handlungen nur gelegentlich eines Abzahlungsgeschäftes erfolgten und es an einem unmittelbaren Zusammenhang zu dem zwischen den Parteien geschlossenen Abzahlungsgeschäft fehlte.[282] Ein solcher Zusammenhang bestünde allerdings bei Ansprüchen aus ungerechtfertigter Bereichung,[283] denn dieses zwar gesetzliche Schuldverhältnis gehe in seiner Existenz auf den Teilzahlungsvertrag zurück. Zwar stellte die Tatsache, dass sich in diesen Fällen ein Anspruch gerade aus der Unwirksamkeit des Abzahlungsgeschäftes ergab, einen Widerspruch zum Wortlaut des § 6 a I AbzG dar, der einen wirksamen Abzahlungsvertrag vorauszusetzen schien. Jedoch gebot es der Schutzzweck der Gerichtsstandsregelung, diese auch bei Ansprüchen aus ungerechtfertigter Bereicherung Anwendung finden zu lassen. § 6 a I AbzG begründete einen ausschließlichen Gerichtsstand. Dadurch wurde das gesetzgeberische Ziel, dem Verbraucher nachteilige Gerichtsstandsvereinbarungen zu unterbinden, erreicht, da infolgedessen gemäß § 40 II Nr. 2 ZPO eine Prorogation unzulässig beziehungs-

---

[280] Der Anwendungsbereich des Abzahlungsgesetzes und damit auch der in § 6 a I AbzG enthaltenen Gerichtsstandsregelung (§ 6 b AbzG) wurde durch § 1 c AbzG auf wirtschaftlich dem Abzahlungskauf ähnliche Verträge ausgedehnt.

[281] *Ostler / Weidner*, AbzG, § 6 a Anm. 2.

[282] *Erman-Weitnauer / Klingsporn*, 8. Aufl. (1989), § 6 a AbzG Rdnr. 5; *Lieser / Bott / Grathwohl*, DB 1971, 901 (906); *Ostler / Weidner*, AbzG, § 6 a Anm. 2; *Weidner*, NJW 1970, 1870 (1870). *Hönn* und *Westermann* verneinten die Anwendbarkeit des § 6 a AbzG auf deliktische Ansprüche nur in den Fällen, in denen der Käufer die unerlaubte Handlung begangen hatte, da dieser dann als nicht schutzwürdig anzusehen sei. In allen anderen Fällen halte eine Aufspaltung der Gerichtsstände bei Anspruchsgrundlagenkonkurrenz praktischen Erwägungen nicht stand; MünchKomm-*Westermann*, §§ 6 a, 6 b AbzG Rdnr. 8; *Soergel-Hönn*, § 6 a AbzG Rdnr. 8; vgl. auch *Scherer*, S. 123 ff. *De Bra* differenziert zwischen den Fällen des Betruges, in denen unabhängig von der Stellung des Abzahlungskäufers im Prozess § 6 a AbzG Anwendung finden sollte, und sonstigen, bei Gelegenheit des Abzahlungskaufes erfolgten unerlaubten Handlungen; *de Bra*, S. 23 ff. Grundsätzlich schlossen *Klauss-Ose, Meyer* und seit 1991 auch *Putzo* deliktische Ansprüche in den Anwendungsbereich des § 6 a AbzG ein, *Klauss / Ose*, AbzG, § 6 a Rdnr. 827; *Meyer*, MDR 1971, 812 (814); *Palandt-Putzo*, 50. Aufl. (1991), § 6 a AbzG Rdnr. 5.

[283] *OLG Hamm* vom 10. 12. 1982 – 11 U 141 / 82, BB 1983, 213 (213); *de Bra*, S. 16 f.; *Liese / Bott / Grathwohl*, DB 1971, 901 (906); MünchKomm-*Westermann*, §§ 6 a, 6 b AbzG Rdnr. 3; *Palandt-Putzo*, 50. Aufl. (1991), § 6 a AbzG Rdnr. 2; *Stein / Jonas*-Schumann, ZPO, 20. Aufl. (1984), § 29 Rdnr. 6.

weise eine Erfüllungsortvereinbarung ohne Einfluss auf den Gerichtsstand war. Maßgeblicher Zeitpunkt für die Bestimmung des Wohnsitzes des Käufers war nach dem ausdrücklichen Wortlaut der Regelung derjenige der Klageerhebung.[284] Es genügte allerdings, wenn der Beklagte seinen Wohnsitz bis zum Schluss der letzten mündlichen Tatsachenverhandlung in den Bezirk des angerufenen Gerichtes verlegt hatte, die Zuständigkeit also nachträglich eintrat.[285] Auch bestand auf Grund der in § 261 III Nr. 2 ZPO geregelten perpetuatio fori eine einmal gegebene Zuständigkeit unabhängig von einer Veränderung der sie begründenden Umstände fort.[286]

Mit Inkrafttreten des VerbrKrG zum 1. 1. 1991[287] ist das AbzG außer Kraft getreten und § 6 a AbzG ersatzlos weggefallen. Zur Begründung wurde angeführt, dass der Schutz des Verbrauchers bei Klagen gegen ihn durch den Grundsatz des Prorogationsverbotes in § 38 ZPO nunmehr ausreichend sichergestellt sei. Darüber hinaus erschien ein von den allgemeinen Vorschriften abweichender, ausschließlicher Gerichtsstand für Aktivprozesse des Verbrauchers nicht erforderlich.[288]

II. § 26 I FernUSG

Das Fernunterrichtsschutzgesetz und mit ihm auch die in § 26 enthaltene Gerichtsstandsregelung ist am 1. 1. 1977 in Kraft getreten,[289] um die Teilnehmer am privaten Fernunterricht vor unseriösen Fernunterrichtsangeboten und nachteiliger Vertragsgestaltung zu schützen.[290] Gemäß der an § 6 a I AbzG angelehnten Regelung[291] des § 26 I FernUSG ist

> für Streitigkeiten aus einem Fernunterrichtsvertrag oder über das Bestehen eines solchen Vertrages (...) das Gericht ausschließlich zuständig, in dessen Bezirk der Teilnehmer seinen allgemeinen Gerichtsstand hat.

Damit eröffnet § 26 I FernUSG einen Gerichtstand für die Klagen beider Parteien eines Fernunterrichtsvertrages am allgemeinen Gerichtsstand des

---

[284] Maßgeblich war danach die Zustellung der Klageschrift, § 253 I ZPO.
[285] Zum allgemeinen Gerichtsstand *RG* vom 8. 7. 1902 – III 113 / 02, *RGZ* 52, 136 (137 f.); vgl. auch *Zöller-Vollkommer*, ZPO, § 13 Rdnr. 12.
[286] *Zöller-Vollkommer*, ZPO, § 12 Rdnr. 15.
[287] BGBl. 1990 I, S. 2840 ff.
[288] BR-Drs 427 / 89, S. 34 und die Begründung der Bundesregierung zum Entwurf eines Gesetzes über Verbraucherkredite, zur Änderung der Zivilprozessordnung und anderer Gesetze, BT-Drs XI / 5462, S. 16.
[289] BGBl. 1976 I, S. 2525.
[290] Gesetzesentwurf der Bundesregierung, BT-Drs VIII / 4245, S. 1.
[291] Vgl. die Begründung des Bundesrates, BT-Drs VII / 4245, S. 30 sowie de *Bra*, S. 73 und *Heinbuch*, S. 202.

Fernunterrichtsteilnehmers. Unter Fernunterricht ist gemäß § 1 FernUSG die auf vertraglicher Grundlage erfolgende, entgeltliche Vermittlung von Kenntnissen, bei der Lehrender und Lernender zumindest überwiegend räumlich getrennt sind und der Lehrende den Lernerfolg überwacht, zu verstehen. Eine Beschränkung des Anwendungsbereiches des FernUSG in personeller Hinsicht besteht nicht. Da lediglich an die Eigenschaft als Teilnehmer angeknüpft wird,[292] werden grundsätzlich auch Kaufleute umfasst, allerdings dürften die Teilnehmer typischerweise Verbraucher sein.[293] Auf Grund der verbraucherschützenden Zielsetzung des § 26 I FernUSG ist auch hier das Merkmal der „Streitigkeit aus beziehungsweise über das Bestehen" eines Fernunterrichtsvertrages weit auszulegen, um alle Ansprüche in Zusammenhang mit dem Fernunterrichtsvertrag am allgemeinen Gerichtsstand des Fernunterrichtteilnehmers zu bündeln.[294] Nach allgemeiner Meinung können daher nicht nur unmittelbare Vertragsansprüche im Gerichtsstand des § 26 I Fern USG geltend gemacht werden, sondern grundsätzlich alle Ansprüche, die mit dem Fernunterrichtsvertrag zusammenhängen, soweit die Anspruchsgrundlage aus dem Bereich des vertraglichen Schuldrechtes stammt.[295] Umstritten ist, ob der Gerichtsstand des § 26 I FernUSG auch bei Klagen aus ungerechtfertigter Bereicherung eröffnet ist. Dies wird teils mit einem Hinweis auf den Wortlaut der Regelungen „aus einem Fernunterrichtsvertrag oder über das Bestehen eines solchen Vertrages" verneint, der dafür spreche, dass ausschließlich vertragliche Ansprüche umfasst seien.[296] Teils wird aber auch hervorgehoben, dass der Fernunterrichtsteilnehmer im Falle der Nichtigkeit des Vertrages besonders schutzwürdig sei und daher auch Streitigkeiten aus bereicherungsrechtlichen Ansprüchen unter den Anwendungsbereich des § 26 I FernUSG fallen sollten.[297] Deliktische Ansprüche fallen nach einer vielfach vertretenen Ansicht nicht unter § 26 I FernUSG.[298] Teilweise wird jedoch die

---

[292] Zur Frage, ob die Person, welche den Vertrag abschließt, oder diejenige, welcher der Lernerfolg zuteil werden soll, als Teilnehmer im Sinne des FernUSG anzusehen ist, vgl. ausführlich *Börnke*, S. 154 ff.; *Scherer*, S. 189 jeweils m. w. Nachw.

[293] *Bülow / Artz*, NJW 2000, 2049 (2050); *de Bra*, S. 72.

[294] *Börnke*, S. 130; *de Bra*, S. 75; *Wieczorek / Schütze-Hausmann*, ZPO, § 29 Rdnr. 106.

[295] Vgl. nur *Börnke*, S. 131; *Faber / Schade*, § 26 Rdnr. 2.

[296] *Stein / Jonas-Schumann*, ZPO, 20. Aufl. (1984), § 29 Rdnr. 6 a.

[297] *Scherer*, der betont, dass § 26 I FernUSG der Gerichtsstandsregelung in § 6 a AbzG nachgebildet sei, weswegen beide Vorschriften hinsichtlich ihres Anwendungsbereiches gleich zu behandeln seien; *Scherer*, S. 186. Allerdings ist die Anwendbarkeit des § 6 a AbzG bei Klagen aus ungerechtfertigter Bereicherung ebenfalls nicht unbestritten, s. § 4 I. Bejahend auch *Börnke*, S. 131 f. und *Faber / Schade*, § 26 Rdnr. 2, allerdings unter Verweis auf *LG Oldenburg* vom 2. 7. 1974 – I O 102 / 74, NJW 1975, 172, als einer Entscheidung, die sich auf § 6 a I AbzG bezieht; *Wieczorek / Schütze-Hausmann*, ZPO, § 29 Rdnr. 106.

[298] *Faber / Schade*, § 26 Rdnr. 2; *Gilles / Heinbuch / Gounalakis*, S. 77. *De Bra* vertritt, ebenso wie im Rahmen des § 6 a AbzG, die Auffassung, dass je nach Art der unerlaubten Handlung zu differenzieren sei, *de Bra*, S. 75.

Anwendbarkeit dieser Gerichtsstandsregelung auf deliktische Ansprüche unter Hinweis auf ihren Schutzzweck und Zweckmäßigkeitsüberlegungen bejaht. So sei bei Bestehen eines Anspruches aus unerlaubter Handlung oftmals zugleich ein Anspruch aus §§ 280 I, 311 II, 241 II BGB beziehungsweise wegen positiver Vertragsverletzung aus § 280 I BGB gegeben, weswegen eine Ausnahme deliktischer Ansprüche aus dem Anwendungsbereich des § 26 I FernUSG nicht prozessökonomisch sei.[299] Schließlich nennt, obwohl es sich hierbei um ein wandelbares und damit konkretisierungsbedürftiges Kriterium handelt, der ausschließlich ausgestaltete § 26 I FernUSG den für die Bestimmung des zuständigen Gerichtes maßgeblichen Zeitpunkt nicht ausdrücklich. Jedoch soll nach allgemeiner Ansicht der Zeitpunkt der Klageerhebung entscheidend sein:[300] Für dessen Maßgeblichkeit spricht - im Gegensatz zu derjenigen des Zeitpunktes des Vertragsschlusses - bereits der Wortlaut des § 26 I FernUSG, wonach das Gericht zuständig ist, in dessen Bezirk der Fernunterrichtsteilnehmer seinen allgemeinen Gerichtsstand „hat".[301] Ferner ist § 26 I FernUSG an § 6 a AbzG angelehnt, der ausdrücklich auf den Moment der Klageerhebung abstellt; dass der Gesetzgeber im Rahmen des Fernunterrichtsgesetzes einen anderen Zeitpunkt bevorzugt hat, ist nicht ersichtlich.[302] Darüber hinaus entspricht die Maßgeblichkeit des Zeitpunktes der Klageerhebung den zum allgemeinen Gerichtsstand (§§ 12, 13 ZPO), auf den § 26 I FernUSG verweist, entwickelten Grundsätzen[303] sowie dem Schutzzweck der Norm:[304] Ein Abstellen auf den frühen Zeitpunkt des Vertragsschlusses wäre für einen Verbraucher, der nachträglich seinen Wohnsitz verlegt, ungünstig, da das Gerichtsverfahren dann an einem Ort stattfände, zu dem er keinen Anknüpfungspunkt mehr hätte. Schließlich gilt auch bezüglich § 26 I FernUSG der Grundsatz der perpetuatio fori.

---

[299] *Börnke*, S. 132. Vgl. auch *Scherer*, der jedoch darüber hinaus danach differenziert, welche Vertragspartei die unerlaubte Handlung begangen hat, wobei § 26 I FernUSG dann keine Anwendung finden soll, wenn dies der Fernunterrichtsteilnehmer war; *Scherer*, S. 186 f.

[300] *Börnke*, S. 157; *Bühler*, S. 173; *Gilles / Heinbuch / Gounalakis*, S. 77; *Scherer*, S. 191 f.

[301] Im Rahmen des § 26 I FernUSG bestehen keine Anhaltspunkte für die Maßgeblichkeit des Zeitpunktes der Klageeinreichung zur Begründung des Gerichtsstandes, vgl. aber § 5 V zu EuGVÜ / EuGVVO.

[302] So auch *Bühler*, S. 277 Fußn. 7.

[303] *Scherer*, S. 192.

[304] *Faber / Schade*, § 26 Rdnr. 3; unter Bezugnahme auf *Faber / Schade* auch *Börnke*, S. 157. A. A. *Scherer*, demzufolge aus der Schutzrichtung des § 26 I FernUSG nicht auf die Maßgeblichkeit des Zeitpunktes der Klageerhebung geschlossen werden kann: Die an § 6 a AbzG angelehnte Gerichtsstandsregelung bezwecke lediglich den Schutz des Verbrauchers vor Prorogation und Erfüllungsortvereinbarungen, der unabhängig vom für die Wohnsitzbestimmung maßgeblichen Zeitpunkt sichergestellt werden könne, *Scherer*, S. 192. Da es nach der Begründung zum Gesetzentwurf der Bundesregierung, BT-Drs VIII / 4245, S. 22, jedoch auch Ziel des § 26 I FernUSG ist, dem Verbraucher die Rechtsverfolgung zu erleichtern, kann *Scherer* nicht zugestimmt werden.

III. § 29 c I ZPO

Schließlich war am 1. 5. 1986 das Gesetz über den Widerruf von Haustürgeschäften und ähnlichen Geschäften in Kraft getreten,[305] das in § 7 eine wörtlich § 6 a I AbzG nachempfundene Gerichtsstandsregelung enthielt. Da § 38 ZPO keine Zuständigkeitsregelung für Klagen des wirtschaftlich und sozial meist schwächeren, seinem Vertragspartner unterlegenen Verbraucher enthielt und dessen Schutzbedürfnis daher nicht ausreichend Rechnung trug, wurde eine weitere Zuständigkeitsnorm für erforderlich gehalten. Es wurde befürchtet, dass sich der Verbraucher von einer Klageerhebung an einem unter Umständen räumlich weit entfernten Gericht abhalten lasse.[306] Durch das Schuldrechtsmodernisierungsgesetz vom 1. 1. 2002 wurde das Haustürwiderrufgesetz jedoch aufgehoben. Allerdings bildete die Regelung des § 7 HausTWG die Grundlage für den besonderen Gerichtsstand für Haustür-geschäfte in § 29 c I ZPO:

> Für Klagen aus Haustürgeschäften (§ 312 des Bürgerlichen Gesetzbuchs) ist das Gericht zuständig, in dessen Bezirk der Verbraucher zur Zeit der Klageerhebung seinen Wohnsitz, in Ermangelung eines solchen seinen gewöhnlichen Aufenthalt hat. Für Klagen gegen den Verbraucher ist dieses Gericht ausschließlich zuständig.

Auch § 29 c ZPO soll den Verbraucher davor bewahren, einen Prozess vor einem unter Umständen weit entfernten Gericht führen zu müssen, obwohl der andere Vertragspartner die Initiative zum Vertragsschluss am Wohnsitz des Verbrauchers ergriffen hat.

§ 29 c I ZPO eröffnet nicht einen Gerichtsstand für einen bestimmten Anspruch, sondern - wie sich aus der Legaldefinition des Haustürgeschäftes in § 312 I 1 BGB ergibt - für bestimmte Personen (Verbraucher und Unternehmer), die sich in einer der in § 312 I 1 Nr. 1 – 3 BGB beschriebenen

---

[305] BGBl. 1986 I, S. 122.

[306] Begründung zu dem Entwurf eines Gesetzes über den Widerruf von Haustürgeschäften und ähnlichen Geschäften, BT-Drs VIII / 130, S. 14. Nach a. A. der Bundesregierung bestand kein Bedürfnis nach einer Zuständigkeitsregelung, da Aktivprozesse des Kunden, auf die sich der Entwurf stütze, kaum praktisch würden. Vielmehr könnte der Kunde sich nach Widerruf des Haustürgeschäftes damit begnügen, eine an seinem Wohnsitz zu erhebende Klage des Vertragspartners abzuwarten; Stellungnahme der Bundesregierung zu dem Entwurf eines Gesetzes über den Widerruf von Haustürgeschäften und ähnlichen Geschäften, BT-Drs VIII / 130, S. 19. Dies war allerdings dann nicht der Fall, wenn der Kunde bereits vor Ausübung des Widerrufs Leistungen auf den Vertrag erbracht hatte und - im Gegensatz zu seinem Vertragspartner - deren Rückabwicklung anstrebte. Nach einer weitergehenden Ansicht war selbst in diesen Fällen, in denen der Kunde gezwungen war, Klage zu erheben, nicht einzusehen, warum für Haustürgeschäfte eine andere als die in der ZPO geregelte Zuständigkeit gelten sollte; *Scherer*, S. 215 f.

Situationen befinden. Dabei gebraucht die Norm keinen eigenständigen, prozessualen Begriff des Verbrauchers beziehungsweise Unternehmers, so dass hinsichtlich des persönlichen Anwendungsbereiches auf das Begriffsverständnis der §§ 13, 14 BGB abzustellen ist.[307] Demnach ist Verbraucher jede natürliche Person, die ein Rechtsgeschäft zu einem Zweck abschließt, der weder ihrer gewerblichen noch ihrer selbständigen beruflichen Tätigkeit zugerechnet werden kann.[308] Da der sachliche Anwendungsbereich des § 29 c I ZPO entsprechend seinem Normzweck nach allgemeiner Meinung weit auszulegen ist,[309] handelt es sich bei allen Klagen, die auf Haustürgeschäften (§ 312 I 1 Halbs. 1 BGB) beziehungsweise Umgehungsgeschäften[310] (§ 312 f 2 BGB) beruhen, um „Klagen aus Haustürgeschäften".[311] Daher ist es für die Anwendbarkeit der Gerichtsstandsregelung unerheblich, ob vertragliche oder gesetzliche Ansprüche geltend gemacht werden, so dass § 29 c I ZPO auch bereicherungsrechtliche Ansprüche unterfallen.[312] Streitig ist jedoch, inwieweit Ansprüche aus unerlaubter Handlung von der Vorschrift umfasst sind: Nach einer Ansicht umfasst § 29c I ZPO alle deliktische Ansprüche, die nicht nur gelegentlich des Haustürgeschäftes entstanden sind. Dies sei jedenfalls dann der Fall, wenn der Verbraucher durch Arglist, Drohung oder eine unerlaubte Handlung zur Abgabe der auf den Abschluss des Haustürgeschäftes gerichteten Willenserklärung veranlasst wurde beziehungsweise das Haustürgeschäft selbst eine unerlaubte oder sittenwidrige Handlung darstelle. Auf Grund der nach Wertung des Gesetzgebers bestehenden Schutzbedürftigkeit des Verbrauchers sei der Gerichtsstand auch dann an-

---

307 *Stein / Jonas-Roth*, ZPO, § 29 c Rdnr. 3.

308 Mithin ist ein Arbeitnehmer beim Erwerb von Gütern und Dienstleistungen ebenso Verbraucher im Sinne des § 13 BGB wie wenn ein Arbeitsvertrag mit ihm geschlossen, geändert oder aufgehoben wird; *BAG* vom 25.5.2005 – 5 AZR 572 / 04, ZIP 2005, 1699 (1703 f.); *Palandt-Heinrichs*, § 13 Rdnr. 3 m. w. Nachw. Dennoch ist in den letzteren Fällen der Gerichtsstand des § 29 c I ZPO nicht eröffnet, da Arbeitsverträge sowie arbeitsrechtliche Änderungs-, Aufhebungs- und Abwicklungsverträge mangels der Gefahr einer situativen Überrumpelung nicht § 312 BGB unterfallen; s. nur *Palandt-Grüneberg*, § 312 Rdnr. 4 m. w. Nachw. aus Rechtsprechung und Literatur.

309 S. nur *BGH* vom 7.1.2003 – X ARZ 362 / 02, NJW 2003, 1190 (1190); *Musielak-Smid*, ZPO, § 29 c Rdnr. 6; *Stein / Jonas-Roth*, ZPO, § 29 c Rdnr. 4 und im Rahmen des HausTWG *Wieczorek / Schütze-Hausmann*, ZPO, § 29 Rdnr. 105.

310 Auch in diesen Fällen ist § 29 c I ZPO einschlägig, vgl. noch zum HausTWG *Börnke*, S. 45 ff. m. w. Nachw.

311 Umstritten ist, ob der Gerichtsstand des § 29 c ZPO auch dann eröffnet ist, wenn das Widerrufsrecht des Verbrauchers nach § 312 III BGB ausgeschlossen ist, vgl. zum Streitstand im Rahmen des HausTWG *Börnke*, S. 47 ff. m. w. Nachw. aus Rechtsprechung und Literatur.

312 MünchKommZPO-*Patzina*, § 29 c Rdnr. 16; *Musielak-Smid*, ZPO, § 29 c Rdnr. 6; *Stein / Jonas-Roth*, ZPO, § 29 c Rdnr. 7; *Wieczorek / Schütze-Hausmann*, ZPO, § 29 Rdnr. 105 (noch zum HausTWG); *Zöller-Vollkommer*, ZPO, § 29 c Rdnr. 4 mit weiteren Beispielen. Vgl. auch *Börnke*, S. 96; *de Bra*, S. 66; *Scherer*, S. 209 bzgl. des HausTWG.

wendbar, wenn die unerlaubte Handlung zur Nichtigkeit oder Unwirksamkeit des Rechtsgeschäftes führte. Da ansonsten zur Aushebelung des § 29 c I 2 ZPO und der Begründung des deliktischen Gerichtsstandes aus § 32 ZPO der schlüssige Vortrag einer unerlaubten Handlung genüge, sei auch nicht zu unterscheiden zwischen Klagen des Verbrauchers gegen den schädigenden Unternehmer und Klagen des Unternehmers gegen den Verbraucher.[313] Nach anderer Ansicht sollen deliktische Ansprüche grundsätzlich nicht § 29 c ZPO unterfallen.[314] Allerdings könne das angegangene Gericht, wenn es auf Grund eines anderen rechtlichen Gesichtspunktes nach § 29 c ZPO zuständig sei, auf Grund einer Zuständigkeit kraft Sachzusammenhangs auch über konkurrierende Ansprüche aus unerlaubter Handlung entscheiden.[315] Im Gegensatz zu § 7 HausTWG eröffnet § 29 c I 1 ZPO dem Verbraucher nunmehr nicht nur einen Klägergerichtsstand, sondern darüber hinaus die Möglichkeit, an einem anderen besonderen oder am allgemeinen Gerichtsstand des Unternehmers zu klagen. Demgegenüber ordnet § 29 c I 2 ZPO für Klagen des Unternehmers eine ausschließliche Zuständigkeit des Gerichtes am Ort des Wohnsitzes beziehungsweise des gewöhnlichen Aufenthaltes des Verbrauchers an. Entsprechend dem eindeutigen Wortlaut des § 29 c I 1 ZPO ist maßgeblicher Zeitpunkt für die Bestimmung des Wohnsitzes beziehungsweise des gewöhnlichen Aufenthaltes des Verbrauchers derjenige der Klageerhebung.[316] Auch hier gilt gemäß § 261 III Nr. 2 ZPO der Grundsatz der perpetuatio fori.

IV. Ergebnis und Schlussfolgerungen

Bereits der ungleiche Wortlaut der vorangehend dargestellten, im deutschen Zivilprozessrecht bereits vorhandenen verbraucherschützenden Gerichtsstandsregelungen lässt erkennen, dass diese nicht einheitlich ausgestaltet

---

[313] *BGH* vom 7.1.2003 – X ARZ 362 / 02, NJW 2003, 1190 (1191); MünchKommZPO-*Patzina*, § 29 c Rdnr. 15; *Stein / Jonas-Roth*, ZPO, § 29 c Rdnr. 7, der einen direkten Zusammenhang des deliktischen Anspruchs mit § 312 BGB fordert. Vgl. bezogen auf das HausTWG auch *de Bra*, S. 66; *Scherer*, S. 209. A. A. *Börnke*, *Hüßtege*, *Smid*, *Ulmer* und *Werner*, die - teils bezogen auf das HausTWG - differenzieren: Mache der Unternehmer gegen den Verbraucher deliktische Ansprüche geltend, bleibe es mangels Schutzbedürftigkeit des Verbrauchers bei dem besonderen Gerichtsstand des § 32 ZPO, während im umgekehrten Falle der umfassende Verbraucherschutz die Möglichkeit der Bündelung aller Ansprüche an einem Gericht gebiete; *Börnke*, S. 96 ff.; MünchKomm-*Ulmer*, § 7 HausTWG Rdnr. 5; *Musielak-Smid*, ZPO, § 29 c ZPO Rdnr. 6; *Staudinger-Werner*, § 7 HausTWG Rdnr. 6; *Thomas / Putzo*-Hüßtege, ZPO, § 29 c Rdnr. 1.

[314] *Zöller-Vollkommer*, ZPO, 23. Aufl. (2002), § 29 c Rdnr. 5, s. allerdings *Zöller-Vollkommer*, § 29 c Rdnr. 4.

[315] *Zöller-Vollkommer*, ZPO, 23. Aufl. (2002), § 29 c Rdnr. 5.

[316] S. auch *Musielak-Smid*, ZPO, § 29 c ZPO Rdnr. 9; *Stein / Jonas-Roth*, ZPO, § 29 c Rdnr. 11; *Zöller-Vollkommer*, ZPO, § 29 c Rdnr. 8.

sind. Dementsprechend lassen sich an Hand unterschiedlicher Kriterien nicht nur Gemeinsamkeiten, sondern auch Verschieden- und Besonderheiten feststellen.

1. Anwendungsbereich

Verschiedenheiten bestehen hinsichtlich des sachlichen und persönlichen Anwendungsbereiches der einzelnen Regelungen.

Innerhalb der verbraucherschützenden Zuständigkeitsnormen des deutschen Rechtes findet sich kein einheitliches Kriterium, mit Hilfe dessen der sachliche Anwendungsbereich der Regelungen eingegrenzt wird. Vielmehr ist zu unterscheiden zwischen der Abgrenzung je nach Art des von den Parteien geschlossenen Vertrages und derjenigen mittels eines situationsbezogenen Merkmales: Die Anwendbarkeit des § 29 c ZPO ist auf Grund der direkten Bezugnahme auf § 312 I 1 BGB situationsbezogen. So führt in sachlicher Hinsicht die Art und Weise der Vertragsanbahnung - die für eine Vertragspartei oft überraschende Initiative des späteren Vertragspartners - zur Eröffnung des Gerichtsstandes.[317] Demgegenüber bedingt im Rahmen des AbzG und des FernUSG das Vorliegen einer bestimmten Vertragsart, die für einen der Vertragspartner mit Risiken verbunden ist, die Eröffnung des Gerichtsstandes. Dabei kommt es allerdings zu Ausgrenzungen aus dem Schutzbereich: So genoss etwa der Abzahlungskäufer den Schutz des § 6 a I AbzG, nicht jedoch derjenige Käufer, der einen Kredit bei seiner Hausbank aufgenommen hatte und den Kaufpreis in Folge dessen bar bezahlte. In prozessualer Hinsicht geschützt wird auch der Teilnehmer eines Fernunterrichtslehrganges, während der Vertrag zwischen dem Veranstalter eines Direktunterrichtlehrgangs in Hamburg und einem in München wohnenden Teilnehmer nicht vom Anwendungsbereich des § 26 I FernUSG umfasst ist. Indessen besteht auch in den Fällen dieser Teilnehmer beziehungsweise der dank Aufnahme eines Kredites bar bezahlenden Käufer die Möglichkeit, dass sie etwa auf Grund räumlich weit entfernter Gerichtsstände auf die Geltendmachung ihrer Rechte verzichten oder dort ein Versäumnisurteil gegen sie ergeht. Derartige Ergebnisse sind aber dann nicht hinnehmbar, wenn seitens der Verbraucher ein prozessuales Schutzbedürfnis besteht. Ein solches ist immer dann zu bejahen, wenn es den Verbrauchern zum Zeitpunkt des Vertragsschlusses nicht möglich war, die räumliche Entfernung zwischen ihrem Wohnsitz und dem (Wohn-) Sitz des Vertragspartners mit allen damit für eine möglichen späteren Rechtsstreit verbundenen Konsequenzen richtig einzuschätzen.[318]

---

[317] So hinsichtlich des HausTWG *Scherer*, S. 205; *Schwenzer*, JA 1989, 473 (475).

[318] Ein Abstellen auf die Art des zwischen den Parteien geschlossenen Vertrages zur Bestimmung des sachlichen Anwendungsbereiches kann auch dazu führen, dass dieser zu weitgehend ist. So, wenn der Verbraucher bereits bei Abschluss des Vertrages die damit

In persönlicher Hinsicht schützt § 29 c ZPO nur Verträge zwischen einem Verbraucher und einem Unternehmer, wobei die Abgrenzung an Hand der von der Vertragspartei eingenommenen Rolle - Abschluss des Rechtsgeschäft zu einem Zweck, der nicht / der gerade einer gewerblichen oder selbständigen beruflichen Tätigkeit zugerechnet werden kann - erfolgt. Eine derartige Eingrenzung des persönlichen Anwendungsbereiches erscheint zweckmäßig, denn nur mit der Beschreibung einer bestimmten Rolle im Marktgeschehen können in verfahrensrechtlicher Hinsicht aussagekräftige, typische Ungleichgewichtslagen erfasst werden. Die Tatsache, dass der dadurch erreichte Schutz im Einzelfall über das konkrete soziale Bedürfnis hinausgehen kann, tritt demgegenüber zurück.[319] Eine Eingrenzung in personenbezogener Hinsicht enthielt auch das AbzG; allerdings beschränkt auf den Empfänger der Ware, der nicht als Kaufmann in das Handelsregister eingetragen sein durfte. So konnte das AbzG auch dann zur Anwendung gelangen, wenn sowohl Abzahlungskäufer als auch -verkäufer Verbraucher waren. Ebenso auf reine Verbraucherverträge anwendbar ist das FernUSG, dessen Anwendungsbereich in personeller Hinsicht nicht eingeschränkt ist.

2. Anspruchsgrundlagenkonkurrenz

Auf Grund des von § 6 a I AbzG, § 26 I FernUSG und § 29 c I ZPO verfolgten Zieles der Verbesserung des prozessualen Verbraucherschutzes ist ihr sachlicher Anwendungsbereich trotz teils unterschiedlichen Wortlautes jeweils weit zu ziehen. Dennoch besteht in Rechtsprechung und Literatur keine Einigkeit darüber, ob beziehungsweise in welchem Umfang in diesen Gerichtsständen neben vertraglichen auch solche Ansprüche geltend gemacht werden können, die sich auf andere Anspruchsgrundlagen stützen. Hinsichtlich derjenigen Ansprüche, die auf sekundären Leistungspflichten aus dem jeweiligen Schuldverhältnis beruhen, wird die Anwendbarkeit der Verbrauchergerichtsstände übereinstimmend bejaht. Nach weitgehender Ansicht soll dies ebenso für Ansprüche gelten, die sich - wie etwa bereicherungsrechtliche Ansprüche - gerade aus der Unwirksamkeit des Vertrages ergeben. Schließlich ist das zulässigerweise im Gerichtsstand des § 6 a I AbzG, § 26 I FernUSG oder § 29 c I ZPO angegangene Gericht zumindest auf Grund des anzuerkennenden Konstruktes des Gerichtsstandes des Sachzusammenhangs auch für konkurrierende deliktische Ansprüche zuständig: Nach einer früher weit verbreiteten Meinung[320] war, wenn der Kläger einen einheitlichen prozessualen Anspruch geltend machte, der auf mehrere materiellrechtliche Anspruchs-

---

möglicherweise in prozessualer Hinsicht verbundenen Folgen absehen kann, s. näher unten § 6 II. 2. c) aa) (3).

[319] Vgl. *Koch*, S. 3 f.

[320] S. ausführlich hierzu *Börnke*, S. 161 ff. m. w. Nachw. aus Rechtsprechung und Literatur.

grundlagen gestützt werden konnte, das angerufene Gericht nur für den Klagegrund zuständig, hinsichtlich dessen die Zuständigkeitsvoraussetzungen erfüllt waren.[321] Infolgedessen kam es zur Klageabweisung, wenn dieser Klagegrund nicht durchgriff. Dieses Ergebnis wurde zunehmend als unbefriedigend empfunden; es kann vermieden werden, wenn man bei Zuständigkeit des Gerichtes einen Gerichtsstand des Sachzusammenhangs für sämtliche konkurrierende Klagegründe annimmt. Für die Anerkennung eines solchen Gerichtsstandes - für die sich bezogen auf das nach § 32 ZPO zuständige Gericht nunmehr auch der *Bundesgerichtshof* ausgesprochen hat -[322] streitet zum einen § 17 II 1 GVG, wonach das angegangene Gericht den Rechtsstreit grundsätzlich umfassend entscheidet, wenn der zu ihm beschrittene Rechtsweg zumindest für einen Klagegrund zulässig ist. Dieses Rechtsprinzip der Konzentration von Auseinandersetzungen über denselben prozessualen Anspruch[323] bei nur einem Gericht gilt nicht nur für die Gerichtsbarkeiten, sondern ist im Wege der Analogie auch auf das Verhältnis der verschiedenen zivilprozessualen Gerichtsstände zueinander anzuwenden.[324] Zum anderen entspricht die Zulässigkeit eines Gerichtsstandes des Sachzusammenhangs der Streitgegenstandlehre, der zufolge ein örtlich zuständiges Gericht unter allen rechtlichen Gesichtspunkten über den gesamten Streitgegenstand entscheiden muss.[325] Außerdem sprechen, da die Konzentration

---

[321] So konnte der Kläger beispielsweise im Gerichtsstand des § 32 ZPO zulässig nur deliktische, nicht aber konkurrierende vertragliche Ansprüche geltend machen.

[322] *BGH* vom 10. 12. 2002 – X ARZ 208 / 02, NJW 2003, 828 m. w. Nachw. aus Rechtsprechung und Literatur. Die überwiegende Meinung nimmt nunmehr zumindest bei § 32 ZPO einen Gerichtsstand des Sachzusammenhangs an, wenn der Kläger seine Schadensersatzansprüche auf Grund eines einheitlichen Lebenssachverhaltes auf unerlaubte Handlung und auf Verschulden bei Vertragsschluss stützt, s. nur *BayObLG* vom 31. 8. 1995 – 1Z AR 37 / 95, NJW-RR 1996, 508 (509) = MDR 1995, 1261 (1261); *OLG Frankfurt* vom 22. 3. 1996 – 24 U 173 / 94, NJW-RR 1996, 1341 (1341); *OLG Hamburg* vom 15 .4. 1997 – 13 W 6 / 97, MDR 1997, 884 (884); *Geimer*, Internationales Zivilprozessrecht, S. 401 f. Rdnr. 1523; *Stein / Jonas-Roth*, ZPO, § 32 Rdnr. 16; *Wieczorek / Schütze-Hausmann*, ZPO, § 32 Rdnr. 28 für die Gerichte am vertraglichen Erfüllungsort beziehungsweise Tatort; *Vollkommer*, in: Festschr. für Deutsch, S. 395 ff.; *Zöller-Vollkommer*, ZPO, § 12 Rdnr. 20, § 32 Rdnr. 20.

[323] Maßgeblich für den Streitgegenstand sind nach einhelliger Auffassung der Klageantrag sowie der Lebenssachverhalt, aus dem der Kläger die begehrte Rechtsfolge herleitet, *BGH* vom 10. 12. 2002 – X ARZ 208 / 02, NJW 2003, 828 (828 ff.) m. w. Nachw.; s. auch *Creifelds*, S. 1274, Stichwort: Streitgegenstand; *Kiethe*, NJW 2003, 1294 (1294 f.).

[324] Ausführlich *Vollkommer*, in: Festschr. für Deutsch, S. 396 ff., der sich auch mit den Argumenten der Gegenansicht befasst und diese entkräftet.

[325] Es ist nicht ersichtlich, weshalb - wie von der Gegenmeinung angenommen - ein Anspruch mit unverändertem Antrag und auf Grund desselben Lebenssachverhaltes nach Abweisung der Klage als teilweise unzulässig vor einem anderen Gericht geltend gemacht werden kann, wohingegen eine gleichzeitige Geltendmachung der Ansprüche in unterschiedlichen Gerichtsständen nicht möglich ist. Auch die Relativität des Streitgegenstandes, wonach der Streitgegenstand der Rechtskraft enger gefasst sein kann als derjenige der

der Entscheidungsbefugnis bei einem Gericht einen wirtschaftlichen Verlauf des Verfahrens ermöglicht, auch prozessökonomische Überlegungen für die Anerkennung eines solchen Gerichtsstandes.[326] Derartigen Erwägungen kommt bei Gerichtsstandsregelungen, die ein Gericht für ausschließlich zuständig erklären, das nicht mit demjenigen am allgemeinen Beklagtengerichtsstand übereinstimmt, ein besonders Gewicht zu. Verneint man in diesen Fällen eine umfassende Zuständigkeit kraft Sachzusammenhangs, so steht, da der Rückgriff auf den allgemeinen Beklagtengerichtsstand verwehrt ist, dem Kläger kein Gericht zur Verfügung, das seine auf einen einheitlichem Lebenssachverhalt beruhende Klage unter allen in Betracht kommenden Gesichtspunkten entscheidet. Demnach bliebe dem klagenden Verbraucher[327] im Rahmen der AbzG und FernUSG eine einheitliche Geltendmachung seiner Ansprüche verwehrt, da die dortigen Gerichtsstandsregelungen eine ausschließliche Zuständigkeit der Gerichte am Wohnsitz des Verbrauchers,[328] der nicht zwingend mit dem (Wohn-) Sitz des beklagten Vertragspartners oder dem Ort der unerlaubten Handlung übereinstimmen muss, enthalten. Mehrfache Klagen vor verschiedenen Gerichten sind aber weder aus Sicht des Klägers noch des Beklagten wünschenswert.[329] Die gegenteilige Auffassung, nach der ein Gerichtsstand des Sachzusammenhangs trotz § 17 II GVG und (angeblicher) Zweckmäßigkeit nicht anzuerkennen ist, beruft sich auf das kasuistische Gesetzessystem, das ansonsten unterlaufen würde.[330] Diese Ansicht verkennt jedoch, dass die Bezeichnung des Gerichtsstandes des Sachzusammenhangs insofern irreführend ist, als dadurch kein neuer, zusätzlicher Gerichtsstand geschaffen, sondern vielmehr eine umfassende Prüfungs- und Entscheidungskompetenz des bereits zuständigen Gerichts begründet wird.[331] Im Ergebnis kann das in einem bereits bestehenden Verbrauchergerichtsstand angerufene Gericht den Rechtsstreit also unter allen rechtlichen Gesichtspunkten entscheiden.

Rechtshängigkeit, kann über diesen systematischen Bruch in der Argumentation nicht hinweghelfen, vgl. *Roth*, in: Festschr. für Schumann (2001), S. 359 ff. m. w. Nachw.; *Stein / Jonas-Roth*, ZPO, § 1 Rdnr. 10.

[326] *BayObLG* vom 31. 8. 1995 – 1Z AR 37 / 95, NJW-RR 1996, 508 (509) = MDR 1995, 1261 (1261).

[327] Demgegenüber führen in den Fällen der Klagen gegen den Verbraucher die Gerichtsstände in AbzG und FernUSG zur Zuständigkeit des Gerichtes am allgemeinen Beklagtengerichtsstand, so dass eine einheitliche Entscheidung der Klage unter allen in Betracht kommenden Gesichtspunkten möglich bleibt.

[328] Hilfsweise an dessen (gewöhnlichen) Aufenthaltsort.

[329] Vgl. *Spickhoff*, ZZP (109) 1996, 493 (507 f.), der einen Gerichtsstand kraft Sachzusammenhangs allein diesen Fällen anerkennt.

[330] S. ausführlich *Baumbach / Lauterbach / Albers / Hartmann-Hartmann*, ZPO, § 32 Rdnr. 14; *Börnke*, S. 166 ff. jeweils m. w. Nachw.

[331] *Vollkommer*, in: Festschrift für Deutsch, S. 403 f.; *Zöller-Vollkommer*, ZPO, § 12 Rdnr. 20; ausführlicher noch *Zöller-Vollkommer*, ZPO, 23. Aufl. (2002), § 12 Rdnrn. 20 f.

3. *Ausschließlicher – besonderer Gerichtsstand*

Die Gerichtsstandsregelungen im AbzG beziehungsweise FernUSG begründen ausschließliche Gerichtsstände, während § 29 c I ZPO differenziert: Absatz 1 Satz 2 der Vorschrift ordnet für Klagen des Unternehmers gegen den Verbraucher ebenfalls eine ausschließliche Zuständigkeit an, wohingegen § 29 c I 1 ZPO für Aktivklagen des Verbrauchers einen besonderen Gerichtsstand enthält.

Es stellt sich somit die Frage, welche Art der Regelung unter dem Aspekt des Verbraucherschutzes vorzugswürdig ist: Zusätzliche besondere Gerichtsstände begünstigen den Verbraucher teilweise. Sie geben ihm die Möglichkeit, im von der Norm eröffneten oder einem anderen besonderen beziehungsweise dem allgemeinen Gerichtsstand der anderen Vertragspartei zu klagen. Allerdings steht dieses Wahlrecht auch dem Vertragspartner des Verbrauchers zu, so dass letzterer auch vor einem ihm räumlich ungünstig gelegenen Gericht verklagt werden kann. Hieran vermag auch der dem deutschen Zivilprozessrecht innewohnenden Grundsatz des actor sequitur forum rei,[332] der dem Verbraucher bei Prozessen gegen ihn grundsätzlich zu Gute kommt, nichts zu ändern, da der Gedanke, dass der Angreifer den Angegriffenen an dessen Ort aufsuchen muss, durch die Eröffnung besonderer Gerichtsstände durchbrochen wird.

Ist demgegenüber wie im AbzG und FernUSG ein rein ausschließlicher Gerichtsstand eröffnet, so kann zwar der Verbraucher grundsätzlich nur in diesem Gerichtsstand verklagt werden.[333] Allerdings ist die Ausschließlichkeit ebenfalls zu Lasten des Verbrauchers angeordnet; auch er kann - bei umgekehrten Parteirollen - nur im ausschließlichen Gerichtsstand zulässig Klage erheben. Dieses Ergebnis ist nicht mit dem Grundsatz des invito (beneficium) non datur, wonach niemandem gegen seinen Willen eine Rechtswohltat zu gewähren ist,[334] vereinbar, da der Verbraucher ein Interesse daran haben kann, die Klage beispielsweise im allgemeinen Gerichtsstand seines Vertragspartners zu erheben. Dies mag etwa dann der Fall sein, wenn dem dortigen Gericht die Geschäftspraktiken des Beklagten bereits aus früheren Prozessen bekannt sind.[335] Die Anordnung eines unabhängig von der Parteirolle des

---

[332] Ausführlich *Zöller-Vollkommer*, ZPO, § 12 Rdnr. 2 m. w. Nachw. und im Folgenden § 6.

[333] Kommt es zu einem Anwendungskonflikt mit anderen, ausschließlichen Gerichtsständen und besteht keine gesetzliche Anordnung eines Rangverhältnisses, so greift § 35 ZPO mit der Folge eines Wahlrechtes des Klägers ein, *Stein / Jonas-Roth*, ZPO, § 35 Rdnr. 1 f.

[334] *Jayme*, in: Festschr. für Nagel, S. 126 und 128.

[335] Stellungnahme der Bundesregierung zu dem Entwurf eines Gesetzes über den Widerruf von Haustürgeschäften und ähnlichen Geschäften, BT-Drs VIII / 130, S. 19; *Börnke*, S. 179; *Mues*, ZIP 1996, 739 (744) bzgl. HausTWG und FernUSG. Allerdings ist einerseits das

Verbrauchers ausschließlichen Gerichtsstandes steht im Widerspruch zu dem im deutschen Zivilprozess geltenden Grundsatz der uneingeschränkten privatautonomen Selbstgestaltung[336] und bringt eine nicht zu rechtfertigende, so starke Bevormundung des Verbrauchers mit sich,[337] dass *Jauernig*[338] im Zusammenhang mit der Unzulässigkeit von Zuständigkeitsvereinbarungen sogar von „autoritärer Sozialpolitik" sprach. Darüber hinaus birgt die Begründung eines ausschließlichen Gerichtsstandes für Aktivprozesse des Verbrauchers für diesen die Gefahr der Klageabweisung durch Prozessurteil. So kann es zur Unzulässigkeit der Klage kommen, wenn der Verbraucher irrtümlich in einem von dem ausschließlichen Gerichtsstand verdrängten, nicht ebenfalls ausschließlichen Gerichtsstand Klage erhebt.[339] Damit verfehlt die Eröffnung eines auch für Aktivprozesse des Verbrauchers ausschließlichen Gerichtsstandes das ihr zu Grunde liegende Ziel, diese Partei besonders zu schützen. Des Weiteren ist der Grund, der zur ausschließlichen Ausgestaltung etwa des § 6 a I AbzG führte, zwischenzeitlich entfallen. Durch die Anordnung der ausschließlichen Zuständigkeit des Wohnsitzgerichtes des Verbrauchers sollte verhindert werden, dass die Parteien die Zuständigkeit eines anderen Gerichtes beziehungsweise mit zuständigkeitsbegründender Wirkung einen Erfüllungsort vereinbaren. Seit der Einführung des allgemeinen Prorogationsverbotes in §§ 29 II, 38 ZPO kann hiermit die Notwendigkeit eines ausschließlichen Gerichtsstandes allerdings nicht mehr begründet werden.[340] Um aber zu vermeiden, dass der Verbraucher sich von einem Prozess an einem weit entfernten Ort abschrecken lässt, ist ein entsprechend ausgestalteter, besonderer Gerichtsstand ausreichend.[341] Schließlich hat bereits der *Bundesgerichtshof* trotz der Ausschließlichkeit des in § 6 a I AbzG geregelten Gerichtsstandes Absatz 3 der Vorschrift auf das Klageverfahren entsprechend angewandt und so die Ausschließlichkeit umgangen.[342] Die entsprechende

---

Gericht am allgemeinen Gerichtsstand des Vertragspartners des Verbrauchers nicht örtlich zuständig für Klagen gegen den Verbraucher und andererseits für Klagen des Verbrauchers auch ein Gerichtsstand an dessen Wohnsitz eröffnet. Folglich dürfte es in der Praxis selten zu dem klagenden Verbraucher nützlichen Erkenntnissen des Gerichtes über das Verhalten des Beklagten kommen. Darüber hinaus erscheint insgesamt fraglich, ob die Häufung von Verfahren bei einem Gericht Vorteile mit sich bringt, s. bereits § 2 II. 3. b) und § 3 VI. 1.

[336] *Gilles*, JA 1980, 1 (5); *Schack*, S. 125 Rdnr. 278 a.

[337] *Jayme*, in: Festschr. für Nagel, S. 126 ff.

[338] *Jauerning*, S. 35.

[339] Zumindest kommt es in diesen Fällen zu einer Verweisung nach § 281 I ZPO mit für den Kläger nachteiligen Folgen hinsichtlich der Kostentragung, § 281 III ZPO.

[340] *Börnke*, S. 179; *Mues*, ZIP 1996, 739 (744).

[341] S. auch *Scherer*, S. 250.

[342] Nach § 6 a III AbzG konnte der Abzahlungskäufer im Mahnverfahren auf den an sich unverzichtbaren Schutz des § 6 a I AbzG verzichten, wenn er die tatsächliche Bedeutung des Gerichtsstandes erfahren hatte. Voraussetzung für eine analoge Anwendung auf das Klageverfahren war nach Ansicht des *BGH* allerdings, dass dem Käufer bekannt geworden war,

Anwendung beruhte dabei auf dem Gedanken, dass der Abzahlungskäufer, der gemäß § 6 a III AbzG im Mahnverfahren für fähig gehalten wurde, seine Interessen insoweit sachgemäß wahrzunehmen, im Klageverfahren nicht anders behandelt werden konnte.

Der an einer umfassenden Ausschließlichkeit eines verbraucherschützenden Gerichtsstandes bestehenden Kritik[343] hat § 29 c I ZPO mit der Unterscheidung je nach Rolle des Verbrauchers im Prozess Rechnung getragen. Die Nachteile, die sich für den Verbraucher aus Gerichtsstandsregelungen ergeben, die auch für seine Klagen eine ausschließliche Zuständigkeit vorsehen, können durch eine nur teilweise Anordnung der Ausschließlichkeit vermieden werden. Eine Differenzierung zwischen ausschließlicher und besonderer Zuständigkeit je nach Parteirolle gewährleistet, dass die Vorteile eines ausschließlichen Gerichtsstandes auch nur dem Verbraucher als zu schützender Partei zu Gute kommen. Es führt zu einem umfassenden Schutz des Verbrauchers, wenn dieser seinen Vertragspartner in einem eigens geschaffenen Gerichtsstand verklagen kann und darüber hinaus ein Wahlrecht zwischen mehreren Gerichtsständen hat, das der anderen Partei gerade nicht zusteht.[344]

4. Zuständiges Gericht

Nach § 6 a I AbzG und § 29 c I ZPO ist das Gericht zuständig, in dessen Bezirk der Käufer beziehungsweise Verbraucher seinen Wohnsitz, in Ermangelung eines solchen seinen gewöhnlichen Aufenthaltsort hat. Demgegenüber verweist § 26 I FernUSG bei der Bestimmung des zuständigen Gerichtes auf den allgemeinen Gerichtsstand des Teilnehmers. Auf Grund dessen

---

dass das angerufene und bereits mit der Sache befasste Gericht nach § 6 a I AbzG unzuständig war, und er dennoch ausdrücklich beantragte, von der Verweisung abzusehen; *BGH* vom 7. 7. 1972 – I ARZ 112 / 72, NJW 1972, 1861 (1862); s. auch *LG Oldenburg* vom 2. 7. 1974 – I O 102 / 74, NJW 1975, 172 (172); dem Ergebnis zustimmend *Mues*, ZIP 1996, 739 (744) m. w. Nachw.; a. A. *OLG Bremen* vom 31. 3. 1976 – 3 U 106 / 75, WM 1977, 30 (30); *Löwe*, der die Ansicht vertrat, dass die Ausnahmeregelung des § 6 a III AbzG nicht analog anwendbar sei, da eine solche Analogie zum einen nach allgemeinen methodischen Grundsätzen unzulässig sei und zum anderen zur völligen Aushöhlung der in § 6 a I AbzG grundsätzlich bestimmten Ausschließlichkeit des Gerichtsstandes führe; *Löwe*, NJW 1973, 1162 (1163). Ausführlich zum Meinungsstand *Mues*, ZIP 1996, 739 (744).

343 *Geimer*, Internationales Zivilprozessrecht, S. 346 f. Rdnrn. 1285 ff. hinsichtlich der internationalen Zuständigkeit. *Geimer* befürwortet daher eine entsprechende Einschränkung von § 7 HausTWG beziehungsweise § 26 FernUSG im Wege der teleologischen Auslegung; *Jayme*, in: Festschr. für Nagel, S. 126; *Schack*, S. 126 Rdnr. 278 a; *Wieczorek / Schütze-Hausmann*, ZPO, § 29 Rdnr. 107.

344 Vgl. auch die Stellungnahme der Bundesregierung zu dem Entwurf eines Gesetzes über den Widerruf von Haustürgeschäften und ähnlichen Geschäften, BT-Drs VIII / 130, S. 19.

entsteht der Anschein, § 6 a I AbzG sowie § 29 c I ZPO einerseits und § 26 I FernUSG andererseits enthielten deutlich zu unterscheidende Regelungen. Nachfolgend wird sich jedoch zeigen, dass die Bezugnahme auf den Wohnsitz und hilfsweise den gewöhnlichen Aufenthaltsort des Verbrauchers in der Praxis meist zur Zuständigkeit desselben Gerichtes führt wie ein Verweis auf dessen allgemeinen Gerichtsstand. Die Entstehungsgeschichte des FernUSG lässt sogar vermuten, dass mit der Eröffnung der Zuständigkeit des Gerichtes am allgemeinen Gerichtsstand des Teilnehmers kein sachlicher Unterschied zur Regelung in § 6 a AbzG bezweckt war. Vielmehr war man sich bei der Schaffung des § 26 I FernUSG, der nach dem Entwurf der Bundesregierung[345] als besonderer Gerichtsstand in die ZPO eingefügt werden sollte und erst auf die Stellungnahme des Bundesrates[346] hin inhaltlich an § 6 a I AbzG angelehnt wurde, eines Unterschiedes nicht bewusst. Auf Grund dessen kann die Verschiedenartigkeit der Regelungen auch mit einem Redaktionsversehen begründet werden.[347] Darüber hinaus bleibt - selbst wenn sie beabsichtigt war - die ungleiche Formulierung der Gerichtsstandsregelungen in AbzG und § 29 c I ZPO einerseits beziehungsweise im FernUSG andererseits regelmäßig bedeutungslos: Der allgemeine Gerichtsstand des Verbrauchers, auf den § 26 I FernUSG verweist, wird grundsätzlich gemäß § 13 ZPO durch dessen inländischen Wohnsitz bestimmt. Dieser Wohnsitz ist jedoch auch nach § 6 a I AbzG und § 29 c I ZPO in erster Linie maßgeblich und beurteilt sich ebenso wie im Falle des § 13 ZPO nach §§ 7 – 11 BGB.[348] Zu verschiedenen Ergebnissen kann es demnach nur in den Fällen kommen, in denen mangels Wohnsitz des Verbrauchers im Inland auf andere Kriterien zurückgegriffen werden muss: § 16 ZPO sieht dann einen allgemeinen Gerichtsstand des Aufenthaltsortes im Inland beziehungsweise - wenn ein solcher nicht bekannt ist - des letzten Wohnsitzes vor. Demgegenüber knüpfen die Gerichtsstandsregelungen in § 6 a AbzG und § 29 c ZPO in diesen Fällen an den gewöhnlichen Aufenthaltsort des Verbrauchers an. Lässt sich dieser gewöhnliche Aufenthalt nicht ermitteln, wird in analoger Anwendung des § 16 ZPO zur Bestimmung des örtlich zuständigen Gerichtes jedoch ebenfalls auf den letzten Wohnsitz des Verbrauchers abgestellt.[349] Zu unterschiedlichen

---

[345] BT-Drs VII / 4245, S. 10 und Begründung, S. 22.

[346] BT-Drs VII / 4245, S. 30.

[347] Vgl. auch de *Bra*, S. 73 f.

[348] Hinsichtlich § 29c ZPO MünchKommZPO-*Patzina*, § 29 c Rdnr. 20; *Stein / Jonas-Roth*, ZPO, § 29 c Rdnr. 10; Zöller-*Vollkommer*, ZPO, § 29 c Rdnr. 6.

[349] *De Bra*, S. 73; *Erman-Weitnauer / Klingsporn*, 8. Aufl. (1989), § 6 a AbzG Rdnr. 10; *Stein / Jonas-Roth*, ZPO, § 29 c Rdnr. 10. Hinsichtlich des HausTWG beziehungsweise § 29 c ZPO weitergehend *Ulmer* und *Vollkommer*, die für Klagen des Unternehmers die allgemeinen Gerichtsstandsvorschriften für zumindest auch anwendbar erklären, wenn weder Wohnsitz noch gewöhnlicher Aufenthalt des Verbrauchers feststellbar sind; MünchKomm-*Ulmer*, § 7 HausTWG Rdrn. 14; *Zöller-Vollkommer*, ZPO, § 29 c Rdnr. 7. Diese Lösung widerspricht allerdings dem Verbraucherschutzgedanken, da der Ort der Klageerhebung für

Gerichtsständen kann es folglich allein in den Fällen kommen, in denen der nach § 26 I FernUSG maßgebliche Aufenthaltsort des Verbrauchers nicht mit dessen gewöhnlichen Aufenthaltsort, der im Rahmen von § 6 a I AbzG und § 29 c I ZPO ausschlaggebend ist, übereinstimmt: Der schlichte Aufenthalt einer Person ist der Ort ihres tatsächlichen Wohnens, wobei bereits ein ganz vorübergehendes, selbst unfreiwilliges Verweilen ausreicht.[350] Demgegenüber ist der gewöhnliche Aufenthalt einer Person der Ort, an dem sie nicht nur vorübergehend wohnt oder übernachtet, sondern sich zumindest für längere Zeit aufhält.[351] Erforderlich ist eine gewisse Eingliederung in die soziale Umwelt, die in erster Linie nach den objektiven Merkmalen der Dauer und Beständigkeit des Aufenthaltes beurteilt wird. Der subjektive Wille, den Aufenthaltsort zum Daseinsmittelpunkt zu machen, ist nicht erforderlich;[352] eine tatsächliche Dauer des Aufenthaltes von sechs Monaten indiziert in der Regel einen gewöhnlichen Aufenthalt.[353] Infolgedessen wird nach einem Verweilen von sechs Monaten aus einem schlichten regelmäßig ein gewöhnlicher Aufenthalt. Mithin kann es nur bei einer kürzeren Anwesenheitsdauer an einem Ort zu einem Auseinanderfallen von schlichtem und gewöhnlichem Aufenthaltsort kommen. Im Ergebnis kann § 26 I FernUSG also nur in den Fällen eine andere örtliche Zuständigkeit als § 6 a I AbzG beziehungsweise § 29 c I ZPO eröffnen, in denen die örtliche Zuständigkeit mittels des nur hilfsweise anzuwendenden Kriteriums des (gewöhnlichen) Aufenthaltes zu bestimmen ist und darüber hinaus der Verbraucher weniger als sechs Monaten an seinem letzten Aufenthaltsort verbracht hat. Diese Fallkonstellation dürfte in der Praxis selten gegeben sein.

---

den Verbraucher auch in diesen Fällen nicht bedeutungslos ist. So ist etwa bei einer öffentlichen Zustellung die Wahrscheinlichkeit, dass der Verbraucher von der Klageerhebung erfährt, am Ort seines letzten Wohnsitzes größer, *de Bra*, S. 73 Fußn. 295.

[350] Erst ein Verweilen, das auf Grund seiner Dauer die Zustellung einer Klage unmöglich macht, ist regelmäßig zu kurz, um einen schlichten Aufenthaltsort zu begründen; *Stein / Jonas-Roth*, ZPO, § 16 Rdnr. 4.

[351] Eine vorübergehende Abwesenheit beseitigt den Aufenthaltsort allerdings zumindest dann nicht, wenn eine Rückkehr beabsichtigt ist; *Stein / Jonas-Roth*, ZPO, § 29 c Rdnr. 10; *Zöller-Philippi*, ZPO, § 606 Rdnr. 25.

[352] Ständige Rechtsprechung seit *BGH* vom 5. 2. 1975 – IV ZR 103 / 73, NJW 1975, 1068 (1068); s. auch *Baumbach / Lauterbach / Albers / Hartmann-Albers*, ZPO, § 606 Rdnr. 10; *Zöller-Philippi*, ZPO, § 606 Rdnr. 23 jeweils m. w. Nachw.

[353] So für die Begründung des gewöhnlichen Aufenthaltes eines Minderjährigen *BGH* vom 29. 10. 1980 – IV b ZB 586 / 80, *BGHZ* 78 / 293 (300); *Baumbach / Lauterbach / Albers / Hartmann-Albers*, ZPO, § 606 Rdnr. 10; *Wieczorek / Schütze-Hausmann*, ZPO, § 13 Rdnr. 6; *Zöller-Philipi*, ZPO, § 606 Rdnr. 34 jeweils m. w. Nachw.

5. Maßgeblicher Beurteilungszeitpunkt

§ 6 a I AbzG und § 29 c I ZPO erfordern ausdrücklich das Vorliegen des Wohnsitzes beziehungsweise gewöhnlichen Aufenthaltes des Verbrauchers zum Zeitpunkt der Klageerhebung. Die Maßgeblichkeit dieses Momentes wurde im Wege der Auslegung auch für § 26 I FernUSG ermittelt.[354] Darüber hinaus gilt auf Grund § 261 III Nr. 2 ZPO der Grundsatz der perpetuatio fori für das gesamte deutsche Zivilverfahrensrecht.

[354] S. § 4 II.

§ 5 Verbraucherschützende Gerichtsstandsregelungen in EuGVÜ bzw. EuGVVO

Um die Frage nach der Ausgestaltung eines in das deutsche Zivilprozessrecht einzuführenden Verbrauchergerichtsstandes beantworten zu können, ist es auch erforderlich, näher auf die Regelungen des Vierten Abschnittes von EuGVÜ beziehungsweise EuGVVO einzugehen: Ein deutscher Verbrauchergerichtsstand sollte auch hierzu nicht in Widerspruch stehen. Vielmehr hat sich bereits im Rahmen des Problems des fehlenden Gerichtsstandes im Inland trotz auf Grund des EuGVÜ bestehender internationaler Zuständigkeit der deutschen Gerichte[355] gezeigt, wie sinnvoll und notwendig die Anlehnung des nationalen Zuständigkeitsrechtes an diese Regelungen der internationalen Zuständigkeit ist. Darüber hinaus kann so eine einheitliche Bestimmung der international zuständigen Gerichte erreicht werden, unabhängig davon, ob diese nach EuGVÜ / EuGVVO oder nach nationalem Recht unter Zuhilfenahme von dessen Regelungen der örtlichen Zuständigkeit erfolgt.

Der inhaltlichen Anlehnung der zukünftigen nationalen Gerichtsstandsregelung an völker- beziehungsweise europarechtliche Normen steht auch nicht die Tatsache entgegen, dass EuGVÜ und EuGVVO überwiegend die internationale Zuständigkeit der Gerichte regeln, die von der örtlichen Zuständigkeit grundsätzlich zu unterscheiden ist:[356] Trotz dieser generellen Verschiedenheit soll der auf der Ebene des nationalen Rechtes zu schaffende Verbrauchergerichtsstand ebenso wie die entsprechenden Vorschriften in EuGVÜ und EuGVVO dem Verbraucher die Prozessführung erleichtern. Darüber hinaus besteht ein enger Zusammenhang zwischen der nach EuGVÜ / EuGVVO zu bestimmenden, internationalen Zuständigkeit und der örtlichen Zuständigkeit nach Maßgabe des deutschen Zivilprozessrechtes.[357] So ergänzen die nationalen Gerichtsstandsregelungen die Vierten Abschnitte von EuGVÜ und EuGVVO soweit diese selbst keine Regelung der örtlichen Zuständigkeit enthalten. Darüber hinaus lässt die Tatsache, dass die EuGVVO in ihrem Art. 16 I Alt. 2 für Aktivprozesse des Verbrauchers nunmehr auch eine Regelung der örtlichen Zuständigkeit enthält, erkennen, dass internationale und örtliche Zuständigkeit nicht beziehungslos nebeneinander stehen. Schließlich haben die nationalen Regelungen der örtlichen Zuständigkeit in den Fällen, in denen keine Spezialregelungen wie EuGVÜ oder EuGVVO eingreifen, auch indizielle Bedeutung hinsichtlich der internationalen Zuständigkeit.[358]

---

[355] § 2 II. 3. d).
[356] S. auch § 6 II. 2. c) (1).
[357] Vgl. auch *de Bra*, S. 2.
[358] S. bereits § 2 II. 1. a).

Da der persönliche und sachliche Anwendungsbereich des Vierten Abschnittes des EuGVÜ bereits unter § 2 I. 2. b) an Hand konkreter Beispiele teilweise detailliert dargestellt wurde, sollen im Folgenden lediglich die diesbezüglichen Grundsätze aufgezeigt werden.

Grundlegende Voraussetzung für die Anwendbarkeit der Vierten Abschnitte von EuGVÜ und EuGVVO ist das Vorliegen einer Klage aus einem Verbrauchervertrag als einem Vertrag, den eine Person zu einem Zwecke abgeschlossen hat, der nicht ihrer beruflichen oder gewerblichen Tätigkeit zugerechnet werden kann. Es erfolgt also keine Abgrenzung nach persönlichen Kriterien in dem Sinne, dass eine bestimmte Personengruppe wie etwa diejenige der Kaufleute aus dem Anwendungsbereich ausgenommen wird. Vielmehr ist an Hand der Stellung einer Person innerhalb des konkreten Vertrages in Verbindung mit dessen Natur und Zielsetzung zu beantworten, ob sie als Verbraucher einzuordnen ist.[359] Somit fallen in den persönlichen Anwendungsbereich von EuGVÜ und EuGVVO auch Kaufleute und Angehörige der freien Berufe, soweit sie Verträge abschließen, die nicht ihrer allgemeinen beruflichen oder gewerblichen Tätigkeit zuzurechnen sind.[360] Grundsätzlich ist der Begriff des Verbrauchers losgelöst von den nationalen Rechtsordnungen autonom zu definieren.[361] Nach der Rechtsprechung des *Europäischen Gerichtshofes* ist er grundsätzlich eng auszulegen, um den besonderen Schutz des Klägergerichtsstandes, der eine Ausnahme vom Grundsatz der Zuständigkeit der Gerichte am Beklagtenwohnsitz darstellt,[362] nicht über das von der Regelung vorgesehene Maß hinweg auszudehnen. Dies entspreche auch dem Schutzzweck von Art. 13 I EuGVÜ beziehungsweise Art. 15 I EuGVVO, da nur der wirtschaftlich schwächere und weniger erfahrene Vertragspartner eines besonderen Schutzes bedürfe. Somit unterfallen dem Verbraucherbegriff dieser Vorschriften nur private Endverbraucher.[363] Hinsichtlich ihrer Anwendbarkeit auf reine Verbraucherverträge enthalten die Vierten Abschnitte von EuGVÜ und EuGVVO keine eindeutigen Regelungen: Der Wortlaut von

---

[359] *EuGH* vom 3. 7. 1997, 269 / 95 - Benincasa, JZ 1998, 896, Nr. 16; de *Bra*, S. 139 f.; *Kropholler*, Europäisches Zivilprozessrecht, Art. 15 Rdnr. 8; *Kropholler-Kropholler*, Hdb. des Internationalen Zivilverfahrensrechts - Bd. 1, S. 482 Rdnr. 762; kritisch *Lüderitz*, in: Festschr. für Riesenfeld, S. 156 f.; *Schack*, S. 126 f. Rdnr. 280.

[360] *Rauscher-Staudinger*, EuZPR, Art. 15 Rdnr. 3 m. w. Nachw.

[361] *Kropholler*, Europäisches Zivilprozessrecht, Art. 15 Rdnr. 4; *Schmidt*, S. 38 Rdnr. 101; *Zöller-Geimer*, ZPO, Art. 17 EGVVO Rdnr. 4 m. w. Nachw.

[362] Vgl. den 11. Erwägungsgrund zur EuGVVO.

[363] Zu Art. 13 I EuGVÜ *EuGH* vom 19. 1. 1993, 89 / 91 - Shearson, NJW 1993, 1251 (1252) = EuZW 1993, 224, Nr.22; vom 3. 7. 1997, 269 / 95 - Benincasa, JZ 1989, 896, Nr. 15 ff.; vom 20.1.2005 , 464 / 01 – Gruber, NJW 2005, 653 (654), Nr. 35 ff.; *Kropholler*, Europäisches Zivilprozessrecht, Art. 15 EuGVVO Rdnr. 7.

Art. 13 I EuGVÜ beziehungsweise Art. 15 I lit. a und b EuGVVO fordert - im Gegensatz zu demjenigen des Art. 15 I lit. c EuGVVO - nicht, dass eine der Vertragsparteien mit dem Vertrag einen Zweck verfolgt, der ihrer beruflichen beziehungsweise gewerblichen Tätigkeit zuzurechnen ist. Allerdings verwenden Art. 13 II; 14 I, II EuGVÜ und Art. 15 I lit. c, II; 16 I, II EuGVVO den Ausdruck des „anderen Vertragspartners" beziehungsweise des „Vertragspartner des Verbrauchers" im Gegensatz zur Bezeichnung des Verbrauchers als solchem. Dies lässt vermuten, dass diese Vertragspartei gerade keine Verbrauchereigenschaft aufweisen darf. Gegen eine Anwendung der verbraucherschützenden Normen in EuGVÜ und EuGVVO auf reine Verbraucherverträge sprechen auch Sinn und Zweck: Sind beide Vertragsparteien Verbraucher, kommt es typischerweise nicht zur wirtschaftlichen und sozialen Unterlegenheit einer von beiden. Gerade den Schutz derart unterlegener Vertragsparteien beabsichtigen aber die jeweils Vierten Abschnitte von EuGVÜ / EuGVVO. Aus diesem Grunde wird eine teleologische Reduktion des Art. 13 I EuGVÜ beziehungsweise des Art. 15 I lit. a und b EuGVVO dahingehend gefordert, dass diese Normen bei reinen Verbraucherverträgen nicht anzuwenden sind.[364] Eine solche Vorgehensweise führt darüber hinaus zu einem einheitlichen persönlichen Anwendungsbereich innerhalb der einzelnen Fallgruppen des Art. 15 I EuGVVO und entspricht nicht zuletzt der vom *Europäischen Gerichtshof* geforderten einschränkenden Auslegung der Vierten Abschnitte von EuGVÜ und EuGVVO.

In sachlicher Hinsicht ist zu unterscheiden zwischen dem Kauf beweglicher Sachen auf Teilzahlung und Kreditgeschäften zu dessen Finanzierung einerseits und anderen Verbraucherverträgen andererseits.[365] In letzterem Fall bedarf es zumindest eines besonderen räumlichen Bezuges der Vertragsanbahnung zu dem Staat, in dem der Verbraucher seinen Wohnsitz hat. Die diesbezüglich in Art. 13 I Nr. 3 EuGVÜ aufgestellten Kriterien wurden in Art. 15 I lit. c EuGVVO allerdings neu gefasst. Ein Teilzahlungskauf im Sinne von Art. 13 I Nr. 1 EuGVÜ / Art. 15 I lit. a EuGVVO liegt nach maßgeblicher, autonomer Auslegung vor, wenn der Verkäufer dem Käufer den Besitz an einer Sache überträgt, bevor letzterer den gesamten Kaufpreis gezahlt hat. Erforderlich ist also eine Aufspaltung des Kaufpreises in mindestens zwei

---

[364] S. hinsichtlich des EuGVÜ nur *de Bra*, S. 141 f.; *Geimer / Schütze*, Europäisches Zivilverfahrensrecht, Art. 13 Rdnr. 20; *Kaye*, S. 830 f.; hinsichtlich der EuGVVO MünchKommZPO-*Gottwald*, Art. 15 EuGVVO Rdnr. 2; *Rauscher-Staudinger*, EuZPR, Vorb. Art. 15 – 17 Rdnr. 2 m. w. Nachw.; vgl. auch *Schack*, S. 127 Rdnr. 281. A. A. *Geimer / Schütze*, Europäisches Zivilverfahrensrecht, 2. Aufl. (2004), Art. 15 Rdnr. 25, die nunmehr alleine die Verwendung der Leistung durch den Gläubiger für relevant halten, allerdings unter Hinweis darauf, dass so etwa bei einem Gebrauchtwagenkauf auf Raten von der ratio legis vel conventionis nichts mehr übrig bleibe.

[365] *Spindler*, MMR 2000, 18 (19).

Teilzahlungen.[366] Für die Anwendbarkeit der Vierten Abschnitte von EuGVÜ beziehungsweise EuGVVO auf Kreditgeschäfte ist die Zweckgebundenheit des Kreditgeschäftes für die Finanzierung eines Kaufs beweglicher Sachen von entscheidender Bedeutung. Wird ein nicht zweckgebundenes Kreditgeschäft gewährt, so ist der Anwendungsbereich des Art. 13 I Nr. 2 EuGVÜ beziehungsweise des Art. 15I lit. b EuGVVO nicht eröffnet.[367] Der Anwendungsbereich des Art. 13 I Nr. 3 EuGVÜ ist schließlich auf die Erbringung von Dienstleistungen oder die Lieferung beweglicher Sachen beschränkt. Demgegenüber verallgemeinert Art. 15 I lit. c ZPO den prozessualen Verbraucherschutz und erfasst Verträge jeglicher Art, die ein Verbraucher mit Wohnsitz in einem Mitgliedstaat abschließt. Auch wird das in Art. 13 I Nr. 3 lit. a, b EuGVÜ enthaltene Erfordernis des Angebotes oder der Werbung des Unternehmers sowie der zum Vertragsschluss erforderlichen Rechtshandlungen des Verbrauchers in dessen Wohnsitzstaat in Art. 15 I lit. c EuGVVO nicht aufrechterhalten. Vielmehr werden an räumliche Verbindungen nur abgeschwächte Anforderungen gestellt. So genügt es, dass die Tätigkeit des anderen Vertragspartners zumindest auch auf den Wohnsitzstaat des Verbrauchers ausgerichtet ist und der zu Stande gekommene Vertrag in den Bereich dieser Tätigkeit fällt.[368]

II. Anspruchsgrundlagenkonkurrenz

Nach wohl einhelliger Auffassung zählen auch Klagen aus ungerechtfertiger Bereicherung, die in Zusammenhang mit der Rückabwicklung eines Vertrages stehen, zu den „Klagen / Ansprüchen aus einem Vertrag" und können somit am Verbrauchergerichtsstand des EuGVÜ beziehungsweise der EuGVVO geltend gemacht werden.[369] Keine Einigkeit besteht allerdings hinsichtlich der Frage, inwieweit deliktische Ansprüche in den Anwendungsbereich einzubeziehen sind. So wird einerseits vertreten, dass die Verbrauchergerichtsstände für Ansprüche aus Delikt nicht[370] beziehungsweise nur insofern eröffnet seien, als ein ausreichender Zusammenhang zu einem Verbrauchervertrag bestehe, also die unerlaubte Handlung nicht nur gelegentlich der Vertragsabwicklung verübt worden sei.[371] Andererseits wird die Anwendbarkeit der Vier-

---

[366] *EuGH* vom 21. 6. 1978, 150 / 77 - Bertrand, RIW 1978, 685, Nr. 19/22; *Thomas / Putzo-Hüßtege*, ZPO, Art. 15 EuGVVO Rdnr. 2.

[367] *Thomas / Putzo-Hüßtege*, ZPO, Art. 15 EuGVVO Rdnr. 3.

[368] Vgl. ausführlich MünchKommZPO-*Gottwald*, Art. 15 EuGVVO Rdnrn. 1 ff.; *Reich / Gambogi*, VuR 2001, 269 (271).

[369] *Kropholler*, Europäisches Zivilprozessrecht, Art. 15 Rdnr. 3 unter Verweis auf Art. 5 Rdnr. 6; *Schaltinat*, S. 76.

[370] *Lüderitz*, in: Festschr. für Riesenfeld, S. 160; MünchKommZPO-*Gottwald*, Art. 15 EuGVVO Rdnr. 6; *Thomas / Putzo-Hüßtege*, Art. 15 EuGVVO Rdnr. 1.

[371] *De Bra*, S. 164 ; *Geimer / Schütze*, Internationale Urteilsanerkennung, Bd. 1, Halbd. 1, S. 406 f.; *Schaltinat*, S. 65 ff.

ten Abschnitte von EuGVÜ und EuGVVO für alle konkurrierenden deliktischen Ansprüche befürwortet.[372] Der *Europäische Gerichtshof* hatte sich lange Zeit mit der Problematik der Anspruchsgrundlagenkonkurrenz im Verbrauchergerichtsstand nicht befasst, hielt jedoch den Gerichtsstand der unerlaubten Handlung bei konkurrierenden vertraglichen Ansprüchen für nicht eröffnet, da diese besondere Zuständigkeit als Ausnahme vom Grundsatz der Wohnsitzzuständigkeit einschränkend auszulegen sei. Der *Gerichtshof* anerkannte zwar, dass die Entscheidung eines Rechtsstreites durch verschiedene Gerichte nachteilig sei, verwies aber auf die dem Kläger eröffnete Möglichkeit, seine Klage unter sämtlichen Gesichtspunkten vor das Gericht des Beklagtenwohnsitzes zu bringen.[373] Diese Entscheidung legte die Annahme nahe, dass es dem Kläger auch im Verbrauchergerichtsstand nicht gestattet sein soll, konkurrierende deliktische Ansprüche geltend zu machen. Nunmehr hat sich der *EuGH* jedoch auch im Rahmen des Verbrauchergerichtsstandes zum Problem der Anspruchsgrundlagenkonkurrenz geäußert. Er hat entschieden, dass - um eine Häufung der Gerichtsstände und eine damit möglicherweise verbundene Benachteiligung des Verbrauchers zu vermeiden - alle Ansprüche, „die zu einem Verbrauchervertrag eine so enge Verbindung aufweisen, dass sie von ihm nicht getrennt werden können" unter den Vierten Abschnitt des EuGVÜ fallen.[374] Eine derartige, einheitliche Geltendmachung von Ansprüchen im Verbrauchergerichtsstand erscheint (auch im Rahmen der EuGVVO) sachgerecht.[375] Die zum Gerichtsstand der unerlaubten Handlung ergangene Rechtsprechung des *EuGH*, wonach dieser Gerichtsstand für konkurrierende vertragliche Ansprüche nicht eröffnet ist, kann nicht auf die Fälle der Anspruchsgrundlagenkonkurrenz im Verbrauchergerichtsstand übertragen werden, da wegen der Prägung des Deliktsrechtes durch das Vertragsrecht bereits der Ausgangspunkt nicht vergleichbar ist.[376] Ferner deutet bereits die Überschrift der Vierten Abschnitte „Zuständigkeit bei Verbrauchersachen"

---

[372] *Geimer / Schütze*, Europäisches Zivilverfahrensrecht, Art. 13 Rdnr. 21; *Schlosser*, EuGVÜ, Art. 13 Rdnr. 2; *Wieczorek / Schütze-Hausmann*, ZPO, Art 13 Rdnr. 24; wohl auch *Kropholler*, Europäisches Zivilprozessrecht, Art. 5 Rdnr. 79 in Verbindung mit Art. 15 Rdnr. 3.

[373] Im Rahmen des Art. 5 Nr. 3 EuGVÜ *EuGH* vom 27. 9. 1988, 189 / 87 - Kalfelis, NJW 1988, 3088 = IPRax 1989, 288, Nr. 19 ff.

[374] *EuGH* vom 11. 7. 2002, C-96 / 00 – Gabriel, NJW 2002, 2697 (2699), Nr.56 ff. Vgl. auch Generalanwalt *Jacobs*, nach dessen Auffassung Art. 13 EuGVÜ nicht allzu eng ausgelegt werden darf. Dies bedeute jedoch nicht, dass er entgegen seinem eindeutigen Wortlaut weit ausgelegt werden könne; Schlussanträge des Generalanwaltes *Jacobs* in der Rs.C-27 / 02 - Engler, Nr. 23.

[375] Vgl. auch *Geimer / Schütze*, Europäisches Zivilverfahrensrecht, 2. Aufl. (2004), Art. 15 Rdnr. 26; *Kropholler*, Europäisches Zivilprozessrecht, Art. 5 Rdnr. 79; *Rauscher-Staudinger*, EuZPR, Art. 15 Rdnr. 4 und hinsichtlich der Kompetenzanknüpfung bei Anspruchsgrundlagenkonkurrenz im Rahmen des EuGVÜ *Roth*, in: Festschr. für Schumann, S. 356.

[376] *Kropholler*, Europäisches Zivilprozessrecht, Art. 5 Rdnr. 79; *Roth*, in: Festschr. für Schumann, S. 356; *Schlosser*, EuGVÜ, Art. 4 Rdnr. 2.

darauf hin, dass deren jeweiligem Anwendungsbereich auch deliktische Ansprüche unterfallen.[377] Hierfür sprechen auch Gründe des Verbraucherschutzes. Würden konkurrierende deliktische Ansprüche nicht unter die Zuständigkeitsregelungen der Vierten Abschnitte fallen, so müssten diese Ansprüche am Gerichtsstand für Deliktsklagen beziehungsweise vor den Gerichten des Wohnsitzstaates des Beklagten geltend gemacht werden. Infolgedessen müssen aber unter Umständen über denselben Lebenssachverhalt zwei Prozesse mit sich möglicherweise widersprechenden Ergebnissen vor Gerichten verschiedener Länder geführt werden beziehungsweise der Verbraucher müsste, um eine einheitliche Geltendmachung zu erreichen, auf das Privileg des Klägergerichtsstandes verzichten. Ist demgegenüber der Verbrauchergerichtsstand auch für konkurrierende deliktische Ansprüche eröffnet, so kann über alle in Zusammenhang stehenden Ansprüche prozessökonomisch in einem Verfahren entschieden und die Umgehung der verbraucherschützenden Zuständigkeitsregelungen verhindert werden. Dies entspricht dem bei der Auslegung zu berücksichtigenden[378] Schutzzweck von EuGVÜ und EuGVVO: Im Falle eines Aktivprozesses des Verbrauchers wird diesem durch die Möglichkeit der umfassenden Entscheidung des Rechtsstreites durch ein Gericht in seinem Wohnsitzstaat der Zugang zu Gericht erleichtert. Aber auch in Prozessen, in denen der Verbraucher die Rolle des Beklagten einnimmt, entspricht eine solche Vorgehensweise seinen Interessen, denn eine gegebenenfalls eintretende Aufspaltung in mehrere Prozesse bedeutet auch für den Beklagten eine zeitliche Verzögerung sowie eine größere Belastung mit der Prozessführung.[379] Die Gerichtspflichtigkeit des Beklagten, der sich bezüglich der vertraglichen Ansprüche ohnehin im Forumstaat verteidigen muss, wird bei einer Ausdehnung auf deliktische Ansprüche nicht unzumutbar erweitert.[380] Außerdem lassen sich Unstimmigkeiten, die dadurch entstehen, dass der Begriff „Klagen / Ansprüche aus einem Vertrag" in den verschiedenen Staaten nicht einheitlich verstanden wird, durch dessen weite Auslegung vermeiden.[381]

---

[377] Einer einheitlichen Geltendmachung steht damit auch nicht die von *Jacobs* vertretene Ansicht entgegen, dass Art. 13 EuGVÜ zwar nicht allzu eng, jedoch auch nicht entgegen seinem eindeutigen Wortlaut weit ausgelegt werden dürfe, Schlussanträge des Generalanwaltes *Jacobs* in der Rs.C-27 / 02 - Engler, Nr. 23.

[378] So zum EuGVÜ *EuGH* vom 19. 1. 1993, 89 / 91 - Shearson, NJW 1993, 1251 (1251) = EuZW 1993, 224, Nr. 18.

[379] Vgl. auch *Geimer*, IPRax 1986, 80 (81).

[380] So mit Blick auf Art. 5 Nr. 3 EuGVÜ auch *Geimer*, Anm. zu *EuGH* vom 27. 9. 1988, 189 / 87 - Kalfelis, NJW 1988, 3089 (3040) = = IPRax 1989, 288.

[381] *De Bra*, S. 161 ff.

III. Ausschließlicher – besonderer Gerichtsstand

Wie bereits unter § 2 I. 2. a) aa) dargestellt, ist der Vierte Abschnitt des EuGVÜ, soweit nicht ausdrücklich etwas anderes normiert ist, insgesamt zwingend und abschließend. Dies gilt auch für denjenigen der EuGVVO.[382]

Inhaltlich unterscheiden EuGVÜ und EuGVVO zwischen Klagen des Verbrauchers und denjenigen seines Vertragspartners. So kann der Verbraucher gemäß Art. 14 I EuGVÜ oder entsprechend Art. 16 I EuGVVO wahlweise vor den Gerichten des Staates, in dessen Hoheitsgebiet der Vertragspartner seinen Sitz hat, oder vor den Gerichten seines Wohnsitzstaates Klage erheben. Der Vertragspartner des Verbrauchers muss hingegen nach Art. 14 II EuGVÜ beziehungsweise Art. 16 II EuGVVO vor den Gerichten des Staates klagen, in dessen Hoheitsgebiet der Verbraucher seinen Wohnsitz hat. Darüber hinaus sind auf Grund der Ausschließlichkeit der Vierten Abschnitte - auch für Klagen des Verbrauchers - keine weiteren Gerichtsstände eröffnet. Dieses Ergebnis widerspricht dem Schutzzweck der Vierten Abschnitte jedoch nicht: Die besonderen Gerichtsstände, wie etwa der Gerichtsstand des Erfüllungsortes, sollen - im Gegensatz zum grundsätzlichen Gerichtsstand am Beklagtenwohnsitz - den Interessen des Klägers diesen. Eine über den durch die Vierten Abschnitte eröffneten Klägergerichtsstand hinausgehende Bevorzugung des Verbrauchers als Klägers ist jedoch nicht erforderlich, sondern würde ihm vielmehr ein rechtspolitisch unerwünschtes forum shopping[383] ermöglichen.[384]

IV. Zuständiges Gericht

Der Wohnsitz einer natürlichen Person als zentraler Anknüpfungspunkt von EuGVÜ und EuGVVO wird nicht für alle Mitgliedstaaten einheitlich definiert. Vielmehr ist gemäß Art. 52 EuGVÜ, dem Art. 59 EuGVVO uneingeschränkt entspricht, nach der jeweiligen lex fori zu ermitteln, ob eine Partei im Hoheitsgebiet des Staates, dessen Gerichte angerufen sind, einen Wohnsitz hat. In Deutschland sind damit §§ 7 ff. BGB maßgeblich.[385] Nehmen mehrere Staaten an, dass die betreffende Partei in ihrem Gebiet keinen Wohnsitz hat, so kann es zu einem negativen Kompetenzkonflikt kommen. Dieser ist dadurch zu

---

382 S. nur *Geimer / Schütze*, Europäisches Zivilverfahrensrecht, 2. Aufl. (2004), Art. 15 Rdnr. 3.

383 Kann der Kläger unter mehreren international zuständigen Gerichten gezielt das Gericht auswählt, welches das für ihn günstigste Sachrecht anwenden wird, so spricht man von forum shopping, s. nur *v. Hoffmann*, S. 11 Rdnrn. 48 f.

384 *De Bra*, S. 171 f.

385 MünchKommZPO-*Gottwald*, Art. 2 EuGVVO Rdnr. 2; kritisch gegenüber dieser Vorgehensweise *Geimer*, *Zöller-Geimer*, ZPO, Art. 2 EuGVVO Rdnr. 2 a.

lösen, dass ausnahmsweise statt auf den Wohnsitz auf den gewöhnlichen Aufenthalt abzustellen ist.[386] Zwar ist der Zuständigkeitstatbestand des gewöhnlichen Aufenthaltes EuGVÜ und EuGVVO nicht geläufig. Dennoch erscheint die hilfsweise Anknüpfung an diesen konventions- beziehungsweise verordnungsgerecht:[387] Nur so ist eine internationalisierungsfähige Lösung zu erzielen.[388] Außerdem greifen EuGVÜ und EuGVVO in Ausnahmefällen ausdrücklich auf den gewöhnlichen Aufenthalt zurück, etwa in Art. 5 Nr. 2 EuGVÜ und Art. 15 Nr. 3 EuGVÜ beziehungsweise Art. 5 Nr. 2 EuGVVO sowie Art. 17 Nr. 3 EuGVVO. Ohnehin erscheint die starke Stellung des Wohnsitzes als Anknüpfungspunkt im Rahmen von EuGVÜ und EuGVVO fragwürdig, seit diese auch im Vereinigten Königreich mit seinem vom kontinentalen Recht abweichenden Wohnsitzbegriff anwendbar sind und das Römische EWG - Übereinkommen über das auf vertragliche Schuldverhältnisse anzuwendende Recht vom 19. 6. 1980 in Kraft getreten ist, das als Anknüpfungsmoment den gewöhnlichen Aufenthalt verwendet.[389]

V. Maßgeblicher Beurteilungszeitpunkt

Weder EuGVÜ noch EuGVVO nennen ausdrücklich den für die Begründung des Verbrauchergerichtsstandes maßgeblichen Zeitpunkt, zu dem der Wohnsitz natürlicher Personen beziehungsweise der Sitz von Gesellschaften oder juristischer Personen gegeben sein muss. Auch verweisen sie diesbezüglich nicht auf das autonome Recht der einzelnen Mitgliedstaaten. Auf

[386] *Kropholler*, Europäisches Zivilprozessrecht, Art. 59 Rdnr. 9; *Wieczorek / Schütze / Hausmann-Hausmann*, ZPO, Art. 2 EuGVÜ Rdnr. 11 jeweils m. w. Nachw. Die Gefahr eines negativen internationalen Kompetenzkonfliktes besteht auch, wenn über die Anwendbarkeit von EuGVÜ / EuGVVO zu entscheiden ist und eine Partei nach dem Recht des Staates, bei dessen Gericht die Klage eingereicht ist, ihren Wohnsitz in einem anderen Staat hat, dessen Recht aber wiederum auf den Gerichtsstaat verweist. In diesen Fällen wird neben der Bestimmung der internationalen Zuständigkeit mittels des gewöhnlichen Aufenthaltes der Partei auch ein Rückgriff auf das jeweilige nationale Recht gefordert, *Rauscher-Staudinger*, EuZPR, Art. 59 Rdnr. 2 beziehungsweise eine Annahme der Wohnsitzverweisung entgegen Art. 52 I EuGVÜ / Art. 59 I EuGVVO durch das angerufene Gericht gutgeheißen, so *Zöller-Geimer*, ZPO, Art. 59 EuGVVO Rdnr. 2. Der Gefahr eines negativen internationalen Kompetenzkonfliktes im Rahmen der Vierten Abschnitte von EuGVÜ / EuGVVO kann auf diese Art und Weise jedoch nicht begegnet werden, da deren Anwendbarkeit zum einen bereits feststeht und damit ein Rückgriff auf autonomes nationales Recht ausgeschlossen ist und es zum anderen in diesen Fällen bereits an einer Wohnsitzverweisung auf den Gerichtsstaat fehlen wird.

[387] A. A. *Geimer / Schütze*, Europäisches Zivilverfahrensrecht, Art. 52 Rdnrn. 20 f. und *Geimer / Schütze*, Europäisches Zivilverfahrensrecht, 2. Aufl. (2004), Art. 59 Rdnr. 20.

[388] *Kropholler*, Europäisches Zivilprozessrecht, Art. 59 Rdnr. 9.

[389] Vgl. *Kropholler-Kropholler*, Hdb. des Internationalen Zivilverfahrensrechts - Bd. 1, S. 222 Rdnr. 65.

Grund dessen richtet sich nach einer Ansicht[390] die Bestimmung des maßgeblichen Beurteilungszeitpunktes nach der lex fori als dem Recht des Staates, dessen Gerichte sich mit der Entscheidung befassen.[391] Danach wäre, wenn ein deutsches Gericht angerufen wurde, auf die bereits in Zusammenhang mit § 26 I FernUSG dargestellten Grundsätze[392] abzustellen, so dass im Ergebnis der Zeitraum zwischen Klageerhebung - also Zustellung der Klage, § 253 I ZPO - und Schluss der letzten mündlichen Tatsachenverhandlung maßgeblich wäre. Allerdings kann das Schweigen von EuGVÜ beziehungsweise EuGVVO nicht als Verweisung auf das Rechtsverständnis der nationalen Staaten verstanden werden.[393] Darüber hinaus widerspricht der Rückgriff auf die lex fori dem Grundgedanken des internationalen Entscheidungseinklanges, der dem Internationalen Zivilprozessrecht im Rahmen von Staatsverträgen beziehungsweise Verordnungen des Europäischen Gesetzgebers zu Grunde liegt. Da auch ein Abstellen auf die lex causae als dem Recht des Staates, auf das die Kollisionsnormen des angerufenen Gerichtes verweisen,[394] vereinheitlichungsfeindlich ist, sollte die Rechtsfindung autonom erfolgen.[395] Nur eine autonome Auslegung - die im Übrigen grundsätzlich für die in EuGVÜ und EuGVVO enthaltenen Rechtsbegriffe verwendet wird - kann den internationalen Entscheidungseinklang sicherstellen und damit gewährleisten, dass sich „für die Vertragsstaaten und die betroffenen Personen soweit wie möglich gleiche und einheitliche Rechte und Pflichten ergeben."[396]

Die autonome Auslegung ist vorwiegend an Zielsetzung und Systematik von EuGVÜ und EuGVVO auszurichten, um deren volle Wirksamkeit zu gewährleisten.[397] Demzufolge müssen die anwendungsrelevanten Sachver-

---

390 *Dauses-Kreuzer/Wagner*, EU-Wirtschaftsrecht Q Rdnr. 215; *Jayme*, in: Festschr. für Nagel, S. 129, MünchKommZPO-*Gottwald*, Art. 2 Rdnr. 16. *Schaltinat* hält diese Ansicht für herrschend, verweist diesbezüglich allerdings fälschlicherweise unter anderem auf *Geimer*, NJW 1976, 441 (445) und *Kropholler*, Europäisches Zivilprozessrecht, vor Art. 2 Rdnr. 12; *Schaltinat*, S. 80.

391 *Junker*, S. 137 ff. Rdnrn. 156 ff; v. *Hoffmann*, S. 4 Rdnrn. 15 f.

392 S. § 4 II.

393 *Grolimund*, S. 31.

394 *Junker*, S. 138 Rdnr. 156 f.

395 S. nur *Geimer*, NJW 1976, 441 (445); *Geimer / Schütze*, Europäisches Zivilverfahrensrecht, Art. 2 Rdnr. 111; *dies.*, Internationale Urteilsanerkennung, Bd. 1, Halbd. 1, S. 190 f; 368 f.; 429; *Grolimund*, S. 31 f.; *Kropholler,* Europäisches Zivilprozessrecht, vor Art. 2 Rdnr. 15.

396 *EuGH* vom 8. 3. 1988, 9 / 87 - Arcado, NJW 1989, 1424 = IPRax 1989, 227, Nr. 10.

397 Hinsichtlich der EuGVÜ *EuGH* vom 11.7.2002, C96 / 00 - Gabriel, NJW 2002, 2697 (2699), Nr. 37 m. w. Nachw.

haltsbezüge zum Zeitpunkt der Einreichung der Klage vorliegen.[398] Allein das Abstellen auf diesen Moment kann verhindern, dass sich ein Verbraucher, der von der Einleitung des Verfahrens erfährt, der Zuständigkeit des angerufenen Gerichts entzieht, indem er seinen Wohnsitz vor Zustellung der Klage aufgibt. Für den Kläger muss bereits bei Einreichung der Klage erkennbar sein, ob die zuständigkeitsbegründenden Tatsachen vorliegen, er also das zuständige Gericht anruft. Auch wenn der beklagte Verbraucher seinen Wohnsitz gutgläubig zwischen Einreichung und Zustellung der Klage verlegt, führt lediglich die Maßgeblichkeit des Momentes der Klageeinreichung zu einem sachgerechten Ergebnis: Stellte man in diesen Fällen auf den Zeitpunkt der Zustellung der Klage ab, so müsste das Verfahren in einen anderen Staat verlegt werden, obwohl der Kläger im zum Zeitpunkt der Klageeinreichung maßgeblichen Wohnsitzstaat bereits finanzielle Aufwendungen hatte. Das Risiko, die dadurch entstehenden, teilweise beträchtlichen Mehrkosten tragen zu müssen, sollte ihm jedoch nicht auferlegt werden, denn dem beklagten Verbraucher ist ein Verfahren in dem Staat zuzumuten, in dem er noch zum Zeitpunkt der Klageeinreichung seinen Wohnsitz hatte, da er mit diesem vertraut sein wird.[399] Ferner kann das von EuGVÜ und EuGVVO verfolgten Ziel, in allen Stadien des Verfahrens für dessen Beteiligte Vorhersehbarkeit und Rechtssicherheit zu schaffen, am besten durch ein Abstellen auf den Zeitpunkt der Einleitung des Verfahrens erreicht werden, da dieser in allen Staaten genau dokumentiert wird, während derjenige der Zustellung gesondert nachgewiesen werden muss.[400] Auch kann durch die Verwendung dieses Beurteilungszeitpunktes eine Übereinstimmung mit Art. 30 EuGVVO erzielt werden, wonach bei der Prüfung der Zuständigkeit und der Zulässigkeit des Verfahrens ein Gericht grundsätzlich als zu dem Zeitpunkt angerufen gilt, zu

---

[398] Hinsichtlich des EuGVÜ, teils im Rahmen des allgemeinen Gerichtsstandes *Kaye*, S. 269. S. auch *Lord Steyn* und *Lord Hoffmann* hinsichtlich des LugÜ, Canada Trust Co v. Stolzenberg (Nr. 2), [2000] 4 All E. R. (481) = [2000] 3 W.L.R. (1376) Rdnrn. 26, 29 ff. und 90 ff.; hinsichtlich der EuGVVO auch *Kropholler*, Europäisches Zivilprozessrecht, vor Art. 2 Rdnr. 15, s. auch Art. 6 Rdnr. 13 bezogen auf den Mehrparteiengerichtsstand; insoweit missverständlich der Verweis *Schaltinats*, *Schaltinat*, S. 80 Fußn. 448; *Rauscher-Mankowski*, Art. 2 Rdnr. 3. *Czernich / Tiefenthaler*, *Geimer*, *Schütze*, *Schmidt* und *Staudinger* stellen demgegenüber auf den Zeitpunkt der Klageerhebung ab; *Czernich / Tiefenthaler*, Art. 14 Rdnr. 2; *Geimer*, NJW 1976, 441 (445); *Geimer / Schütze*, Europäisches Zivilverfahrensrecht, 2. Aufl. (2004), Art. 2 Rdnr. 137 sowie Art. 16 Rdnr. 5; *dies.*, Internationale Urteilsanerkennung, Bd. 1, Halbd. 1, S. 190 f., 368 f., 429; *Schmidt*, S. 40 Rdnr. 105 und *Rauscher-Staudinger*, EuZPR, Art. 16 Rdnr. 5. Zumindest nach *Geimer* und *Schütze* soll diese wohl - § 253 I ZPO entsprechend - mit Klagezustellung erfolgt sein, s. insofern *Geimer / Schütze*, Europäisches Zivilverfahrensrecht, 2. Aufl. (2004), Art. 2 Rdnr. 137.

[399] *Lord Steyn* und *Lord Hoffmann* hinsichtlich Art. 2 I, 6 LugÜ, Canada Trust Co v. Stolzenberg (Nr. 2), [2000] 4 All E. R. (481) = [2000] 3 W.L.R. (1376) Rdnrn. 26, 29 ff. und 90 ff.

[400] So zu Art. 6 LugÜ *Lord Steyn*, Canada Trust Co v. Stolzenberg (Nr. 2), [2000] 4 All E. R. (481) = [2000] 3 W.L.R. (1376) Rdnrn. 26, 29 ff.

dem das verfahrenseinleitende oder ein gleichwertiges Schriftstück bei Gericht eingereicht worden ist. In diesem Zusammenhang einen anderen Zeitpunkt als maßgeblich zu erachten als bei der Bestimmung der zuständigkeitsbegründenden Tatsachen wäre widersprüchlich.[401] Schließlich wird dieses Ergebnis auch durch den Wortlaut von Art. 14 EuGVÜ / Art. 16 EuGVVO gestützt: Der Begriff der Klageerhebung deutet - lässt man das in diesem Zusammenhang nicht maßgebliche deutsche Begriffsverständnis außer Acht - ebenso wie der in der englischen Fassung verwendete Begriff „bring proceedings" darauf hin, dass der Zeitpunkt der Einleitung des Verfahrens maßgeblich sein soll.[402] Demgegenüber erscheint letztlich auch ein Abstellen auf den Zeitpunkt des Vertragsschlusses nicht vorzugswürdig. Zwar kommt es, stellt man auf den Moment der Klageeinreichung ab, in den Fällen des Art. 13 I Nr. 3 EuGVÜ[403] in der Regel nicht zur Eröffnung des Verbrauchergerichtsstandes, wenn der Verbraucher seinen Wohnsitz nach Vertragsschluss in einen anderen Mitgliedstaat verlegt, da der Verbraucher im dann maßgeblichen Wohnsitzstaat regelmäßig nicht die zum Abschluss des Vertrages erforderliche Handlung vorgenommen haben wird.[404] Dieses Ergebnis erscheint jedoch sachgerecht: Zum einen wird so grenzüberschreitend das Maß an Verbraucherschutz sichergestellt, das in den einzelnen Vertragsstaaten auf Grund nationaler Regelungen bereits gewährleistet ist, und damit dem Schutzzweck des Vierten Abschnittes des EuGVÜ Genüge getan. Zum anderen verhindert die Versagung des Verbrauchergerichtsstandes in diesen Fällen ein rechtspolitisch unerwünschtes forum shopping durch den Verbraucher.[405]

Um eine einheitliche Anwendung der Zuständigkeitsordnungen zu gewährleisten und missbräuchlichem Verhalten vorzubeugen, ist eine Verlegung oder ein Wegfall des Wohnsitzes des Verbrauchers nach dem maßgeblichen Zeitpunkt der Klageeinreichung unschädlich. Der Grundsatz der perpetuatio fori ist also, obwohl nicht ausdrücklich normiert, sowohl dem EuGVÜ als auch der

---

[401] *Rauscher-Mankowski*, EuZPR, Art. 2 Rdnrn. 3 und 4 hinsichtlich Art. 2 EuGVVO, *Rauscher-Staudinger* verweist allerdings hinsichtlich Art. 16 EuGVVO auf den Zeitpunkt der Klageerhebung; EuZPR, Art. 16 Rdnr. 5.

[402] Vgl. *Lord Stenn* in Zusammenhang mit Art. 6 LugÜ, Canada Trust Co v. Stolzenberg (Nr. 2), [2000] 4 All E. R. (481) = [2000] 3 W.L.R. (1376) Rdnrn. 26, 29 ff.

[403] Im Rahmen des Art. 15 I lit. c EuGVVO kann es wegen dessen vergleichsweise weiten Fassung nicht zu einer solchen Fallkonstellation kommen.

[404] Da das angerufene Gericht das Vorliegen aller Voraussetzungen des Vierten Abschnittes des EuGVÜ zum selben Zeitpunkt überprüfen muss, kann in Art. 13 I Nr. 3 EuGVÜ nicht an einen früheren Zeitpunkt als in Art. 14 EuGVÜ angeknüpft werden. Außerdem entsteht die Gerichtspflicht des Vertragspartners in Art. 13 I Nr. 3 EuGVÜ nicht auf Grund einer Tätigkeit im Ausland allgemein, sondern wegen des Tätigwerdens in einem bestimmten Staat; a. A. *Geimer / Schütze*, Europäisches Zivilverfahrensrecht, Art. 14 Rdnr. 6; *Kaye*, S. 838 f.

[405] Vgl. insgesamt de *Bra*, S. 169 ff.

EuGVVO immanent.[406] Umgekehrt kann die internationale Zuständigkeit nach dem Vierten Abschnitt von EuGVÜ / EuGVVO auch bejaht werden, wenn während des Prozesses ein Wohnsitz im Forumstaat begründet wird; erforderlich ist lediglich, dass die Zuständigkeitsvoraussetzungen am Ende der letzten mündlichen Tatsachenverhandlung als dem Moment der Entscheidung vorliegen.[407] Die Modalitäten und der Zeitpunkt der Einreichung der Klage bestimmen sich schließlich nach der lex fori des angerufenen Gerichtes.[408] Demnach ist im Inland die Einreichung der Klage mit deren Empfangnahme durch einen zuständigen, zur Vornahme des Eingangsvermerkes befugten Beamten bewirkt, §§ 253 V, 496 ZPO.[409]

VI. Ergebnis und Schlussfolgerungen

Um einen Widerspruch zu den in den Vierten Abschnitten von EuGVÜ und EuGVVO enthaltenen Regelungen zu verhindern, sollte der zu schaffende nationale Verbrauchergerichtsstand nur privaten Endverbrauchern zu Gute kommen, wobei das Vorliegen dieser Eigenschaft von der Rolle der betreffenden Person innerhalb des konkreten Vertrages sowie dessen Natur und Zielsetzung abhängig sein sollte. Bei reinen Verbraucherverträgen sollte der Anwendungsbereich der Norm nicht eröffnet sein. In sachlicher Hinsicht erscheint eine Orientierung an den situationsbezogenen Anwendungsbereichen der Art. 13 I Nr. 3 EuGVÜ und Art. 15 I lit. c EuGVVO zweckmäßig.[410] Dem Grundgedanken der Vierten Abschnitte von EuGVÜ und EuGVVO entspräche es ferner, wenn der nationale Verbrauchergerichtsstand auch für bereicherungsrechtliche und deliktische Ansprüche eröffnet wäre. Schließlich sollte die zukünftige Zuständigkeitsnorm je nach Parteirolle des Verbrauchers zwischen ausschließlicher und besonderer Zuständigkeit unterscheiden, das Gericht am Wohnsitz hilfsweise am Ort des gewöhnlichen Aufenthaltes des Verbrauchers für zuständig erklären und das Vorliegen der anwendungsrelevanten Sachverhaltsbezüge zum Zeitpunkt der Klageeinreichung fordern.[411]

---

[406] S. nur *Geimer*, NJW 1976, 441 (445); *Geimer / Schütze*, Europäisches Zivilverfahrensrecht, Art. 2 Rdnr. 111; *Kaye*, S. 270; *Kropholler*, Europäisches Zivilprozessrecht, vor Art. 2 Rdnr. 14.

[407] *Rauscher-Mankowski*, EuZPR, Art. 2 Rdnr. 4 m. w. Nachw.

[408] *Geimer / Schütze*, Europäisches Zivilverfahrensrecht, Art. 2 Rdnr. 111; *dies.*, Internationale Urteilsanerkennung, Bd. 1, Halbd. 1, S. 190 f., 368 f., 429; *Kaye*, S. 269.

[409] *Baumbach / Lauterbach / Albers / Hartmann-Hartmann*, ZPO, § 496 Rdnr. 5.

[410] S. bereits die Auswertung der im nationalen Recht bestehenden verbraucherschützenden Normen in § 4 IV. 1. A. A. *Hausmann* (vom EuGVÜ ausgehend), *Wieczorek / Schütze-Hausmann*, ZPO, § 29 Rdnr. 107; vgl. auch *de Bra*, S. 220 f.

[411] Die Schwächen von Zuständigkeitsregelungen, die auch für Klagen des Verbrauchers ausschließlich ausgestaltet sind, haben sich bereits in § 4 IV. 3. in Zusammenhang mit derart starren nationalen Bestimmungen gezeigt. Sie erscheinen im Vergleich mit den differenzier-

§ 6 Verhältnis zum allgemeinen Gerichtsstand am Wohnsitz des Beklagten

Im bisherigen Verlauf der Arbeit bildete das Prinzip des actor sequitur forum rei bereits mehrfach den Ausgangspunkt der Überlegungen. Auf den Aussagegehalt dieser Regel wird im Folgenden ebenso näher eingegangen werden wie auf ihre Bedeutung für das deutsche Zivilprozessrecht und ihre diesbezügliche Berechtigung. Im Rahmen dessen wird sich zeigen, dass das Prinzip des actor sequitur forum rei zu Recht Grundregel des nationalen Zivilverfahrensrechtes ist. Auf dieser Grundlage wird dann die Frage zu beantworten sein, in welchem Verhältnis dieses Prinzip zu den dem Verbraucher durch das deutsche Recht bereits eröffneten Klägergerichtsständen steht und welche Auswirkungen es auf die im Rahmen dieser Arbeit zu beantwortende Frage nach der Einführung eines allgemeinen Klägergerichtsstand für Verbraucher in das deutsche Zivilprozessrecht hat.

I. Vorrang des allgemeinen Beklagtengerichtsstandes

In Rechtsprechung und Literatur besteht ein weitgehendes Einvernehmen dahingehend, dass der Beklagte zuständigkeitsrechtlich zu bevorzugen ist. Dieser Gedanke des favor defensis kommt bereits in der Grundregel des § 12 ZPO zum Ausdruck:[412] Hiernach muss der Kläger grundsätzlich dem Gerichtsstand des Beklagten folgen, actor sequitur forum rei. Dieser Annahme liegt die Vorstellung zu Grunde, dass der Beklagte einen ihm meist ohne beziehungsweise gegen seinen Willen aufgezwungenen Rechtsstreit nicht unter zusätzlichen Erschwerungen vor einem räumlich entfernten Gericht

---

enden Gerichtsstandsregelungen in EuGVÜ und EuGVVO besonders deutlich; hinsichtlich des EuGVÜ auch *de Bra*, S. 218.

[412] *Stein / Jonas-Roth*, ZPO, § 29 c Rdnr. 2. Das jedenfalls anfängliche Abstellen auf den Antragssteller im Mahnverfahren (§ 689 II 1 ZPO) hat seinen Grund in der Annahme, dass dem Mahnverfahren kein streitiges Verfahren folgen wird. Ein solches wird durch eine Klage aber stets ausgelöst; vgl. *Baumbach / Lauterbach / Albers / Hartmann-Hartmann*, ZPO, § 12 Rdnr. 2. Auch im europäischen Zuständigkeitsrecht ist ein favor defensis allgemein anerkannt und somit der allgemeine Gerichtsstand im Wohnsitzstaat des Beklagten von vorrangiger Bedeutung. Zwar ging der *EuGH* in seinen früheren Entscheidungen zum EuGVÜ von einem gleichberechtigten Nebeneinander des allgemeinen und der besonderen Gerichtsstände aus, nunmehr stellt er jedoch ebenfalls den actor sequitur forum rei Grundsatz in den Vordergrund. Infolgedessen legt der *Gerichtshof*, um die Gerichtspflichtigkeit des Beklagten außerhalb seines Wohnsitzstaates zu begrenzen, die besonderen Gerichtsstände als Ausnahmen vom allgemeinen Beklagtengerichtsstand grundsätzlich einschränkend aus, s. nur *EuGH* vom 27. 9. 1988, 189 / 87 - Kalfelis, NJW 1988, 3088 = IPRax 1989, 288, Nr. 19; vom 19. 1. 1993, C 89 / 91 - Shearson, NJW 1993, 1251 (1251) = EuZW 1993, 224, Nr. 14 ff.; weitere Nachw. bei *Geimer / Schütze*, Europäisches Zivilverfahrensrecht, 2. Aufl. (2004), Art. 15 Fußn. 8.

führen müssen soll. Dem Beklagten soll der Zugang zu Gericht erleichtert werden, um den Vorteil des Klägers auszugleichen, der dadurch entsteht, dass dieser sowohl das Ob als auch den Zeitpunkt und die Art des Klageangriffes bestimmen kann.[413] Es folgt bereits aus der Natur der Sache, dass der Angreifer den Angegriffenen an dessen Ort aufsuchen muss.[414] Hierbei handelt es sich um eine am Gerechtigkeitsgedanken ausgerichtete, verfahrensrechtliche Lastenverteilung.[415] Die Gerichtsstandsregelungen sind keine reinen Zweckmäßigkeitsüberlegungen, die allein an der Sachnähe und der Fachkundigkeit eines Gerichtes beziehungsweise dem Bemühen um eine Konzentration gleichartiger oder zusammenhängender Streitigkeiten bei einem Gericht ausgerichtet sind.[416] Vielmehr sind die Zuständigkeitsnormen des deutschen Zivilprozessrechtes auch das Ergebnis einer Bewertung und Abwägung widerstreitender Interessen durch den Gesetzgeber und enthalten daher materiellrechtliche Gerechtigkeitserwägungen.[417]

Nach anderer Ansicht ist die zuständigkeitsrechtliche Bevorzugung des Beklagten bedenklich: Bei der Bestimmung eines Gerichtsstand müssten neben den Interessen des Beklagten auch staatliche Ordnungsinteressen, legitime Zuständigkeitsinteressen des Klägers und die Streitgegenstandsnähe des zur Entscheidung berufenen Gerichtes berücksichtigt werden.[418] Der Beklagte sei weder durch seine Stellung im Prozess schlechter gestellt als der Kläger noch müsse zu seinen Gunsten eine Unschuldsvermutung eingreifen, da der Grund für ein streitiges Gerichtsverfahren in der gemeinsamen Rechtsbeziehung der Parteien liege.[419] Weitergehend ist *Schröder* der Auffassung, dass den Klägergerichtsständen Fallgestaltungen zu Grunde liegen, bei denen nach der gesetzgeberischen Wertentscheidung die Zuständigkeitsinteressen des Klä-

---

[413] *BGH* vom 27. 10. 1983 – I ARZ 334 / 83, *BGHZ* 88, 331 (335); vom 16. 4. 1986 – IV b ARZ 4 / 86, NJW 1986, 3209 (3209); s. auch *Zöller-Vollkommer*, ZPO, § 12 Rdnr. 2.

[414] Eine ausführliche Darstellung der geschichtlichen Zusammenhänge sowie der Interessenlage findet sich bei *Schröder*, S. 229 ff., der selbst jedoch die Interessen von Kläger und Beklagtem gleich gewichtet.

[415] MünchKommZPO-*Patzina*, § 12 Rdnr. 2. Vgl. auch *OLG Frankfurt a. M.* vom 26. 5. 1982 – 17 U 264 / 81, MDR 1982, 1023, demnach gibt es gute rechtsstaatliche Gründe für einen Gerichtsstand am Wohnsitz des Beklagten.

[416] So aber im Jahre 1973 noch *LG München* vom 28. 3. 1973 – 15 S 918 / 72, NJW 1973, 1617 (1618), vgl. hierzu auch *Fricke*, Anerkennungszuständigkeit, S. 82 f.

[417] MünchKommZPO-*Patzina*, § 12 Rdnr. 3; *Wieczorek / Schütze-Hausmann*, ZPO, vor § 12 Rdnr. 3; *Zöller-Vollkommer*, ZPO, § 12 Rdnr. 2 jeweils m. w. Nachw.

[418] *Geimer*, Internationales Zivilprozessrecht, S. 315 Rdnr. 1131; *Pfeiffer*, S. 596 ff.; *Schack*, ZEuP 1993, 306 (319).

[419] *Buchner*, S. 85 ff., 97 f., der daher hinsichtlich der internationalen Zuständigkeit eine allein streitgegenstandsbezogene Ausgestaltung der Gerichtsstände fordert.

gers denjenigen des Beklagten vorgehen. Demgegenüber habe die Beklagtenzuständigkeit nur den Charakter einer Restzuständigkeit.[420]

Dieser Ansicht ist jedoch entgegenzuhalten, dass sich auch das in der Gerichtsstandsbestimmung des § 12 ZPO zum Ausdruck kommende Prinzip des actor sequitur forum rei nicht auf reine Zweckmäßigkeitserwägungen stützt, sondern - wie bereits aufgezeigt - ebenfalls Ergebnis einer Interessenabwägung ist. Darüber hinaus verhindert die Anerkennung des actor sequitur forum rei Prinzips als Grundregel der zivilprozessualen Zuständigkeitsordnung nicht die hinreichenden Berücksichtigung berechtigter Klägerinteressen. Um das Rechtsschutzverlangen des Klägers nicht zu entwerten, bieten die Gerichtsstandsregelungen in ihrer Gesamtheit ein ausgewogenes System für Kläger und Beklagten. So können einzelne Klägergerichtstände neben dem allgemeinen Gerichtsstand am Wohnsitz des Beklagten bestehen, ohne letzterem seinen Regelcharakter zu nehmen. Die Nachteile, die dem Kläger durch die Herausstellung des actor sequitur forum rei Grundsatzes entstehen, sind diesem zuzumuten, da gerade er die bestehende prozessuale Lage zu seinen Gunsten verändern will.[421] Auch geht die herrschende Auffassung in Rechtsprechung und Literatur zu Recht von einer grundsätzlichen Benachteiligung des Beklagten im Zivilprozess aus: Bereits aus seiner Rolle als Beklagter wird deutlich, dass er in der Regel nicht an einem Prozess interessiert ist beziehungsweise zumindest nicht wie der Kläger über Art und Zeitpunkt des Angriffes bestimmen kann. Schließlich bedeutet die vornehmliche Maßgeblichkeit der Parteiinteressen bei der Schaffung einer Zuständigkeitsordnung nicht notwendigerweise die Missachtung staatlicher Ordnungsinteressen. Vielmehr wird durch die Berücksichtigung der Rechtsschutzinteressen der Parteien auch Staatsinteressen wie etwa dem Bestreben nach einer effizienten Entscheidungsfindung Rechnung getragen.[422]

II. Auswirkungen auf die Ausgestaltung

1. Passivprozesse des Verbrauchers

Das Prinzip des actor sequitur forum rei greift unabhängig von einem etwaigen wirtschaftlichen oder sozialen Ungleichgewicht der Parteien und der tatsächlichen Schutzwürdigkeit des Beklagten im Einzelfall ein. Letztere wird vielmehr allein auf Grund der Stellung des Beklagten im Prozess vermutet. Auf

---

[420] *Schröder*, S. 239 f. Vgl. auch *Hartmann*, der das Wohnsitzgericht wegen steigender Mobilität des Lebens für nur bedingt brauchbar erachtet, weswegen § 12 ZPO trotz des formellen Regelcharakters immer mehr zu einem bloßen Hilfsgerichtsstand werde; *Baumbach / Lauterbach / Albers / Hartmann-Hartmann*, ZPO, § 12 Rdnr. 2.

[421] So auch *Stein / Jonas-Roth*, ZPO, § 12 Rdnr. 2.

[422] Vgl. *Buchner*, S. 63 ff.

Grund dessen hinge, bestünde lediglich die Grundregel des actor sequitur forum rei, die Position des Verbrauchers im deutschen Zivilprozessrecht vornehmlich von seiner Parteirolle im Rechtsstreit ab.

Bei Passivprozessen des Verbrauchers kommt diesem der Grundsatz des actor sequitur forum rei zu Gute; allgemeiner Beklagten- und Verbraucherschutz fallen regelmäßig zusammen.[423] Dennoch kann der durch den Regelgerichtsstand des § 12 ZPO gewährte Schutz durch die Eröffnung besonderer Gerichtsstände durchbrochen sein. Auf Grund dessen kann der Kläger etwa die Möglichkeit haben, den Verbraucher im Gerichtsstand des Erfüllungsortes nach § 29 I ZPO zu verklagen. Von einem solchen besonderen Gerichtsstand kann der Vertragspartner des Verbrauchers allerdings keinen Gebrauch machen, wenn der Gesetzgeber den Verbraucher als besonders schutzwürdig angesehen und infolgedessen eine ausschließliche Zuständigkeitsnorm geschaffen hat. So ist für Passivprozesse des Verbrauchers der Grundsatz des Beklagtenschutzes in § 6 a I AbzG, § 26 I FernUSG, § 29 c I 2 ZPO zwingend ausgestaltet und auch für einen in das deutsche Zivilprozessrecht einzuführenden Gerichtsstand wäre eine entsprechende Regelung wünschenswert.[424] Durch die Anordnung eines ausschließlichen Gerichtsstandes an seinem Wohnsitz beziehungsweise (gewöhnlichen) Aufenthalt kann der Grundsatz des actor sequitur forum rei also zu Gunsten des beklagten Verbrauchers gefestigt werden.[425] In den entsprechenden Regelungen zeigt sich der Gerechtigkeitsgehalt des allgemeinen Gerichtsstandes namentlich.

2. Aktivprozesse des Verbrauchers

Nur ausnahmsweise dient der Wohnsitz des Klägers als Anknüpfungspunkt für die örtliche Zuständigkeit. Der Grund für eine derartige, der Grundregel des actor sequitur forum rei entgegenstehende Gewichtung der Zuständigkeitsinteressen der Parteien liegt in der Person des Klägers. Allein seine Verbrauchereigenschaft kann zu einer örtlichen Zuständigkeit des Gerichtes am Wohnsitz beziehungsweise (gewöhnlichen) Aufenthalt des Klägers führen; keine Berücksichtigung kommt der Sach- oder Beweisnähe des Rechtsstreites zum entscheidenden Gericht zu.[426] Auf Grund des Ausnahmecharakters von

---

[423] So auch *Koch*, S. 70.
[424] S. die in §§ 4 IV. 3., 5 III. genannten Gründen.
[425] Nicht gefolgt werden kann insofern *Buchner*, der hinsichtlich des EuGVÜ die Auffassung vertritt, den ausschließlichen Gerichtständen läge der Gedanke zu Grunde, dass der betreffende Rechtsstreit nur an einem bestimmten Ort sachgerecht entschieden werden können, nicht aber die Absicht, die Kläger- oder Beklagtenseite zu bevorzugen; *Buchner*, S. 4 Fußn. 1.
[426] Vgl. auch *Buchner*, S. 52 f.

Klägergerichtsständen ist bezogen auf die erneute Einführung eines solchen in das deutsche Zivilprozessrecht - die aus den in §§ 2 und 3 dargestellten Gründen erforderlich und somit sachlich gerechtfertigt erscheint - die Frage nach dem Umfang einer entsprechenden Regelung zu stellen. Die Antwort hierauf ist in ihrem Verhältnis zum allgemeinen Gerichtsstand am Wohnsitz des Beklagten zu suchen und bedarf einer Bewertung und Abwägung der mit den Zuständigkeitsregelungen verbundenen, widerstreitenden Interessen: Mit Hilfe der inhaltlichen Ausgestaltung des Verbrauchergerichtsstand muss sichergestellt werden, dass durch sein Vorhandensein der Grundsatz des actor sequitur forum rei nicht ausgehöhlt wird.[427]

a) Begriff des Verbrauchers

Dem Grundsatz des actor sequitur forum rei kann bei der Bestimmung des Personenkreises, der vom Anwendungsbereich der zu schaffenden Zuständigkeitsnorm umfasst sein soll, Rechnung getragen werden: Je enger der persönliche Anwendungsbereich, desto geringer die Einschränkung des actor sequitur forum rei Prinzips. Bei der Bestimmung der Reichweite des persönlichen Anwendungsbereiches eines zukünftigen Verbrauchergerichtsstandes ist jedoch auch die Schutzbedürftigkeit des Verbrauchers zu berücksichtigen; es ist abzuwägen zwischen dieser und einer grundsätzlichen Bevorzugung des Beklagten.

Im Rahmen dieser Abwägung dienen die persönlichen Anwendungsbereiche der im nationalen Recht bereits vorhandenen verbraucherschützenden Gerichtsstandsregelungen als Ausgangspunkt: Der allein an die Eigenschaft als Teilnehmer anknüpfende persönliche Anwendungsbereich des FernUSG trägt in keiner Weise zur Verhinderung der Aushöhlung des actor sequitur forum rei Grundsatzes bei und ist daher nicht als Vorbild für einen zukünftigen Verbrauchergerichtsstand geeignet. Vergleichsweise enger war der persönliche Anwendungsbereich des Abzahlungsgesetzes, von dem Kaufleute ohne weitere Differenzierung ausgenommen waren. Jedoch erscheint auch dieser Regelung unter dem Gesichtspunkt des Vorranges der Gerichtspflichtigkeit des Beklagten an seinem Wohnsitz nicht nachahmenswert. Der von einem Gerichtsstand erfasste Personenkreis muss sich am Schutzbedürfnis der jeweiligen Vertragspartei im Rahmen des betreffenden Rechtsgeschäftes orientieren. Hinsichtlich ihrer Schutzbedürftigkeit unterscheiden sich die zu einem privaten Zweck handelnden jedoch von den aus gewerblichen Gründen tätig werdenden Kaufleuten: Es kann von Spezialkenntnissen der Kaufleute

[427] Wegen der Gefahr der Aushöhlung der in § 12 ZPO enthaltenen Grundregel hält *Roth* die Einführung eines Gerichtsstandes für Streitigkeiten aus Verbraucherverträgen allgemein für „rechtspolitisch bedenklich“ und daher „nicht wünschenswert“, *Stein / Jonas-Roth*, ZPO, § 29 c Rdnr. 2.

hinsichtlich der Warengruppe, auf deren Herstellung oder Veräußerung sich ihre berufliche Tätigkeit bezieht, beziehungsweise hinsichtlich der von ihnen beruflich erbrachten Dienstleistung ausgegangen werden, nicht jedoch von einem umfassenden Wissen über alle Marktverhältnisse und die bestmögliche Bedürfnisbefriedigung.[428] Diesem Unterschied werden § 29 c I ZPO und die Vierten Abschnitte von EuGVÜ / EuGVVO gerecht, deren persönlicher Anwendungsbereich an Hand eines rollenspezifischen Merkmales eingegrenzt ist. Dabei nimmt die Legaldefinition des Verbrauchervertrages der Vierten Abschnitte von EuGVÜ und EuGVVO Arbeitnehmer, die zu einem abhängigen beruflichen Zweck handeln, vom persönlichen Anwendungsbereich aus. Mithin ist der persönliche Anwendungsbereich dieser Normen enger als ein nach § 13 BGB Bestimmter, wonach die Verbrauchereigenschaft lediglich bei einem Handeln für einen gewerblichen oder selbständigen beruflichen Zweck ausgeschlossen ist. Im Ergebnis erscheint daher - um den Vorrang der Gerichtspflichtigkeit des Beklagten an seinem Wohnsitz zu gewährleisten - eine Definition des Anwendungsbereiches in Anlehnung an die Vierten Abschnitte von EuGVÜ und EuGVVO angebracht.[429]

b) Vertragsschluss unter Verbrauchern

Der Aushöhlung des actor sequitur forum rei Grundsatzes durch einen weiteren verbraucherschützenden Klägergerichtsstand kann auch dadurch entgegengewirkt werden, dass dessen Anwendungsbereich bei einem allein unter Verbrauchern geschlossenen Vertrag nicht eröffnet wird. Schwierigkeiten im praktischen Umgang mit einem derartigen Verbrauchergerichtsstand sind dabei nicht zu befürchten, da in tatsächlicher Hinsicht ohne Schwierigkeiten feststellbar sein wird, ob der Vertragspartner des Verbrauchers bei Vertragsschluss in Rahmen seiner beruflichen oder gewerblichen Tätigkeit handelte. Auch erscheint die Eröffnung eines Klägergerichtsstandes bei unter Privatpersonen geschlossenen Verträgen aus Verbraucherschutzgründen nicht erforderlich: In diesen Fällen kommt es typischerweise nicht zur wirtschaftlichen und sozialen Unterlegenheit einer Vertragspartei. Besteht aber kein besonderes Schutzinteresse des Klägers, so ist eine Einengung des actor sequitur forum rei Grundsatzes nicht gerechtfertigt. Die Beschränkung dieses Prinzips wäre im Falle der Eröffnung eines verbraucherschützenden Klägergerichtsstandes für reine Verbrauchergeschäfte besonders schwerwiegend, da dieser zu Gunsten beider Parteien zur Anwendung käme. Auf Grund dessen erscheint hinsichtlich des zu schaffenden Verbrauchergerichtsstandes eine Regelung wünschenswert, die reine Verbrauchergeschäfte ein-

---

[428] So auch *Kemper*, S. 27.

[429] Zur weiteren Eingrenzung und abschließenden Bestimmung des persönlichen Anwendungsbereiches eines zu schaffenden Verbrauchergerichtsstandes s. § 8 I.

deutig ausklammert.[430] Darauf deutet nicht zuletzt der Umgang mit den bereits im nationalen Recht beziehungsweise in den Vierten Abschnitten von EuGVÜ und EuGVVO bestehenden verbraucherschützenden Klägergerichtsständen hin: In Zusammenhang mit Art. 13 I EuGVÜ / Art. 15 I lit. a, b EuGVVO wird vielfach gefordert, reine Verbraucherverträge im Wege der teleologischen Reduktion aus dem Anwendungsbereich auszunehmen.[431] Auch wurde bereits die Tatsache, dass das AbzG zur Anwendung gelangen konnte, wenn auch der Abzahlungsverkäufer Verbraucher war, teilweise als unpassend erachtet.[432] Schließlich erfasst § 13 BGB zwar auch reine Verbraucherverträge, jedoch wird der Verbraucherbegriff dieser Norm durch die Regeln, auf die er sich inhaltlich bezieht, konkretisiert:[433] Ein für die Eröffnung des Klägergerichtsstandes aus § 29 c I ZPO erforderliches Haustürgeschäft liegt gemäß § 312 I 1 BGB nur bei einem Vertrag zwischen einem Verbraucher und einem Unternehmer vor, so dass die Regelung in § 13 BGB folgenlos bleibt.[434]

c) Sachlicher Anwendungsbereich

Um zu verhindern, dass die in § 12 ZPO enthaltene Grundregel ausgehöhlt wird, sollte kein genereller Verbrauchergerichtsstand für alle Streitigkeiten aus Verbraucherverträgen geschaffen werden.[435] Eine solche, allgemeine Zuständigkeitsregel setzte das Prinzip des actor sequitur forum rei für den gesamten Bereich des Verbrauchervertrages außer Kraft. Um dies zu verhindern, ist eine Beschränkung des sachlichen Anwendungsbereiches der zukünftigen Regelung auf allein die Fälle, in denen der Verbraucher eines besonderen Schutzes bedarf, erforderlich.

aa) Rückgriff auf materiellrechtliche Kriterien

Die Bestimmung eines Kreises von Verbraucherverträgen, die von dem zukünftigen Klägergerichtsstand erfasst sein sollen, erscheint zum einen - der Technik des § 29 c I ZPO entsprechend - mittels eines Rückgriffes auf Kriterien möglich, die in Bestimmungen des materiellen Rechts enthalten sind. Die Auswahl der erfassten Rechtsgeschäfte könnte je nach dem Maß, in dem

---

[430] Im Ergebnis auch *Vollkommer / Vollkommer*, in: Festschr. für Geimer, S. 1388.

[431] S. § 5 I.

[432] MünchKomm-*Ulmer*, § 1 AbzG, Rdnr. 4; *Peters*, JZ 1986, 409 (413); *Reich*, JZ 1975, 555; s. auch de *Bra*, S. 15 f. m. w. Nachw.

[433] MünchKomm-*Micklitz*, § 13 Rdnrn. 4 ff.

[434] MünchKomm-*Micklitz*, § 13 Rdnr. 49 m. w. Nachw. Vgl. auch *Leipold*, der die Ansicht vertritt, dass das Verbraucherschutzrecht reine Verbraucherverträge nicht erfasst; *Leipold*, BGB I, Rdnr. 255.

[435] Vgl. *Vollkommer / Vollkommer*, in: Festschr. für Geimer, S. 1389.

das materielle Recht ein besonderes Schutzbedürfnis der Verbraucher anerkennt, erfolgen.

(1) Widerrufsrecht des Verbrauchers

Einen Hinweis auf die Gewährung eines besonderen Schutzes durch das materielle Recht stellt die Einräumung eines Widerrufsrechtes als Mittel zur Beendigung eines wirksam zustande gekommenen Vertrages dar.[436] Ein solches Widerrufsrecht wurde in jüngerer Vergangenheit immer wieder als Instrument des Verbraucherschutzes verwendet und wird dem Verbraucher nunmehr in erheblichem Umfang, teilweise innerhalb des BGB, teilweise aber auch in Sondergesetzen eingeräumt. Während die Voraussetzungen des Widerrufsrechtes jeweils bei den Vorschriften über den entsprechenden Verbrauchervertrag geregelt sind, enthalten §§ 355 ff. BGB allgemeine Regelungen über Ausübung[437] und Rechtsfolgen. So kann der Verbraucher durch fristgerechten (§ 355 I 2, II, III BGB) Widerruf die Bindung an seine auf den Vertragsschluss gerichtete Willenserklärung beenden (§ 355 I 1 BGB) und so den Vertrag unwirksam machen. Auf der Rechtsfolgenseite stellt § 355 BGB den Widerruf weitgehend dem Rücktritt gleich. Ein Widerrufsrecht nach § 355 BGB besteht im Rahmen des BGB in den Fällen der Haustürgeschäfte[438] (§ 312 I 1 BGB) sowie bei Fernabsatzverträgen (§ 312 d I 1BGB), Teilzeit-Wohnrechteverträgen (§ 485 I BGB), Verbraucherdarlehensverträgen (§ 495 I BGB) und Ratenlieferungsverträgen (§ 505 I 1 BGB). Sondergesetzlich wird dem Verbraucher, der einen Fernunterrichtsvertrag (§ 4 I FernUSG) beziehungsweise einen Versicherungsvertrag (§8 IV 1 VVG) abgeschlossen hat, ein Widerrufsrecht eingeräumt. Schließlich besteht nach § 11 I AuslInvestmG sowie nach § 23 I KAGG ein Widerrufsrecht, wenn ein Vertragsschluss auf die gesetzlich näher umschriebene Art und Weise erfolgte.

---

436 Vgl. *Drexl*, S. 466 ff.

437 Zur Ausübung des Widerrufsrechts s. *Brox*, AT, Rdnrn. 210 ff.; *Fischer*, S. 98 ff.; *Wellenhofer-Klein*, in: *Graf / Paschke / Stober*, S. 102 ff.

438 Zwar wird das Widerrufsrecht aus § 312 I 1 BGB gemäß § 312 a BGB verdrängt, wenn ein Haustürgeschäft zugleich einen Verbraucherdarlehensvertrag, eine Finanzierungshilfe, einen Teilzeit-Wohnrechtevertrag, einen Fernunterrichtsvertrag oder ein Geschäft nach §§ 11, 15 h des Gesetzes über den Vertrieb ausländischer Investmentanteilen und über die Besteuerung der Erträge aus ausländischen Investmentanteilen beziehungsweise nach § 23 des Gesetzes über Kapitalanlagegesellschaften darstellt. Allerdings bestehen in diesen Fällen zum einen gesonderte Widerrufsrechte. Zum anderen schränkt § 312 a BGB, der sich allein auf das Gebiet des materiellen Rechts bezieht, den Anwendungsbereich des § 29 c ZPO nicht ein. Dies führt zu einer Gleichbehandlung aller Haustürgeschäfte in der Frage des Gerichtsstandes; s. nur *Stein / Jonas-Roth*, ZPO, § 29 c Rdnr. 6 m. w. Nachw.

(2) Informationspflicht des Vertragspartners des Verbrauchers

Neben den Widerrufsrechten des Verbrauchers gehören die seinem Vertragspartner auferlegten Informationspflichten zu den klassischen Instrumenten des materiellrechtlichen Verbraucherschutzes.[439] Um dem vor Abschluss eines Vertrages stehenden Verbraucher eine gute Entscheidungsgrundlage zur Verfügung zu stellen, hat der Gesetzgeber für bestimmte Vertragstypen detaillierte Informationspflichten hinsichtlich der für den Verbraucher in Zusammenhang mit dem Vertrag wesentlichen Faktoren eingeführt.[440] Durch Art. 239 – 242 EGBGB wird das Bundesjustizministerium[441] ermächtigt, unter Beachtung der jeweils einschlägigen EU-Richtlinien in Verordnungen festzulegen, welche Informationen zwingend erteilt werden müssen. Im Rahmen dessen wurde eine einheitliche Verordnung über Informationspflichten geschaffen.[442] Deren § 1 enthält die Mindestanforderungen, die an eine Information des Verbrauchers hinsichtlich der Einzelheiten des Vertrages nach § 312 c I Nr. 1 BGB zu stellen sind. Daneben ist der Verbraucher gemäß § 312 c I Nr. 2 BGB vor Vertragsschluss auch über dessen geschäftlichen Zweck zu unterrichten.[443] Nach § 482 BGB muss ein Unternehmer, der den Abschluss eines Teilzeit-Wohnrechtevertrages anbietet, jedem interessierten Verbraucher einen Prospekt aushändigen, der die in § 482 II BGB, § 2 InfVO beschriebenen Pflichtangaben enthalten muss. Für den Bereich des elektronischen Geschäftsverkehrs verweist § 312 e I 1 Nr. 2 BGB hinsichtlich einzelner Informationspflichten, die der Unternehmer beim Abschluss derartiger Verträgen beachten muss, auf § 3 InfVO. Die Informationspflichten des Reiseveranstalters sind in §§ 4 – 9 InfVO enthalten. Eine Informationspflicht von Kreditinstituten besteht gegenüber ihrer Kunden hinsichtlich der Konditionen für Überweisungen im Sinne der §§ 675 a – 676 g BGB, §§ 10, 11 InfVO. Darüber hinaus sind Wertpapierdienstleistungsunternehmen nach § 31 I Nr. 2 WpHG zur Mitteilung zweckdienlicher Informationen verpflichtet. Ähnlich wie der Anbieter eines Teilzeit-Wohnrechtevertrages muss, wer Fernunterricht anbietet, bei geschäftlicher Werbung Informationsmaterialien übermitteln. Die näheren Anforderungen an deren Inhalt enthält § 16 I FernUSG.[444] § 10 a I VAG schreibt in Verbindung mit Abschnitt D der

[439] *Fischer*, S. 1.

[440] *Kemper*, S. 187.

[441] Teilweise lediglich im Einvernehmen mit dem Bundesministerium für Wissenschaft und Technologie.

[442] Verordnung über Informations- und Nachweispflichten nach bürgerlichem Recht in der Fassung vom 5. 8. 2002, BGBl. 2002 I, S. 3002.

[443] § 312 c II BGB i. v. mit § 1 II, III InfVO enthält die Verpflichtung des Unternehmers zu nachträglichen Informationen. Zu den Informationspflichten im Fernabsatzrecht s. ausführlich *Schimmel / Buhlmann-Börner / Rath*, S. 369 ff. Rdnrn. 15 ff.

[444] Darüber hinaus schreibt § 3 FernUSG schriftliche Form und Mindestinhalte der Vertragsurkunde vor.

Anlage zum VAG notwendige Verbraucherinformationen vor. Bei einem Verbraucherdarlehensvertrag muss die vom Darlehensnehmer zu unterschreibenden Vertragserklärung grundsätzlich gemäß § 492 I 5 Nr. 1 – 7 BGB standardisierte und damit vergleichbare Informationen über das vom Darlehensgeber angebotene Geschäft enthalten. Selbes gilt gemäß § 502 I 1 Nr. 1 – 6 BGB bei einem Teilzahlungsgeschäft. Bei letzteren beiden handelt es sich jedoch nicht um vorvertragliche Informationspflichten im engeren Sinne, da die Verpflichtung des Vertragspartners des Verbrauchers in erster Linie der Förderung von Transparenz und Dokumentationszwecken dient und erst in Zusammenhang mit der Vertragserklärung, also nicht bereits bei den vorausgehenden Vertragsverhandlungen besteht. Schließlich bestehen neben den gesetzlich statuierten von der Rechtsprechung entwickelte Aufklärungspflichten, denen insbesondere im Bereich der Bank- und Anlagegeschäfte Bedeutung zukommt.[445]

(3) Bewertung

Die Bestimmung des sachlichen Anwendungsbereiches eines zu schaffenden Verbrauchergerichtsstandes unter Rückgriff auf materiell-rechtliche Kriterien erscheint zur Gewährleistung des Vorranges der Gerichtspflichtigkeit des Beklagten an seinem Wohnsitz nicht sachgerecht: Eine Orientierung an den Wertungen des materiellen Rechts würde eine Abgrenzung allein nach der materiellrechtlichen, nicht aber nach der prozessualen Schutzbedürftigkeit des Verbrauchers bedeuten.[446] Zwar dienen der Zivilprozess und damit auch die zu dessen Durchführung bereitgestellten Gerichtsstände der Durchsetzung materiellrechtlich begründeter Rechtspositionen.[447] Allerdings entscheiden unter anderem gerade die Gerichtsstandsregelungen darüber, ob ein subjektives Recht überhaupt gerichtlich geltend gemacht werden kann. Damit dient der Zivilprozess nicht mehr nur der Durchsetzung dieser Rechte, sondern beeinflusst das materielle Recht seinerseits.[448] Da eine verbraucherschützende Gerichtsstandsregelung somit mehr als nur ein Annex zum materiellrechtlichen Verbraucherschutz ist, müssen bei ihrer Ausgestaltung auch die dem Zivilprozessrecht eigenen Wertungen Berücksichtigung finden. Deren Beachtung kann aber bei einer Bestimmung des sachlichen Anwendungsbereiches allein mittels materiellrechtlicher Kriterien nicht gewährleistet werden. Vielmehr kann eine solche Vorgehensweise zu einem aus prozessualer Sicht zu weitgehenden Schutz des Verbrauchers führen. Dies bedeutet aber zugleich eine unverhältnismäßig starke und damit nicht hin-

---

[445] *Borchert*, S. 55; *Kemper*, S. 190 ff. m. Nachw. aus der Rechtsprechung.
[446] Vgl. *de Bra*, S. 216.
[447] Vgl. auch *Gilles*, in: Festschr. für Schiedermaier, S. 189 f. m. w. Nachw. sowie *Stein / Jonas-Brehm*, ZPO, vor § 1 Rdnrn. 5 ff.
[448] *Koch*, S. 7 f.

nehmbare Schmälerung der dem deutschen Zivilprozessrecht innewohnenden Vorrangstellung des allgemeinen Beklagtengerichtsstandes. So erscheint ein Klägergerichtsstand zum Schutze des Verbrauchers dann nicht angezeigt, wenn dieser bereits bei Abschluss des Vertrages die damit in prozessualer Hinsicht möglicherweise verbundenen Folgen absehen konnte. Dies kann auch dann der Fall sein, wenn der Wohnsitz des Verbrauchers nicht mit dem (Wohn-) Sitz seines Vertragspartners übereinstimmt: Sucht der Verbraucher die andere Vertragspartei an deren Wohnsitz beziehungsweise Sitz auf, so vermag er die räumliche Entfernung dieses Ortes zu seinem eigenen Wohnsitz - auch mit Blick auf etwaige, in Folge des Vertragsschlusses auftretende Unstimmigkeiten bis hin zu Rechtsstreitigkeiten - zweifelsfrei einzuschätzen. Dementsprechend halten *Lieser / Bott / Grathwohl* einen in diesen Fällen einschlägigen, zwingenden Gerichtsstand am Wohnsitz des Verbrauchers für „absurd".[449] An Hand des nachfolgend dargestellten Beispieles wird deutlich, dass materielle und prozessuale Schutzbedürftigkeit nicht immer korrespondieren müssen: Schließt ein Verbraucher mit Wohnsitz in München in Hamburg einen Teilzeit-Wohnrechtevertrag[450] mit einem bekanntermaßen dort ansässigen Unternehmer, so ist nicht ersichtlich, warum ihm im Falle eines späteren Rechtsstreites - etwa weil er sich vom Vertrag lösen will - ein Gerichtsstand an seinem Wohnsitz zur Verfügung stehen sollte. Demgegenüber ist es auch in diesem Fall notwendig, den Verbraucher auf materiellrechtlicher Ebene zu schützen. So erscheint eine dem Verbraucher gegenüber bestehende, vorvertragliche Informationspflicht sinnvoll, um dessen Täuschung durch irreführende oder unvollständige Angaben entgegenzuwirken.[451] Gleiches gilt für ein Widerrufsrecht des Verbrauchers: Auch im Falle des Vertragsschlusses am (Wohn-) Sitz seines Vertragspartners muss dem Verbraucher die Möglichkeit eingeräumt werden, sich den genauen Vertragsinhalt nach Vertragsschluss in Ruhe zu vergegenwärtigen und sich gegebenenfalls von den hieraus resultierenden Verpflichtungen und Rechten zu lösen.[452] Schließlich ist der Einwand, die Durchsetzung eines dem Verbraucher durch das materielle Recht gewährten Widerrufsrechtes sei nicht sichergestellt, wenn für dessen Aktivprozesse kein Klägergerichtsstand eröffnet sei,[453] in der geschilderten Fallgruppe nicht begründet: Ein Verbraucher, der im Wissen um den (Wohn-) Sitz seines Vertragspartners dort einen Vertrag abschließt, kann sich, wenn er von seinem Widerrufsrecht Gebrauch gemacht hat und in Folge dessen auf Rückgabe einer bereits von ihm erbrachten Leistung - etwa einer Anzahlung - klagen möchte, nicht darauf berufen, dass er auf Grund der räumlichen Entferntheit des zuständigen

---

[449] Mit Blick auf Abzahlungsgeschäfte *Lieser / Bott / Grathwohl*, DB 1971, 901 (906).
[450] Zu den unterschiedlichen Formen des Time-Sharing ausführlich *Lenz*, S. 14 ff.
[451] 7. Erwägungsgrund der Richtlinie 94 / 47 / EG.
[452] 11. Erwägungsgrund der Richtlinie 94 / 47 / EG.
[453] S. bereits § 3 V.

Gerichtes vor einem Prozess zurückschrecke. In diesen Fällen ist er in prozessualer Hinsicht nicht schutzwürdig.

bb) Rückgriff auf die Merkmale des Art. 13 I EuGVÜ bzw. des Art. 15 I EuGVVO

(1) Art. 13 I Nr. 1 und 2 EuGVÜ bzw. Art. 15 I lit. a und b EuGVVO

Die Eingrenzung des sachlichen Anwendungsbereiches eines zukünftigen Verbrauchergerichtsstandes könnte auch entsprechend der Regelungen in Art. 13 I Nr. 1 und 2 EuGVÜ und Art. 15 I lit. a und lit. b EuGVVO erfolgen. Danach wäre der sachliche Anwendungsbereich auf Teilzahlungsgeschäfte und Kreditgeschäfte zur Finanzierung eines Kaufs beweglicher Sachen beschränkt.[454]

Eine derart ausgestaltete Regelung würde jedoch in ihrem sachlichen Anwendungsbereich über das prozessuale Schutzbedürfnis des Verbrauchers hinausgehen, das - wie sich bereits mehrfach gezeigt hat -[455] nur besteht, wenn der Verbraucher zum Zeitpunkt des Vertragsschlusses die mit diesem in prozessualer Hinsicht möglicherweise verbundenen Folgen nicht absehen konnte. In Folge dessen käme es zu einer unnötig starken Einschränkung des actor sequitur forum rei Grundsatzes.

Diesem Ergebnis steht nicht entgegen, dass auf europäischer Ebene mit Art. 13 I Nr. 1 und 2 EuGVÜ / Art. 15 I lit. a und b EuGVVO spezielle Zuständigkeitsnormen für den Kauf beweglicher Sachen auf Teilzahlung beziehungsweise für Kreditgeschäfte zur Finanzierung des Kaufs beweglicher Sachen bestehen und damit letztlich eine andere Wertung vorgenommen wurde: Hierbei handelt es sich um Regelungen der internationalen Zuständigkeit, die grundsätzlich von der örtlichen Zuständigkeit zu unterscheiden ist.[456] Während mit Hilfe der örtlichen Zuständigkeit die innerstaatliche räumliche Aufgabenverteilung vorgenommen wird, grenzt die internationale Zuständigkeit die Kompetenzen zwischen den Gerichten verschiedener Staaten ab.[457] Mit letzterer ist damit aber auch eine Entscheidung über das zur Anwendung gelangende Gerichtssystem und die Verhandlungssprache verbunden. Sind diese dem Ver-

---

[454] Zwar erfasst § 29 c ZPO auch Verbraucherkreditverträge, die in der in § 312 BGB beschriebenen Haustürsituation abgeschlossen wurden, *Stein / Jonas-Roth*, ZPO, § 29 c Rdnr. 6. Mit einem an Art. 13 I Nr. 3 EuGVÜ beziehungsweise Art. 15 I lit. c EuGVVO angelehnten Verbrauchergerichtsstand würden darüber hinaus aber auch unter anderen Umständen abgeschlossene Verbraucherkreditverträge erfasst.

[455] S. nur § 3 V.

[456] S. bereits § 5.

[457] *V. Hoffmann*, S. 75 Rdnr. 32.

braucher nicht vertraut, so wird er bereits auf Grund dessen nicht selten vor einem Prozess zurückschrecken, unabhängig von der räumlichen Entfernung zwischen Gerichtsort und dem Ort seines Wohnsitzes. Auf Grund dessen erscheint es gerechtfertigt, auch demjenigen Verbraucher, der bei Vertragsschluss um den (Wohn-) Sitz seines Vertragspartners im Ausland weiß und die damit in prozessualer Hinsicht verbundenen Folgen für mögliche spätere Rechtsstreitigkeiten abschätzen kann, die Möglichkeit einer Klage im Heimatforum zu geben. Mit Blick auf die internationale Zuständigkeit erscheint auch dieser Verbraucher prozessual schutzwürdig. Darüber hinaus legt der *Europäische Gerichtshof* den Verbrauchergerichtsstand als Ausnahme vom allgemeinen Beklagtengerichtsstand grundsätzlich einschränkend aus, um die Gerichtspflichtigkeit des Beklagten außerhalb seines Wohnsitzstaates zu begrenzen.[458]

(2) Art. 13 I Nr. 3 EuGVÜ bzw. Art. 15 I lit. c EuGVVO

Art. 13 I Nr. 3 EuGVÜ und Art. 15 I lit. c EuGVVO fordern geringstenfalls, dass der Vertragspartner des Verbrauchers auch mit Bezug zu dessen Wohnsitzstaat geschäftlich tätig geworden ist und der von den Parteien geschlossene Vertrag in den Bereich dieser Tätigkeit fällt. Übernähme man dieses Kriterium im Rahmen eines nationalen Verbrauchergerichtsstandes, so könnten Fälle ohne Auslandsbezug nicht gelöst werden. Eine im nationalen Recht bestehende Gerichtsstandsregelung muss aber auch auf rein innerstaatliche Sachverhalte Anwendung finden können. Daher erscheint eine wörtliche Übernahme der in Art. 13 I Nr. 3 EuGVÜ beziehungsweise Art. 15 I lit. c ZPO enthaltenen Regelung zur Eingrenzung des sachlichen Anwendungsbereiches einer im Rahmen des deutschen Zivilverfahrensrechtes zu schaffenden verbraucherschützenden Zuständigkeitsnorm nicht sinnvoll.[459]

Allerdings ist daran zu denken, den Grundgedanken von Art. 13 I Nr. 3 EuGVÜ und Art. 15 I lit. c ZPO zur Bestimmung des Anwendungsbereiches einer solchen Vorschrift heranzuziehen. So könnte auf ein besonderes Näheverhältnis des Vertragspartners zum Wohnsitz des Verbrauchers - statt zu dessen Wohnsitzstaat - abgestellt werden.[460] Allerdings wird ein im Rahmen dieses Kriteriums zu fordernder Bezug der geschäftlichen Tätigkeit des Vertrags-

---

[458] S. nur *EuGH* vom 19. 1. 1993, C 89 / 91 - Shearson, NJW 1993, 1251 = EuZW 1993, 224, Nr. 14 ff.; weitere Nachw. bei *Geimer / Schütze*, Europäisches Zivilverfahrensrecht, 2. Aufl. (2004), Art. 15 Fußn. 8. Eine Ausnahme hiervon machte der *Gerichtshof* bisher lediglich hinsichtlich der Anwendbarkeit des Verbrauchergerichtsstandes auch auf konkurrierende deliktische Ansprüche, *EuGH* vom 11. 7. 2002, C 96 / 00 – Gabriel, NJW 2002, 2697 (2699), Rdnr. 56 ff.

[459] Vgl. *Vollkommer / Vollkommer*, in: Festschr. für Geimer, S. 1390.

[460] So *de Bra*, S. 221.

partners zumindest auch zum Wohnsitz des Verbrauchers und der Abschluss eines Vertrages aus dem Bereich dieser Tätigkeit bei rein innerstaatlichen Sachverhalten regelmäßig bejaht werden können. So weisen *Vollkommer / Vollkommer* darauf hin, dass ein Abstellen auf ein solches Näheverhältnis wegen der innerhalb Deutschlands bestehenden „überschaubaren räumlichen Verhältnisse" nicht möglich sei.[461] Folge eines Näheverhältnisses des Vertragspartners zum Wohnsitz des Verbrauchers als Abgrenzungskriterium wäre also ein nahezu uneingeschränkter sachlicher Anwendungsbereich und - damit verbunden – eine übermäßige Beschneidung des actor sequitur forum rei Grundsatzes.

(3) Ergebnis

Auf Grund einschneidender Auswirkungen auf das Prinzip des actor sequitur forum rei erscheint weder ein unmittelbarer Rückgriff auf die Kriterien der Art. 13 I EuGVÜ / Art. 15 I EuGVVO noch ein Abstellen auf die Art. 13 I Nr. 3 EuGVÜ beziehungsweise Art. 15 I lit. c EuGVVO zu Grunde liegenden Gedanken sinnvoll, um den sachlichen Anwendungsbereich eines im Rahmen des nationalen Rechtes zu schaffenden Verbrauchergerichtsstandes zu begrenzen.

cc) Räumliche Entferntheit der (Wohn-) Sitze der Vertragsparteien

Als Kriterium zur Bestimmung des sachlichen Anwendungsbereiches eines zukünftigen Verbrauchergerichtsstandes könnte allerdings die räumliche Entferntheit des Wohnsitzes des Verbrauchers von dem (Wohn-) Sitz seines Vertragspartners dienen. So geht etwa *Scherer* davon aus, dass die in Zusammenhang mit einem Gerichtsstand für Abzahlungsgeschäfte entstehenden Probleme allgemeiner Natur sind und alleine durch die räumliche Entfernung der Vertragspartner zueinander begründet werden, die sich eben auch auf die örtliche Zuständigkeit auswirken könne.[462] Tatsächlich sind im Rahmen eines verbraucherschützenden Klägergerichtsstandes in der Praxis nur die Fälle problematisch, in denen der Wohnsitz des Verbrauchers nicht mit dem (Wohn-) Sitz der anderen Vertragspartei übereinstimmt. Liegen die (Wohn-) Sitze der Parteien im selben Amtsgerichtsbezirk, so entsprechen sich allgemeiner Beklagten- und Klägergerichtsstand, so dass letzterer faktisch entbehrlich ist.

Allerdings sollte, um eine Aushöhlung des actor sequitur forum rei Grundsatzes zu verhindern, der sachliche Anwendungsbereich eines zukünftigen

---

[461] *Vollkommer / Vollkommer*, in: Festschr. für Geimer, S. 1390.
[462] *Scherer*, S. 67; vgl. auch *Lieser / Bott / Grathwohl*, DB 1971, 901 (906).

Verbrauchergerichtsstandes möglichst eng sein. Dieser Anforderung könnte eine an der räumlichen Entferntheit der (Wohn-) Sitze der Parteien orientierte Regelung nicht gerecht werden: Der sachliche Anwendungsbereich einer solchen Norm würde lediglich die in der Praxis ohnehin bedeutungslosen Fälle des Zusammentreffens von allgemeinem Beklagten- und Klägergerichtsstand ausklammern. Der Verbraucher ist auch nicht in allen anderen Fällen schutzwürdig. Vielmehr besteht kein Schutzbedürfnis, wenn zwar der Wohnsitz des Verbrauchers nicht mit demjenigen seines Vertragspartners übereinstimmt, er aber bereits bei Abschluss des Vertrages die Möglichkeit hatte, die damit in prozessualer Hinsicht möglicherweise verbundenen Folgen abzusehen.[463]

dd) Distanzgeschäfte

Um den sachlichen Anwendungsbereich eines zukünftigen Verbrauchergerichtsstandes einzugrenzen, könnte schließlich darauf abgestellt werden, ob es sich bei dem von den Parteien abgeschlossen Rechtsgeschäft um ein so genanntes Distanzgeschäft handelt; nur in diesem Fall könnte die Gerichtsstandsregelung anwendbar sein. So unterschied bereits die in §§ 6 I, II; 8 I des Gesetzesentwurfes vom 24.1.1964 zur Änderung des Abzahlungsgesetzes enthaltene Zuständigkeitsnorm zwischen Distanz- und Ladengeschäften.[464] Hiernach konnte es nur dann zu einer Zuständigkeit des Gerichtes am allgemeinen Gerichtsstand des Käufers kommen, wenn der Abschluss des Abzahlungsgeschäftes beziehungsweise der Antrag des Käufers auf Abschluss eines solchen außerhalb der Geschäftsräume des Verkäufers und nicht auf einer Messe oder Ausstellung vorgenommen worden war. In Anlehnung hieran ist der Bereich der Distanzgeschäfte - die auch als Geschäfte des ambulanten Handels beziehungsweise Geschäfte des Reisegewerbes bezeichnet werden -[465] in Abgrenzung zu den so genannten Ladengeschäften negativ zu umschreiben.[466] Bereits der Wortlaut der Bezeichnung „Ladengeschäft" lässt erkennen, dass dessen Vorliegen abhängig ist von dem Ort, an dem sich die Vertragsparteien bei Abschluss des Rechtsgeschäftes befinden. Demnach handelt es sich bei Rechtsgeschäften, die nicht im Geschäftsraum[467] des Vertragspartners des Verbrauchers abgeschlossen werden, um Distanzgeschäfte, bei deren Vorliegen der zukünftige Gerichtsstand eröffnet wäre.

---

[463] S. bereits § 6 II. 2. c) aa) (3).

[464] Gesetzesentwurf zur Änderung des Abzahlungsgesetzes, BT-Drs IV / 1864, S. 2 f. Allerdings galt demgegenüber die schlussendlich in § 6 a AbzG enthaltene Gerichtsstandsregelung auch für im Ladengeschäft des Verkäufers getätigte Abzahlungskäufe.

[465] So *Gerlach*, NJW 1969, 1939 (1941); *Lieser / Bott / Grathwohl*, DB 1971, 901 (906).

[466] Stattdessen ist auch der Begriff des stationären Handels gebräuchlich, etwa *Lieser / Bott / Grathwohl*, DB 1971, 901 (906); *Scherer*, S. 67.

[467] Auf den Begriff des Geschäftsraumes wird unter § 9 IV. näher einzugehen sein.

Begrenzt man den sachlichen Anwendungsbereich eines zukünftigen Verbrauchergerichtsstandes auf Distanzgeschäfte, so kann eine Aushöhlung des actor sequitur forum rei Grundsatz weitestgehend verhindert werden. Ein derartig ausgestalteter Anwendungsbereich wäre genau auf das prozessuale Schutzbedürfnis der Verbraucher zugeschnitten und damit so wenig umfangreich wie möglich: Ein Verbraucher, der die zum Abschluss des Vertrages erforderliche Rechtshandlung in den Geschäftsräumen seines Vertragspartners vorgenommen hat, ist niemals prozessual schutzwürdig; selbst dann nicht, wenn dieser Ort weit von seinem eigenen Wohnort entfernt ist. Schließt der Verbraucher dort einen Vertrag, so hat er stets die Möglichkeit, die räumlichen Entfernungen abzuschätzen, auch im Hinblick auf etwaige spätere Rechtsstreitigkeiten. Demgegenüber ist er bei Vorliegen eines Distanzgeschäftes immer prozessual schutzwürdig, da der Ort des Vertragsschlusses in diesem Fall keine Rückschlüsse auf den (Wohn-) Sitz seines Vertragspartners und einen Gerichtsstand für später mögliche Prozesse zulässt. Beschränkte man den sachlichen Anwendungsbereich des zu schaffenden Klägergerichtsstandes auf Distanzgeschäfte, so wäre dieser auch eröffnet, wenn sich der Wohnsitz des Verbrauchers und die Geschäftsräume seines Vertragspartners, in denen es zum Vertragsschluss käme, am selben Ort befänden. Bei einer derartigen Fallgestaltung wäre ein Klägergerichtsstand in der Praxis entbehrlich, da er zur Zuständigkeit desselben Gerichtes führte wie der allgemeine Gerichtsstand des Beklagten beziehungsweise der Gerichtsstand der Niederlassung nach § 21 ZPO. Allerdings käme es gerade aus diesem Grund praktisch auch nicht zu einer weitergehenden Aushöhlung des actor sequitur forum rei Grundsatzes.

ee) Ergebnis

Um den im deutschen Zivilprozessrecht vorherrschenden Grundsatz des actor sequitur forum rei nicht über Gebühr einzuschränken, empfiehlt es sich, den Anwendungsbereich eines zukünftigen Verbrauchergerichtsstandes in sachlicher Hinsicht auf so genannte Distanzgeschäfte zu beschränken.

d) Anspruchsgrundlagenkonkurrenz

Die Vorrangstellung des Gerichtsstandes am Wohnsitz des Beklagten kann auch durch den Umstand geschwächt werden, dass - wie sowohl im Rahmen des nationalen Rechtes als auch auf europäischer Ebene gefordert[468] - das angerufene Gericht einen anhängigen Rechtsstreit unter allen rechtlichen Gesichtspunkten entscheidet: Kommt es zu einer Entscheidung des Gerichtes auch über konkurrierende Ansprüche, so ist damit zwangsläufig eine Ausweit-

---

[468] S. § 4 IV. 2. beziehungsweise § 5 II.

ung des Anwendungsbereiches des eröffneten Gerichtsstandes verbunden. Allerdings hat sich bereits unter § 4 IV. 2. beziehungsweise § 5 II. gezeigt, dass in der Regel auch der Beklagte ein Interesse an der einheitlichen Entscheidung des Sachverhaltes durch das angerufene Gericht haben wird. So muss er sich im Rahmen eines anhängigen Rechtsstreites in jedem Fall im eröffneten Gerichtsstand verteidigen. Die Tatsache, dass er sich dort auch gegen Ansprüche aus konkurrierenden Anspruchsgrundlagen zur Wehr setzen muss, erschwert seine Prozessführungslast nur unwesentlich.[469] Das Interesse an einer einheitlichen Entscheidung überwiegt die durch den Grundsatz des actor sequitur forum rei zum Ausdruck kommenden Zuständigkeitsinteressen des Beklagten. Folglich darf dadurch die einheitliche Geltendmachung aller Ansprüche vor einem Gericht nicht erschwert werden. Die Frage, wie in Zusammenhang mit einem zukünftigen, verbraucherschützenden Klägergerichtsstand mit den Fällen der Anspruchgrundlagenkonkurrenz umzugehen ist, kann daher unabhängig vom Vorrang der Gerichtspflichtigkeit des Beklagten an seinem Wohnsitz beantwortet werden.

e) Auslegung

Auch durch eine enge Auslegung des zu schaffenden Klägergerichtsstandes könnte einer Aushöhlung des actor sequitur forum rei Grundsatzes vorgebeugt werden. Dies entspräche auch der Vorgehensweise des *Europäischen Gerichtshofes* im Rahmen des Art. 14 I EuGVÜ. Der *Gerichtshof* hält hier eine restriktive Auslegung für grundsätzlich geboten, da sich der Beklagte entgegen des allgemeinen Prinzips des actor sequitur forum rei vor den Gerichten am Wohnsitz des Klägers rechtfertigen müsse.[470]

Grundsätzlich gelten auch im Zivilprozessrecht die allgemein anerkannten Regeln der juristischen Methodenlehre. Es kann jedoch dahinstehen, ob beziehungsweise inwieweit diese eine einschränkende - das heißt auf einen im Verhältnis zu anderen möglichen Auslegungen engen Anwendungsbereich zielende - Auslegung von Ausnahmeregelungen gebieten:[471] Vor Einführung eines Gerichtsstandes in das deutsche Zivilprozessrecht kann nicht um-

---

[469] Vgl. auch *Geimer*, IPRax 1986, 80 (81).

[470] S. nur *EuGH* vom 19. 1. 1993, C 89 / 91 - Shearson, NJW 1993, 1251 (1251) = EuZW 1993, 224, Nr. 14 ff.; weitere Nachw. bei *Geimer / Schütze*, Europäisches Zivilverfahrensrecht, 2. Aufl. (2004), Art. 15 Fußn. 8. Eine Ausnahme hiervon machte der *Gerichtshof* bisher lediglich hinsichtlich der Anwendbarkeit des Verbrauchergerichtsstandes auch auf konkurrierende deliktische Ansprüche, *EuGH* vom 11. 7. 2002, C 96 / 00 – Gabriel, NJW 2002, 2697 (2699), Rdnr. 56 ff. Demgegenüber ist nach allgemeiner Ansicht § 29 c ZPO hinsichtlich seines sachlichen Anwendungsbereiches entsprechend seinem Schutzzweck weit auszulegen, s. nur *Stein / Jonas-Roth*, ZPO, § 29 c Rdnr. 4; *Zöller-Vollkommer*, ZPO, § 29 c Rdnr. 1.

[471] Zur Auslegung von Ausnahmevorschriften s. *Larenz*, S. 174 ff. m. w. Nachw.

fassend Einfluss auf dessen Auslegung genommen werden. Vielmehr kann der Gesetzgeber durch die Festlegung des Wortlautes einer Norm nur auf den später zur Verfügung stehenden Auslegungsspielraum Einfluss nehmen beziehungsweise, indem er eine bestimmte Regelungsabsicht deutlich macht, eine bestimmte Auslegung nahe legen. So besteht zum Zeitpunkt der Erstellung einer gesetzlichen Bestimmung nur eine geringe Einwirkungsmöglichkeit auf deren spätere Auslegung, die darüber hinaus kaum vorhersehbar sein kann. Folglich stellt eine restriktive Auslegung kein sinnvolles Kriterium zur Eingrenzung des Anwendungsbereiches eines erst zu schaffenden verbraucherschützenden Klägergerichtsstandes dar.

III. Ergebnis

Es entspricht dem bereits geschilderten prozessualen Gerechtigkeitsgehalt der Gerichtsstände, dem Verbraucher auf Grund seines besonderen Schutzbedürfnisses einen Klägergerichtsstand zu eröffnen. Dieser muss in seiner Ausgestaltung jedoch den Vorrang der Gerichtspflichtigkeit des Beklagten an seinem Wohnsitz berücksichtigen. Wie sich gezeigt hat, ist ein diesbezüglicher Interessenausgleich nicht einfach zu erreichen.[472] Werden jedoch bei der Ausformung eines zukünftigen, verbraucherschützenden Klägergerichtsstandes die soeben in § 6 II. 2. dargestellten Einschränkungen berücksichtigt, so kann ein Gleichgewicht der widerstreitenden Zuständigkeitsinteressen weitgehend sichergestellt werden.

Darüber hinaus liegt es in der Natur der Gerichtsstandsregelungen als Ergebnis eines Bewertungs- und Abwägungsvorganges,[473] dass es in Einzelfällen zu Unstimmigkeiten zwischen gesetzlicher Regelung und der Gerechtigkeit für den Einzelnen kommen kann. Da jedoch bereits aus Gründen der Rechtssicherheit allgemeine, vertypte Gerichtsstandsregelungen notwendig sind, müssen vereinzelte, irreguläre Unbilligkeiten hingenommen werden.[474] Eine Bestimmung des Anwendungsbereiches eines Gerichtsstandes an Hand der Schutzbedürftigkeit des Verbrauchers, die mittels einzelfallbezogener Kriterien festgestellt wurde, wäre nicht praktikabel.[475]

---

[472] So auch *Schack*, ZEuP 1993, 306 (319).
[473] S. § 6 I.
[474] *Fricke*, Anerkennungszuständigkeit, S. 82 f. und, allgemein, *Zippelius*, S. 9.
[475] Vgl. *Kemper*, S. 31 f.

§ 7 Ergebnis und Schlussfolgerungen

Im Folgenden sollen die in §§ 4 - 6 gewonnenen Ergebnisse nochmals zusammengefasst und die sich daraus ergebenden Anforderungen an die Ausgestaltung eines zu schaffenden Verbrauchergerichtsstandes aufgezeigt werden.

I. Anwendungsbereich

Der persönliche Anwendungsbereich eines zukünftigen Verbrauchergerichtsstandes sollte ebenso wie derjenige von § 29 c ZPO, Art. 13 EuGVÜ und Art. 15 EuGVVO an Hand der Rolle bestimmt werden, die die betreffende Person bei Abschluss des konkreten Rechtsgeschäftes einnimmt. Um das der deutschen Zivilprozessordnung zu Grunde liegende Prinzip des actor sequitur forum rei nicht unnötig stark einzuschränken, empfiehlt sich eine Anlehnung an die europäischen Regelungen,[476] die im Gegensatz zum nationalen Recht Arbeitnehmer außer Acht lassen, die zu einem abhängigen beruflichen Zweck handeln. Aus diesem Grunde sollte - entsprechend § 29 c ZPO und den Vierten Abschnitten von EuGVÜ / EuGVVO - die zu schaffende Zuständigkeitsnorm reine Verbraucherverträge nicht erfassen.[477]

Hinsichtlich des sachlichen Anwendungsbereiches erscheint eine situationsbezogene Bestimmung - wie sie auch von § 29 c ZPO und Art. 13 I Nr. 3 EuGVÜ / Art. 15 I lit. c EuGVVO vorgenommen wird - zweckmäßig.[478] Um eine Aushöhlung des actor sequitur forum rei Grundsatzes weitestgehend zu vermeiden, empfiehlt sich insbesondere eine Begrenzung auf Distanzgeschäfte.[479]

II. Anspruchsgrundlagenkonkurrenz

Eine einheitliche Geltendmachung von Ansprüchen ist in den in § 6 a I AbzG, § 26 I FernUSG und § 29 c I ZPO sowie den jeweils Vierten Abschnitten von EuGVÜ und EuGVVO geregelten Verbrauchergerichtsständen möglich.[480] Da die hierfür maßgeblichen Gründe übertragbar sind und das im nationalen Recht nunmehr anerkannte Konstrukt des Gerichtsstandes kraft Sachzusammenhangs auch hinsichtlich eines zukünftigen Verbrauchergerichtsstandes eingreifen wird, sollten ein hiernach zuständiges Gericht einen anhängigen Rechtsstreit unter allen rechtlichen Gesichtspunkten entscheiden. Der Grund-

---

[476] § 6 II. 2. a).
[477] § 6 II. 2. b).
[478] § 4 IV. 1., § 5 I.
[479] § 6 II. 2. c) dd).
[480] § 4 IV. 2., § 5 II.

satz des actor sequitur forum rei steht einer solchen Vorgehensweise nicht entgegen.[481]

III. Ausschließlicher – besonderer Gerichtsstand

Um den Grundsatz des actor sequitur forum rei zu festigen und einen umfassenden Schutz des Verbrauchers zu erzielen,[482] sollte eine zu schaffende Zuständigkeitsnorm entsprechend § 29 c I ZPO, Art. 13 I EuGVÜ und Art. 15 I EuGVVO je nach Parteirolle des Verbrauchers im bevorstehenden Prozess zwischen ausschließlicher und besonderer Zuständigkeit unterscheiden und nur für Klagen gegen den Verbraucher eine ausschließliche Zuständigkeit des Gerichtes an dessen Wohnsitz anordnen.[483]

IV. Zuständiges Gericht

Obwohl § 6 a I AbzG und § 29 c I ZPO sowie die verbraucherschützenden Zuständigkeitsnormen in EuGVÜ / EuGVVO einerseits und § 26 I FernUSG andererseits hinsichtlich des für zuständig erklärten Gerichtes unterschiedlich ausgeformt sind, kann es in der Praxis nur selten zur Zuständigkeit unterschiedlicher Gerichte kommen.[484] Daher erscheint es zulässig, an Hand allgemeiner Kriterien zu entscheiden, welche Regelungsweise sich eine zukünftige Zuständigkeitsnorm zu Eigen machen sollte.

V. Maßgeblicher Beurteilungszeitpunkt

Während § 6 a I AbzG, § 26 I FernUSG und § 29 c I ZPO das Vorliegen der anwendungsrelevanten Sachverhaltsbezüge zum Zeitpunkt der Klageerhebung fordern, ist im Rahmen von EuGVÜ / EuGVVO auf den Moment der Einreichung der Klage abzustellen.[485] Auf Grund § 261 III Nr. 2 ZPO wird im Rahmen eines zukünftigen Verbrauchergerichtsstandes der Grundsatz des perpetuatio fori, der auch EuGVÜ und EuGVVO bekannt ist, zur Anwendung gelangen.

---

[481] S. § 6 II. 2. d).

[482] S. § 4 IV. 3. und § 6 II. 1.

[483] So auch *Jayme*, in: Festschr. für Nagel, S. 128; *Wieczorek / Schütze-Hausmann*, ZPO, § 29 Rdnr. 107.

[484] § 4 IV. 4.

[485] Zur Frage, an welcher dieser Regelungen sich ein zukünftiger Verbrauchergerichtsstand orientieren sollte, s. § 13.

Dritter Teil - Entwurf der einzelnen Merkmale eines Verbrauchergerichtsstandes

Die voran stehenden Paragraphen der Arbeit dienten der Betrachtung der derzeitigen Situation im Bereich der verbraucherschützenden Gerichtsstandsregelungen in tatsächlicher und rechtlicher Hinsicht sowie der Feststellung eines entsprechenden Regelungsbedarfes. Im Folgenden soll der als erstrebenswert erkannte Verbrauchergerichtsstand Gestalt annehmen. Der Lösungsfindung soll dabei neben der Berücksichtung und Abwägung der im Verlauf der Arbeit gewonnenen Ergebnisse das Sammeln und Bewerten mehrerer denkbarer Möglichkeiten dienen.

§ 8 Persönlicher Anwendungsbereich

I. Begriff des Verbrauchers

In § 4 IV. 1. und § 5 VI. hat sich gezeigt, dass der persönliche Anwendungsbereich der zu schaffenden verbraucherschützenden Zuständigkeitsnorm mittels eines rollenspezifischen Merkmales festgelegt werden sollte. Auf Grund der vorrangigen Gerichtspflichtigkeit des Beklagten an seinem Wohnsitz erschien insbesondere eine Anlehnung an die entsprechenden Regelungen in EuGVÜ und EuGVVO wünschenswert.[486]

Dennoch sollte der persönliche Anwendungsbereich eines im Rahmen des nationalen Rechtes zu schaffenden Verbrauchergerichtsstandes auf die in § 13 BGB enthaltende Verbraucherdefinition Bezug nehmen: Mit der Aufnahme des Begriffes des Verbrauchers in den Allgemeinen Teil des BGB und dessen Verwendung in- und außerhalb dieser Kodifikation wurde eine Vereinheitlichung der Begriffe erreicht,[487] die der Vermeidung von Widersprüchen und damit der erleichternden Rechtsanwendung und Rechtssicherheit dient. Der Verzicht auf einen inhaltlich abweichenden Verbraucherbegriff in der zukünftigen Zuständigkeitsregelung kann hierzu maßgeblich beitragen.[488] Ferner können die Probleme im Spannungsfeld zwischen EuGVÜ / EUGVVO und ZPO mittels eines auf § 13 BGB verweisenden Anwendungsbereiches ebenso gut gelöst werden wie durch dessen Anlehnung an die internationalen Regelungen, da der nationale Verbraucherbegriff weiter als derjenige von EuGVÜ und EuGVVO ist. Zu unterschiedlichen Ergebnissen kommt es ohnehin nur in den praktisch seltenen Fällen, in denen ein Arbeitnehmer zu einem abhängigen beruflichen Zweck handelt, also etwa

---

[486] S. § 6 II. 2. a).

[487] *Leipold*, BGB I, Rdnr. 256. Der Begriff des Verbrauchers ist in den Bestimmungen des BGB, in denen er vorkommt, im Sinne des § 13 BGB zu verstehen.

[488] Vgl. *de Bra*, S. 75; *Scherer*, S. 192 ff.

Arbeitskleidung kauft. Daher ist auch bei einer Bezugnahme auf den Verbraucherbegriff des BGB sichergestellt, dass die Fallkonstellationen, in denen die nationalen Gerichtsstandsvorschriften Bedeutung hinsichtlich der internationalen Zuständigkeit erlangen, nahezu entsprechend zu den Fällen behandelt werden, die in den Anwendungsbereich von EuGVÜ / EuGVVO fallen.[489] Allein in den Fällen des Handelns zu einem abhängigen beruflichen Zweck wird auch der Grundsatz des actor sequitur forum rei stärker eingeschränkt als dies bei einer Orientierung an den Vierten Abschnitten von EuGVÜ und EuGVVO der Fall wäre. Diese Einschränkung kann auf Grund der geringen praktischen Bedeutung der ihr zu Grunde liegenden Fälle[490] und dem Überwiegen der genannten, mit einem Verweis auf § 13 BGB verbundenen Vorteile vernachlässigt werden.

II. Vertragsschluss unter Verbrauchern

Der Vertragspartner des Verbrauchers sollte nicht nur keine Verbrauchereigenschaft aufweisen,[491] sondern darüber hinaus dem Begriffsverständnis des § 14 BGB entsprechend Unternehmer sein. Eine Bezugnahme auf die dortige Unternehmerdefinition erscheint auf Grund der damit verbundenen, vereinfachten Rechtsanwendung und der Rechtssicherheit - ebenso wie die inhaltliche Übernahme des Begriffsverständnisses des § 13 BGB zur Festlegung der Verbrauchereigenschaft einer Person - geboten.

---

[489] S. auch *de Bra*, S. 221.

[490] Die Tatsache, dass nach der jüngsten Rechtssprechung des *Bundesarbeitsgerichts* ein Arbeitnehmer auch dann Verbraucher im Sinne des § 13 BGB ist, wenn ein Arbeitsvertrag mit ihm geschlossen, geändert oder aufgehoben wird, *BAG* vom 25.5.2005 – 5 AZR 572 / 04, ZIP 2005, 1699 (1703 f.), vermag hieran nichts zu ändern. Einer Einbeziehung der Arbeitnehmer in den persönlichen Anwendungsbereich eines zukünftigen Verbrauchergerichtsstandes stehen im Übrigen auch keine teleologischen Gründe entgegen. Insbesondere kann es auch diesen zum Zeitpunkt des Vertragsschusses unmöglich sein, die räumliche Entfernung zwischen ihrem Wohnsitz und dem (Wohn-) Sitz des Arbeitgebers richtig zu beurteilen und daher in prozessualer Hinsicht ein Schutzbedürfnis bestehen.

[491] Dies erscheint notwendig, um den Einklang mit den in EuGVÜ und EuGVVO enthaltenen Regelungen sowie den Vorrang der Gerichtspflichtigkeit des Beklagten an seinem Wohnsitz zu wahren, vgl. bereits § 5 VI. und § 6 II. 2. b).

§ 9 Sachlicher Anwendungsbereich

Um den sachlichen Anwendungsbereich einer zu schaffenden verbraucherschützenden Zuständigkeitsregelung sinnvoll eingrenzen zu können, ist ein Kriterium erforderlich, dass eine eindeutige Bestimmung der Situationen ermöglicht, bei deren Vorliegen der Gerichtsstand eröffnet sein soll. Darüber hinaus muss es sich um ein Merkmal handeln, das zu einem Verbrauchergerichtsstand führt, der den in § 2 und § 3 dieser Arbeit dargestellten Erfordernissen gerecht wird. Schließlich sind bei der Suche nach einem geeigneten Kriterium die Ergebnisse, die durch den Vergleich der dem deutschen Zivilprozessrecht bereits bekannten verbraucherschützenden Normen gewonnen wurden, ebenso zu beachten wie der Vorrang des allgemeinen Beklagtengerichtsstandes.

I. Rückgriff auf materiellrechtliche Kriterien

1. Widerrufsrecht des Verbrauchers

Die Anlehnung des sachlichen Anwendungsbereiches eines zukünftigen Verbrauchergerichtsstandes an ein durch das materielle Recht gewährtes Widerrufsrecht des Verbrauchers erscheint zunächst sachdienlich, um die Durchsetzung eines solchen sicherzustellen. Macht der Verbraucher, der bereits eine Leistung - etwa in Form einer Anzahlung - erbracht hat, von seinem Widerrufsrecht Gebrauch und weigert sich sein Vertragspartner, diese Leistung zurückzugewähren, so muss der Verbraucher auf Rückgabe klagen. Sind in diesen Fällen allein die Gerichte am (Wohn-) Sitz des beklagten Unternehmers zuständig,[492] so besteht die Gefahr, dass das zum Schutze des Verbrauchers eingeführte Widerrufsrecht leer läuft.[493] Ein derart ausgestalteter Anwendungsbereich würde darüber hinaus auch Fernabsatzverträge im Sinne des § 312 b BGB umfassen. Dies erscheint, da es sich beim Fernabsatz um eine Vertriebsform handelt, die für den Verbraucher besondere Gefahren birgt,[494] sinnvoll: Schließt ein Verbraucher einen Vertrag unter ausschließlicher Verwendung von Fernkommunikationsmitteln, so kann er die räumliche Entfernung zwischen seinem Wohnsitz und dem (Wohn-) Sitz seines Vertragspartners sowie die damit verbundenen Auswirkungen auf das für einen möglicherweise folgenden Rechtsstreit zuständige Gericht nicht ohne weiteres abschätzen und ist daher in prozessualer Hinsicht schutzwürdig. Vorteilhaft

---

[492] Nach bestehender Rechtslage ist die Eröffnung eines Gerichtsstandes am Wohnsitz des Verbrauchers in diesen Fällen zweifelhaft, s. § 3 V.

[493] Zur Begründung s. § 3 V. Allerdings bedarf ein in materiellrechtlicher Hinsicht schutzbedürftiger Verbraucher nicht zwingend auch des verfahrensrechtlichen Schutzes, § 6 II. 2 c) aa) (3).

[494] Ausführlich zur Gefährdungslage *Lütcke*, Einl. Rdnr. 2.

wäre auch die mit der Orientierung an einem gesetzlichen Widerrufsrecht verbundene Erstreckung des zukünftigen Verbrauchergerichtsstandes auf Verbraucherkreditverträge, da dadurch die in Folge der ersatzlosen Streichung des § 6 a AbzG entstandenen Nachteile[495] aufgehoben würden.

Allerdings hat der Gesetzgeber dem Verbraucher weder in den Fällen der Börsentermingeschäfte noch nach Abschluss eines Reisevertrages ein Widerrufsrecht eingeräumt. In diesen Fallgruppen kann es aber in der Praxis zum Fehlen eines Gerichtsstandes im Inland trotz internationaler Zuständigkeit der deutschen Gerichte kommen.[496] Insbesondere um dies zu verhindern, erscheint jedoch die Einführung eines Verbrauchergerichtsstandes in das deutsche Zivilprozessrecht erforderlich. Hierzu vermag ein Gerichtsstand, dessen sachlicher Anwendungsbereich im Falle eines dem Verbraucher durch das materielle Recht eingeräumten Widerrufsrechtes eröffnet ist, nichts beizutragen. Bereits aus diesem Grunde ist eine derartige Ausgestaltung der zukünftigen Zuständigkeitsnorm als ungeeignet anzusehen; darüber hinaus vermag sie den Vorrang der Gerichtspflichtigkeit des Beklagten an seinem Wohnsitz nicht zu gewährleisten.[497]

2. Informationspflicht des Unternehmers

Auch die Ausrichtung des sachlichen Anwendungsbereiches eines zukünftigen Verbrauchergerichtsstandes an einer dem Verbraucher gegenüber bestehenden Informationspflicht erscheint nicht sinnvoll. Zwar würden bei einer solchen Vorgehensweise ebenso wie bei einer Anknüpfung an das Bestehen eines Widerrufsrechtes des Verbrauchers auch Fernabsatzverträge erfasst. Daneben unterfielen auch Reiseverträge dem zukünftigen Verbrauchergerichtsstand.

Demgegenüber wären Börsentermingeschäfte nicht vom Anwendungsbereich umfasst, so dass in diesen Fällen weiterhin die Gefahr des Auseinanderfallens von internationaler und örtlicher Zuständigkeit bestünde. Darüber hinaus erschwerte die unterschiedliche Ausprägung der gesetzlich geregelten Informationspflichten eine klare Eingrenzung des sachlichen Anwendungsbereiches: Forderte man das Bestehen einer Informationspflicht im engeren Sinne - also im Vorfeld des Vertragsschlusses -[498] so würden Verbraucherdarlehensverträge und Teilzahlungsgeschäfte nicht erfasst; infolgedessen könnten die dem Verbraucher durch die ersatzlose Streichung des § 6 a AbzG

---

[495] S. § 3 V.
[496] § 2 I 2. b) aa) und bb).
[497] Vgl. bereits § 6 II. 2. c) aa) (3).
[498] S. § 6 II. 2. c) aa) (2).

entstandenen Nachteile[499] nicht aufgewogen werden. Ließe man demgegenüber bereits das Bestehen einer Informationspflicht, die allein auf von den Gerichten entwickelte Kriterien gestützt ist, ausreichen, wäre eine eindeutige Bestimmung der Verbraucherverträge, die von einem zukünftigen Klägergerichtsstand erfasst sein sollen, nicht möglich, denn derartige Informationspflichten sind bereits auf Grund ihrer Ungeschriebenheit überwiegend unbestimmt und damit nicht klar vorhersehbar. Darüber hinaus könnte ein von dem Bestehen einer Informationspflicht abhängiger sachlicher Anwendungsbereich den grundsätzlichen Vorrang der Gerichtspflichtigkeit des Beklagten an seinem Wohnsitz nicht gewährleisten.[500] Auch könnte nicht gänzlich verhindert werden, dass ein dem Verbraucher eingeräumtes Widerrufrecht leerläuft,[501] denn ein an einer Informationspflicht orientierter Anwendungsbereich umfasste nicht alle Fälle, die einem Anwendungsbereich, der bei Bestehen eines Widerrufsrechtes eröffnet wäre, unterfielen.

II. Rückgriff auf die Merkmale des Art. 13 I EuGVÜ bzw. des Art. 15 I EuGVVO

Als Vorbild für eine zukünftige Zuständigkeitsregelung sind auch Art. 13 I EuGVÜ und Art. 15 I EuGVVO in Betracht zu ziehen.

1. Art. 13 I Nr. 1 und 2 EuGVÜ bzw. Art. 15 I lit. a und b EuGVVO

Im Falle der Anlehnung des sachliche Anwendungsbereiches eines zukünftigen Verbrauchergerichtsstandes an Art. 13 I Nr. 1 und Nr. 2 EuGVÜ / Art. 15 I lit. a und b EuGVVO würde die teilweise zu kritisierende Streichung des § 6 a AbzG[502] bedeutungslos, da dem Anwendungsbereich dann alle Teilzahlungs- und Kreditgeschäfte zur Finanzierung eines Kaufs beweglicher Sachen unterfielen.

Allerdings könnte mittels eines so ausgeformten Verbrauchergerichtsstandes das Problem der fehlenden örtlichen Zuständigkeit trotz nach dem EuGVÜ gegebener internationaler Zuständigkeit der deutschen Gerichte nicht immer gelöst werden. Bereits aus diesem Grunde käme eine Orientierung am sachlichen Anwendungsbereich von Art. 13 I Nr. 1 und 2 EuGVÜ / Art. 15 I lit. a und b EuGVVO nur in Verbindung mit einer Anlehnung an Art. 13 I Nr. 3 EuGVÜ (beziehungsweise Art. 15 I lit. c EuGVVO) in Betracht. Überdies führte eine Eingrenzung des sachlichen Anwendungsbereiches entsprechend Art. 13 I Nr. 1 und 2 EuGVÜ / Art. 15 I lit. a und b EuGVVO zu einer unnötig

---

[499] S. § 3 V.
[500] So bereits § 6 II. 2. c) aa) (3).
[501] Zur mangelnden prozessualen Schutzwürdigkeit des in materieller Hinsicht schutzbedürftigen Verbrauchers § 6 II. 2 c) aa) (3).
[502] S. § 3 V.

starken Einschränkung des actor sequitur forum rei Grundsatzes.[503] Ein derart ausgestalteter nationaler Verbrauchergerichtsstand wäre schließlich sowohl hinsichtlich der Erfassung von Fernabsatzverträgen als auch hinsichtlich der Gewährleistung eines materiell-rechtlich eingeräumten Widerrufsrechtes des Verbrauchers[504] lückenhaft.

2. Art. 13 I Nr. 3 EuGVÜ bzw. Art. 15 I lit. c EuGVVO

Die in Art. 13 I Nr. 3 EuGVÜ beziehungsweise Art. 15 I lit. c EuGVVO enthaltene Kriterien sind zur Lösung reiner Inlandsachverhalte und damit zur Eingrenzung des sachlichen Anwendungsbereiches einer nationalen Gerichtsstandsregelung nicht geeignet.[505] Aber auch die Heranziehung der Grundgedanken dieser Normen erscheint im Rahmen des nationalen Rechtes nicht sinnvoll: Ein im Falle der räumlichen Nähe zwischen dem Wohnsitz des Verbrauchers und dem (Wohn-) Sitz seines Vertragspartner eröffneter sachlicher Anwendungsbereich wäre nahezu grenzenlos weit. Dies führte zum einen zu einer übermäßigen Einschränkung des actor sequitur forum rei Grundsatzes. Zum anderen bestünde bei einer derartigen Ausgestaltung des Anwendungsbereiches weiterhin die Möglichkeit des Leerlaufens eines Widerrufsrechtes des Verbrauchers, da das materielle Recht ein solches unabhängig von der räumlichen Entfernung der Parteien zueinander gewährt. Aus demselben Grund könnte eine Zuständigkeitsregelung, die in sachlicher Hinsicht eine räumliche Nähe voraussetzte, weder die Einbeziehung aller Fernabsatzgeschäfte sicherstellen noch die dem Verbraucher durch die ersatzlose Streichung des § 6 a AbzG entstandenen Nachteile[506] ausgleichen.

Insgesamt ist daher eine Anlehnung des sachlichen Anwendungsbereiches eines zukünftigen Verbrauchergerichtsstandes an die in Art. 13 I Nr. 3 EuGVÜ beziehungsweise Art. 15 I lit. c EuGVVO enthaltenen Regelungen - auch in Kombination mit den aus Art. 13 I Nr. 1 und Nr. 2 EuGVÜ / Art. 15 I lit. a und b EuGVVO bekannten Kriterien - abzulehnen.

III. Räumliche Entferntheit der (Wohn-) Sitze der Vertragsparteien

Orientierte sich der sachliche Anwendungsbereich einer zukünftigen verbraucherschützenden Zuständigkeitsregel demgegenüber an der räumlichen Entferntheit der Parteien, könnte ein Auseinanderfallen von internationaler und örtlicher Zuständigkeit verhindert werden: Hat der beklagte Vertragspartner

---

[503] § 6 II .2 c) bb) (1).
[504] Zur mangelnden prozessualen Schutzwürdigkeit des in materieller Hinsicht schutzbedürftigen Verbrauchers § 6 II. 2 c) aa) (3).
[505] Dies hat sich bereits in § 6 II. 2. c) bb) (2) gezeigt.
[506] § 3 V.

des Verbrauchers einen (Wohn-) Sitz in der Bundesrepublik Deutschland, so steht auf Grund der Zuständigkeit des dortigen Gerichtes nach §§ 12, 13 BGB im Inland ein zuständiges Gericht bereit. Liegt demgegenüber der (Wohn-) Sitz des Beklagten im Ausland, so ist er zwingend räumlich entfernt vom Wohnsitz des klagenden Verbrauchers im Inland; damit wäre ein Verbrauchergerichtsstand, dessen sachlicher Anwendungsbereich sich hiernach bestimmte, einschlägig.

Allerdings könnte eine an der räumlichen Entferntheit der (Wohn-) Sitze der Parteien orientierte Gerichtsstandsregelung den Anforderungen nicht gerecht werden, die auf Grund des actor sequitur forum rei Grundsatzes an sie zu stellen sind.[507] Darüber hinaus bestünde weiterhin die Möglichkeit des Leerlaufens eines Widerrufsrechtes des Verbrauchers.[508] Schließlich ermöglichte die Verwendung des Kriteriums der räumlichen Entferntheit der (Wohn-) Sitze der Vertragsparteien weder eine klare Einordnung von Fernabsatzgeschäften noch den Ausgleich der mit der Abschaffung des § 6 a AbzG für den Verbraucher verbundenen Nachteile.[509]

IV. Distanzgeschäfte

Eine Beschränkung des sachlichen Anwendungsbereiches eines zukünftigen Verbrauchergerichtsstandes auf Distanzgeschäfte erscheint demgegenüber interessengerecht. So umfasst ein dementsprechend ausgestalteter Verbrauchergerichtsstand auch Fernabsatzverträge im Sinne des § 312 b BGB. Da das Vorliegen eines Fernabsatzgeschäftes das Zustandekommen des Vertrages unter ausschließlicher Verwendung von Fernkommunikationsmitteln - also Kommunikationsmitteln, die zur Anbahnung oder zum Abschluss eines Vertrages ohne gleichzeitige körperliche Anwesenheit der Parteien eingesetzt werden können - voraussetzt (§ 312 b I, II BGB), sind Fernabsatz- immer auch Distanzgeschäfte. Begrenzt man den sachlichen Anwendungsbereich eines zukünftigen Verbrauchergerichtsstandes auf Distanzgeschäfte, so gelingt es auch, ein Auseinanderfallen von örtlicher und nach dem EuGVÜ gegebener internationaler Zuständigkeit zu verhindern: In § 2 I. 2. hat sich gezeigt, dass es zu einer Divergenz nur kommen kann, wenn die internationale Zuständigkeit der deutschen Gerichte nach Art. 13 I Nr. 3 EuGVÜ gegeben ist. Art. 13 I Nr.3 lit. b EuGVÜ fordert aber, dass der Verbraucher die zum Abschluss des Vertrages erforderliche Rechtshandlung im Inland vorgenommen hat. Bei einem Abschluss des Rechtsgeschäftes in den Geschäftsräumen des

---

[507] S. bereits § 6 II. 2. c) cc).

[508] Dies hat sich bereits in Zusammenhang mit der Anlehnung des sachlichen Anwendungsbereiches eines zukünftigen Verbrauchergerichtsstandes an den Grundgedanken der Art. 13 I Nr. 3 EuGVÜ / Art. 15 I lit. c EuGVVO gezeigt hat, s. § 9 II. 2.

[509] § 3 V.

Unternehmers im Ausland ist folglich bereits die internationale Zuständigkeit der deutschen Gerichte zu verneinen. Liegt demgegenüber ein Vertragsschluss im inländischen Ladengeschäft des Beklagten vor, so ist hier gemäß §§ 12, 13 ZPO beziehungsweise § 21 ZPO stets ein Gerichtsstand eröffnet. Im Falle einer Rechtsstreitigkeit, der ein Distanzgeschäft zu Grunde liegt, ist schließlich die neu zu schaffende Norm einschlägig und somit die örtliche Zuständigkeit eines Gerichtes im Inland gegeben. Ferner kann mittels einer Begrenzung des sachlichen Anwendungsbereiches auf Distanzgeschäfte auch eine übermäßige Aushöhlung des actor sequitur forum rei Grundsatzes verhindert werden.[510] Dies gilt auch für ein dem Verbraucher durch das materielle Recht eingeräumtes Widerrufsrecht: Der Verbraucher ist in prozessualer Hinsicht schutzwürdig, wenn er die zum Abschluss eines Vertrages erforderliche Rechtshandlung vornimmt, ohne die räumliche Entfernung zwischen seinem Wohnsitz und dem (Wohn-) Sitz seines Vertragspartners abschätzen zu können; nur dann kann er sich, wenn er von seinem Widerrufsrecht Gebrauch gemacht hat und in Folge dessen auf Rückgabe einer bereits erbrachten Leistung klagen möchte, darauf berufen, dass er mangels eines Gerichtsstandes an seinem Wohnsitz vor einem Prozess zurückschrecke. In diesen Fällen ist aber auch der sachliche Anwendungsbereich eines Verbrauchergerichtsstandes, der an das Vorliegen eines Distanzgeschäftes anknüpft, eröffnet. Indem sich ein solcher Gerichtsstand an der prozessualen Schutzwürdigkeit des Verbrauchers orientiert und - falls diese zu bejahen ist - auch Verbraucherkreditgeschäfte umfasst, vermag er schließlich die Nachteile auszugleichen, die dem Verbraucher durch die ersatzlose Streichung des § 6 a AbzG entstanden sind.[511]

Bereits in § 6 II. 2 c) dd) wurden Distanzgeschäfte als Rechtsgeschäfte definiert, die nicht im Geschäftsraum des Vertragspartners des Verbrauchers abgeschlossen werden. Im Folgenden ist daher zu klären, was unter dem Begriff des Geschäftsraumes zu verstehen ist: Der Ausdruck „Geschäftsraum" ist dem deutschen Zivilprozess nicht unbekannt. Vielmehr wird er bereits im Rahmen des Verfahrens bei Zustellungen - namentlich bei der Ersatzzustellung nach § 178 I Nr. 2 ZPO - verwendet. Dort ist unter „Geschäftsraum" diejenige Räumlichkeit zu verstehen, die die betroffene Person (zur Zeit der Zustellung) für ihren Geschäfts- oder Behördenbetrieb tatsächlich nutzt und die dem Publikumsverkehr zugänglich ist. In Betracht kommen somit etwa Büroräume oder Werkstätten, nicht aber bloße, dem Kundenverkehr nicht dienende Betriebstätten wie Fabrikräume oder Warenlager. Die Räumlichkeit muss nicht ausschließlich der betroffenen Person zur Verfügung stehen oder außerhalb von deren Wohnung liegen, um als Geschäftsraum gelten zu können. Auch

---

[510] S. bereits § 6 II. 2. c) dd).
[511] Vgl. bereits § 3 V.

reicht es nach dem Begriffsverständnis des § 178 I Nr. 2 BGB aus, wenn in der Räumlichkeit nur vorübergehend Berufsgeschäften nachgegangen wird. Daher ist während der Dauer einer Messe auch ein Messestand als Geschäftsraum anzusehen.[512] In diesem Sinne - der dem allgemeinen Sprachgebrauch entspricht - ist der Begriff „Geschäftsraum" auch im Rahmen des sachlichen Anwendungsbereiches eines verbraucherschützenden Gerichtsstandes zu verstehen: Dem Erfordernis der tatsächlichen Nutzung der Räumlichkeit für den Geschäftsbetrieb des Unternehmers wird in diesem Zusammenhang durch den Abschluss von Rechtsgeschäften in Ausübung einer gewerblichen oder selbständigen beruflichen Tätigkeit entsprochen. Ferner ist eine Räumlichkeit, in der es zum Vertragsschluss zwischen Unternehmer und Verbrauchern kommen kann, zwangsläufig auch dem Publikumsverkehr zugänglich. Überdies steht es den Anforderungen des prozessualen Verbraucherschutzes nicht entgegen, dass bei einem Begriffsverständnis entsprechend § 178 I Nr. 2 ZPO die Räumlichkeit lediglich auch dem Vertragspartner des Verbrauchers dienen muss beziehungsweise in dessen Wohnung eingegliedert sein kann: Da ein Geschäftsraum stets als solcher erkennbar sein muss,[513] ist es dem Verbraucher auch in diesen Fällen möglich, räumliche Entfernungen und die damit gegebenenfalls verbundenen Folgen für spätere Rechtsstreitigkeiten vorherzusehen. Schließlich ist es im Rahmen eines zukünftigen Verbrauchergerichtsstandes zu begrüßen, wenn der Begriff des Geschäftsraumes - entsprechend seiner Verwendung in § 178 I Nr. 2 ZPO - auch Stände auf Messen sowie auf Ausstellungen, Märkten und vergleichbaren Veranstaltungen umfasst. Kommt es dort zum Vertragsschluss zwischen einem Unternehmer als Standinhaber und einem Verbraucher, ist letzterer in prozessualer Hinsicht nicht schutzwürdig, so dass die Eröffnung des sachlichen Anwendungsbereiches eines Klägergerichtsstandes nicht angebracht erscheint: Zwar ist denkbar, dass der Verbraucher, der etwa auf dem Messestand des Unternehmers die zum Abschluss eines Rechtsgeschäftes erforderlichen Rechtshandlung vornimmt, zu diesem Zeitpunkt die räumliche Entfernung zwischen seinem Wohnsitz und demjenigen des Unternehmers nicht sicher einschätzen kann. So kann dem Verbraucher der (Wohn-) Sitz seines Vertragspartners, der darüber hinaus vom Veranstaltungsort der Messe räumlich weit entfernt sein mag, gänzlich unbekannt sein. Allerdings spricht bereits die allgemeine Lebenserfahrung gegen eine generelle Übereinstimmung des Ortes der Messe mit demjenigen des (Wohn-) Sitzes des auf der Messe vertretenen Unternehmers. Auch hat sich der Verbraucher in einem solchen Falle aus eigener Initiative in das geschäftliche Umfeld einer Messe begeben. Es ist ihm daher zuzumuten, Nachforschungen hinsichtlich des

---

[512] MünchKommZPO-*Wenzel*, § 178 Rdnr. 19; *Zöller-Stöber*, ZPO, § 178 Rdnr. 15 jeweils m. w. Nachw. sowie *Stein / Jonas-Roth*, ZPO, § 183 Rdnr. 21.
[513] MünchKommZPO-*Wenzel*, § 178 Rdnr. 19.

(Wohn-) Sitzes des Unternehmers anzustellen und so Kennt-nis von den räumlichen Entfernungen und deren möglichen Auswirkungen zu erlangen. So wurden auch im Rahmen des Gesetzesentwurfes zur Änderung des Abzahlungsgesetzes[514] auf Messen oder ähnlichen Veranstaltungen abgeschlossene Rechtsgeschäfte dem Ladengeschäft gleichgestellt.

V. Ergebnis

Der sachliche Anwendungsbereich eines zukünftigen Verbrauchergerichtsstandes sollte ausschließlich bei Vorliegen eines Distanzgeschäftes als einem Rechtsgeschäft, das nicht im Geschäftsraum des Vertragspartners des Verbrauchers abgeschlossen wurde, eröffnet sein. Der Begriff des Geschäftsraumes sollte dabei entsprechend seiner Verwendung in § 178 I Nr. 2 ZPO im Sinne einer Räumlichkeit verstanden werden, die der Unternehmer als Vertragspartner des Verbrauchers zumindest vorübergehend für seinen Geschäftsbetrieb tatsächlich nutzt und die dem Publikumsverkehr zugänglich ist.

[514] Gesetzesentwurf zur Änderung des Abzahlungsgesetzes, BT-Drs IV / 1864, S. 2 f. Allerdings galt demgegenüber die schlussendlich in § 6 a AbzG enthaltene Gerichtsstandsregelung auch für im Ladengeschäft des Verkäufers getätigte Abzahlungskäufe.

§ 10 Konkurrierende Anspruchsgrundlagen

Eine dem Grundgedanken der Vierten Abschnitte von EuGVÜ und EuGVVO entsprechende,[515] umfassende Entscheidungszuständigkeit des zulässigerweise im Verbrauchergerichtsstandes angegangenen Gerichtes ergibt sich im nationalen Recht bereits aus der Annahme eines Gerichtsstandes des Sachzusammenhangs.[516] Aus Gründen der Rechtsklarheit und damit auch der Rechtssicherheit sollte jedoch bereits der Wortlaut[517] der zu schaffenden Zuständigkeitsnorm diese Kompetenz zur Entscheidung eines einheitlichen Streitgegenstandes unter jedem rechtlichen Gesichtspunkt erkennen lassen.

---

515 § 5 II., § 7 II.
516 § 4 IV. 2.
517 Ausführlich hierzu § 16 I. 1.

§ 11 Ausschließlicher – besonderer Gerichtsstand

Bei Beantwortung der Frage, ob es sich bei dem zu schaffenden Gerichtsstand um einen ausschließlichen oder einen besonderen Gerichtsstand handeln sollte, sind die Erkenntnisse zu berücksichtigen, die in Zusammenhang mit Art. 29 a EGBGB, mit der Fallgruppe der Prozesse gegen den Verbraucher und durch die Auswertung der im nationalen und internationalen Recht bereits vorhandenen verbraucherschützenden Zuständigkeitsregelungen gewonnenen wurden.[518] Aus alledem ergibt sich übereinstimmend die Forderung nach einem Gerichtsstand, der je nach Parteirolle des Verbrauchers im bevorstehenden Prozess zwischen ausschließlicher und besonderer Zuständigkeit unterscheidet, wobei die Ausschließlichkeit nur zu Ungunsten des Vertragspartners des Verbrauchers angeordnet sein sollte.

---

518 S. § 3 I., III; § 4 IV. 3.; § 5 VI.

§ 12 Zuständiges Gericht

Der zu schaffende Gerichtsstand sollte am Wohnsitz, hilfsweise am Ort des gewöhnlichen Aufenthaltes des Verbrauchers eröffnet sein.

Primär sollte eine Anknüpfung an den Wohnsitz des Verbrauchers erfolgen, da nur so ein Auseinanderfallen von internationaler und örtlicher Zuständigkeit vermieden und verhindert werden kann, dass der in einem rein innerstaatlichen Fall klagende Verbraucher schlechter gestellt ist als derjenige, der in einem Verfahren im Anwendungsbereich der EuGVVO Klage erhebt.[519] Wie erstrebenswert eine primäre Zuständigkeit des Wohnsitzgerichtes des Verbrauchers ist, wurde auch bei Betrachtung der Prozesse deutlich, bei denen sich die internationale Zuständigkeit der Gerichte aus den Vierten Abschnitten von EuGVÜ oder EuGVVO ergibt.[520]

Um Regelungslücken zu vermeiden, erscheint daneben eine Regelung für den Fall, dass der Verbraucher keinen Wohnsitz im Inland hat, sinnvoll.[521] Um einen Gleichklang zwischen dem in EuGVÜ beziehungsweise EuGVVO enthaltenen und dem zu schaffenden nationalen Verbrauchergerichtsstand zu erzielen, ist an die hilfsweise Zuständigkeit des Gerichtes am gewöhnlichen Aufenthalt des Verbrauchers zu denken.[522] Der gewöhnliche Aufenthalt einer Person stimmt aber, sobald diese mehr als sechs Monate an einem Ort verbracht hat, mit dem (schlichten) Aufenthalt überein.[523] Daher erscheint es unter dem Gesichtspunkt der Parallelität von EuGVÜ / EuGVVO und der zukünftigen Zuständigkeitsnorm nahezu unerheblich, ob letztere hilfsweise das Gericht am gewöhnlichen Aufenthalt oder am schlichten Aufenthalt des Verbrauchers für zuständig erklärt. Die diesbezügliche Ausgestaltung des Gerichtsstandes sollte infolgedessen maßgeblich von dem Bestreben bestimmt sein, Unterschiede innerhalb der verbraucherschützenden Zuständigkeitsregelungen des nationalen Rechtes zu vermeiden, um den Umgang mit diesen nicht unnötig zu erschweren. Allerdings erklären die dem deutschen Zivilverfahrensrecht bereits bekannten Zuständigkeitsnormen nicht übereinstimmend ein bestimmtes Gericht für hilfsweise zuständig,[524] so dass eine umfassende Einheitlichkeit nicht zu erreichen ist. Mithin erscheint es angemessen, den zu schaffende Verbrauchergerichtsstand hinsichtlich des

---

[519] Dies hat sich in § 2 II. 4. und § 3 II., III., V. gezeigt.

[520] In Verbindung mit der Anordnung der Ausschließlichkeit dieser Zuständigkeit, s. bereits § 3 III.

[521] Demgegenüber ist eine alternativ zur Wohnsitzzuständigkeit eröffnete Zuständigkeit aus Sachgründen nicht erforderlich und daher abzulehnen.

[522] S. bereits § 5 V.

[523] § 4 IV. 4.

[524] § 4 IV. 4.

hilfsweise zuständigen Gerichtes entsprechend § 29 c I ZPO auszugestalten und damit einen Gegensatz zu § 26 I FernUSG als der älteren und überdies nicht in der ZPO enthaltene Regelung[525] in Kauf zu nehmen. Eine hilfsweise Zuständigkeit des Gerichtes am gewöhnlichen Aufenthalt des Verbrauchers scheint auch der Gesetzgeber zu befürworten, der die Schuldrechtsmodernisierung nicht zum Anlass für eine Änderung nahm, sondern mit § 29 c I ZPO an der bereits in § 7 HausTWG enthaltenen, entsprechenden Regelung festhielt.

[525] Zum Standort des zukünftigen Verbrauchergerichtsstandes innerhalb der ZPO s. § 15 II.

§ 13 Maßgeblicher Beurteilungszeitpunkt

Der Blick auf die im nationalen Recht bereits bestehenden verbraucherschützenden Gerichtsstandsregelungen hat gezeigt, dass es zweckmäßiger ist, das Vorliegen der anwendungsrelevanten Sachverhaltsbezüge zum Zeitpunkt der Klageerhebung zu fordern als auf den Moment abzustellen, in dem das dem Rechtsstreit zu Grunde liegenden Rechtsgeschäft abgeschlossen wurde.[526] Um Probleme im Spannungsfeld zwischen EuGVÜ / EuGVVO und dem nationalen Recht zu vermeiden, wurde in § 5 VI. allerdings ein Abstellen auf den Zeitpunkt der Klageeinreichung gefordert. Zu klären ist daher nun, ob der zu schaffende Verbrauchergerichtsstand sich an den Regelungen der Vierten Abschnitte von EuGVÜ / EuGVVO orientieren oder in Anlehnung an § 6 a I AbzG, § 26 I FernUSG und § 29 c I ZPO auf den Moment der Klageerhebung abstellen sollte.

Indessen kann sich ein Unterschied in der Praxis nur bemerkbar machen, wenn sich die maßgeblichen tatsächlichen Verhältnisse zwischen dem Moment der Klageeinreichung und demjenigen der Zustellung der Klage verändern, der Verbraucher also in diesem Zeitraum seinen Wohnsitz in einen anderen Gerichtsbezirk verlegt. Dies wird in der Praxis selten der Fall sein: Da gemäß § 271 I ZPO die Klageschrift unverzüglich zuzustellen ist, wird die Zeitspanne zwischen Klageeinreichung und -zustellung regelmäßig gering und ein relevanter Wohnsitzwechsel des Verbrauchers dementsprechend selten sein. Allerdings steigt die Wahrscheinlichkeit eines solchen Wohnsitzwechsels, wenn sich die Zustellung der Klage verzögert. Gegen ein Abstellen auf den Moment der Klageerhebung spricht die daher Tatsache, dass das Zustellungsverfahren dem Einfluss der Verfahrensbeteiligten weitgehend entzogen ist. Das Risiko einer Verzögerung sollte nicht dem Kläger auferlegt werden, der im Vertrauen auf einen bestimmten Wohnsitz des Verbrauchers bereits bei Einreichung der Klage finanzielle Aufwendungen getätigt hat.[527] Dennoch erscheint es folgerichtig, das Vorliegen der Zuständigkeitsvoraussetzungen zu diesem Zeitpunkt zu fordern. So erscheint es aus Gründen des Verbraucherschutzes nicht geboten, auf den Moment der Klageeinreichung abzustellen: Maßgebliche Zuständigkeitsvoraussetzung ist der Wohnsitz des Verbrauchers. Ist dieser in der Rolle des Beklagten, so trifft das Risiko der Anrufung eines örtlich unzuständigen Gerichtes alleine seinen Vertragspartner. Nimmt der Verbraucher demgegenüber die Rolle des Klägers ein, so kann er regelmäßig

[526] § 4 IV. 5.

[527] Vgl. bereits § 5 V. § 167 ZPO ist hinsichtlich des Zeitpunktes, zu dem die Zuständigkeitsvoraussetzungen vorliegen müssen, nicht von Bedeutung. Die durch die Zustellung herbeizuführende Rechtswirkung wird bei demnächst erfolgender Zustellung nur mit Blick auf bestimmte Fristen auf den Zeitpunkt zurückbezogen, zu dem das zuzustellende Schriftstück beim Gericht eingegangen ist.

- auch im Falle der verzögerten Klagezustellung - bereits bei Einreichung der Klage absehen, ob er noch vor deren Zustellung seinen Wohnsitz verlegen und damit ein unzuständiges Gericht angerufen haben wird. Außerdem führt die Maßgeblichkeit des Zeitpunktes der Klageerhebung zu einer Einheitlichkeit von Regelungen in gleichartigen Bereichen, da dieser Zeitpunkt maßgebend für die Bestimmung des Wohnsitzes einer Person im Rahmen der verbraucherschützenden Sondergerichtsstände in- und außerhalb der ZPO sowie des allgemeinen Gerichtsstandes nach §§ 12, 13 ZPO ist. Dieser Vorteil ist durch den Vorzug einer gerechten Risikoverteilung allein nicht aufzuwiegen,[528] denn eine Einheitlichkeit innerhalb des deutschen Zivilprozessrechtes vermag zur Vereinfachung der Rechtsanwendung und damit letztlich zur Rechtssicherheit beizutragen. Unter dem Gesichtspunkt der Rechtssicherheit günstig erscheint schließlich auch die Tatsache, dass der Zeitpunkt der Zustellung der Klage - allerdings ebenso wie derjenige der Einreichung der Klage bei Gericht - stets aus den Gerichtsakten ersichtlich ist.[529]

Auch im Rahmen des zukünftigen Verbrauchergerichtsstandes wird § 261 III Nr. 2 ZPO zur Anwendung gelangen, so dass eine Verlegung beziehungsweise ein Wegfall des Wohnsitzes des Verbrauchers keinen Einfluss auf eine einmal gegebene Zuständigkeit haben wird. Da von der perpetuatio fori nur die Zuständigkeit, nicht aber die Unzuständigkeit des angerufenen Gerichtes bewahrt wird, wird der Verbrauchergerichtsstand auch dann eröffnet sein, wenn die Zuständigkeitsvoraussetzungen erst am Ende der letzten mündlichen Tatsachenverhandlung vorliegen werden.

---

[528] So auch *Müller*, S. 82 f.
[529] Vgl. das jeweilige Erfordernis des Zustellungsnachweises in §§ 173 – 175 ZPO.

§ 14 Ergebnis

Der Anwendungsbereich eines zukünftigen Verbrauchergerichtsstandes sollte auf Distanzgeschäfte, die zwischen einem Verbraucher im Sinne des § 13 BGB und einem Unternehmer im Sinne des § 14 BGB geschlossen wurden, begrenzt und für Klagen gegen den Verbraucher ausschließlich ausgestaltet sein. Die Zuständigkeitsvorschrift sollte das Gericht am Wohnsitz hilfsweise des gewöhnlichen Aufenthaltes des Verbrauchers für zuständig erklären; maßgeblicher Zeitpunkt für die Bestimmung dieser Sachverhaltsbezüge sollte derjenige der Klageerhebung sein. Schließlich sollte das im zu schaffenden Gerichtsstand angerufene Gericht zweifelsfrei nicht nur über vertragliche Ansprüche, sondern gegebenenfalls den Rechtsstreit unter allen rechtlichen Gesichtspunkten entscheiden: Allein eine solche Norm vermag sowohl dem im Rahmen des deutschen Zivilverfahrensrecht bestehenden Regelungsbedarf als auch den Anforderungen, die bei Betrachtung der im nationalen und europäischen Recht bereits bestehenden verbraucherschützenden Gerichtsstandsregelungen sowie des Grundsatzes des favor defensis offenbar wurden, gerecht zu werden.

Vierter Teil – Gesetzestechnik

Im letzten Teil dieser Arbeit sollen die Gesichtspunkte der Gesetzestechnik[530] - also der Frage, wie aus einem Gesetzesinhalt eine in formaler Hinsicht methodisch einwandfreie Norm gebildet werden kann -[531] betrachtet werden, die bei Schaffung eines zivilrechtlichen Verbrauchergerichtsstandes zwingend zu beachten sind. Im Rahmen dessen muss nicht nur das Verhältnis eines solchen Gerichtsstandes zu den dem deutschen Zivilprozessrecht bereits bekannten verbraucherschützenden Zuständigkeitsregeln geklärt, sondern auch die Frage beantwortet werden, an welcher Stelle innerhalb des bestehenden Normengefüges die zukünftige Vorschrift eingeordnet werden sollte. Darüber hinaus soll im Folgenden näher auf die Anforderungen eingegangen werden, die an die einzelnen Begriffsmerkmale des zu schaffenden Verbrauchergerichtsstandes zu stellen sind.

§ 15 Äußere Ordnung

I. Verhältnis zu den im nationalen Recht bereits bestehenden verbraucherschützenden Gerichtsständen

Gemäß Buchstabe f) der im Beschluss der Bundesregierung vom 11. 12. 1984 enthaltenen Prüffragen zur Notwendigkeit, Wirksamkeit und Verständlichkeit von Rechtssetzungsvorhaben des Bundes[532] ist bei Schaffung einer Norm unter anderem danach zu fragen, welche schon bestehenden Regelungen durch die geplante Vorschrift berührt werden und ob diese entfallen können.

Das deutsche Zivilprozessrecht enthält eine Vielzahl von Normen über die örtliche Zuständigkeit der Gerichte, wobei bereits die Regelung des § 35 ZPO zeigt, dass für denselben Streitgegenstand mehrere Gerichte zuständig sein können. So ist eine Konkurrenz nicht nur möglich zwischen dem allgemeinen und einem besonderen Gerichtsstand, sondern auch zwischen mehreren besonderen beziehungsweise mehreren allgemeinen Gerichtsständen. Darüber hinaus greift § 35 ZPO auch dann ein, wenn mehrere ausschließliche Gerichtsstände miteinander konkurrieren.[533] Konkurriert allerdings ein ausschließ-

---

[530] Auf darüber hinausgehende Fragen der rechtswissenschaftlichen Gesetzgebungslehre wird, da diese für den Gang der vorliegenden Arbeit ohne Bedeutung sind, nicht eingegangen werden.

[531] Vgl. die Definitionen von *Bydlinski*, S. 625; *Hill*, Jura 1986, 57 (59) und *Vogel*, S. 198.

[532] Abgedruckt bei *Hill*, Jura 1986, 57 (67).

[533] Es sei denn, eine von mehreren ausschließlichen Zuständigkeiten ist auf Grund einer gesetzlichen Anordnung vorrangig, vgl. § 689 II 3 ZPO.

licher Gerichtsstand mit anderen, nicht ausschließlichen Gerichtsständen, muss der Kläger im ausschließlichen Gerichtsstand Klage erheben.[534]

Da ein Nebeneinander mehrerer, sich in ihrem Anwendungsbereich überschneidender Normen häufig zu Unübersichtlichkeit und damit Rechtsunsicherheit führt, sollte es grundsätzlich vermieden werden. Etwas anderes muss jedoch im Rahmen der Gerichtsstandsregelungen gelten. Hier erscheint die Schaffung einer zusätzlichen Norm sinnvoll: Der Anwendungsbereich des zu schaffenden Verbrauchergerichtsstandes orientiert sich an der prozessualen Schutzbedürftigkeit des Verbrauchers, während die dem deutschen Zivilverfahrensrecht bereits bekannten verbraucherschützenden Zuständigkeitsregelungen zur Bestimmung ihres Anwendungsbereiches materiellrechtliche Kriterien heranziehen, da sie als Annex zu Schutznormen des materiellen Rechtes geschaffen wurden.[535] Bereits diese Verschiedenheit macht, um einen lückenlosen Schutz des Verbrauchers zu erreichen, ein Nebeneinander der Gerichtsstände erforderlich. Ferner kann eine die bislang bestehenden Gerichtsstandsregelungen ergänzende Norm bei entsprechender Ausgestaltung die Rechtsanwendung erleichtern und langfristig der Rechtszersplitterung entgegenwirken.[536] Schließlich ist die Einführung eines zusätzlichen Gerichtsstandes auch mit dem Ziel, dem Verbraucher die Rechtsverfolgung zu erleichtern, vereinbar: In § 11 wurde abschließend die Schaffung eines Gerichtsstandes für interessengerecht gehalten, der je nach Parteirolle des Verbrauchers zwischen ausschließlicher und besonderer Zuständigkeit unterscheidet, wobei die Ausschließlichkeit nur zu Ungunsten des Vertragspartners des Verbrauchers angeordnet sein sollte. Demnach hat der klagende Verbraucher im Falle der Konkurrenz mehrerer Gerichtsstände weiterhin zwischen diesen die Wahl, die darüber hinaus um eine zusätzliche Möglichkeit erweitert wird. Demgegenüber hat der Unternehmer, der einen Prozess gegen den Verbraucher anstrebt, nur in den Fällen ein Wahlrecht, in denen der zu schaffenden Verbrauchergerichtsstand in Konkurrenz zu einem anderen ausschließlichen Gerichtsstand tritt. Da aber ein solcher Gerichtsstand in der Regel zur Zuständigkeit desselben Gerichtes führen wird wie der neu zu schaffenden Gerichtsstand, kann dem Verbraucher hieraus kein Nachteil entstehen.

II. Standort der Norm

Ein zukünftiger allgemeiner Verbrauchergerichtsstand sollte, wie sich bereits in § 3 IV. gezeigt hat, in die ZPO aufgenommen werden. Hierfür spricht auch

---

534 S. nur *Stein / Jonas-Roth*, ZPO, § 35 Rdnrn. 1 f.
535 *De Bra*, S. 216; mit Blick auf die besonderen Gerichtsstände der ZPO auch *Hahn*, S. 272.
536 S. hierzu ausführlich § 3 IV.

eine gesetzestechnische Notwendigkeit: Eine Norm sollte den Adressaten Rechtskenntnis und eine dementsprechende Verhaltenssteuerung ermöglichen. Hierfür muss sie aber zunächst auffindbar sein.[537]

Die Frage, wer als Adressat einer Norm anzusehen ist, wird nicht einheitlich beantwortet. Der Besondere Teil der Gemeinsamen Geschäftsordnung der Bundesministerien enthält hierzu keine Angaben. Vielmehr werden dort allgemeinverständliche Gesetze uneingeschränkt als möglich und folglich die Bürger in ihrer Allgemeinheit als Gesetzesadressaten angesehen.[538] Die Verständlichkeit aller Rechtssätze für jedermann anzustreben erscheint allerdings angesichts der heutigen, vielschichtigen Verhältnisse unmöglich.[539] Daher richtet sich nach anderer Ansicht der Adressatenkreis einer Vorschrift danach, wer diese und die in ihr enthaltenen Informationen zur Kenntnis nehmen wird.[540] Demnach ist Adressat einer Verfahrensnorm vornehmlich der Personenkreis der Juristen. Etwas anderes muss jedoch für eine verbraucherschützende Zuständigkeitsregelung gelten: Eine Regelung, die dem Verbraucher den Zugang zu Gericht erleichtern soll, muss sich an diesem orientieren.[541] Zwar wird der Verbraucher in der Praxis bei der Rechtsverfolgung regelmäßig fachjuristische Hilfe in Anspruch nehmen,[542] jedoch ist bei Verfahren vor den Amtsgerichten eine Vertretung des Verbrauchers durch einen Rechtsanwalt nicht zwingend. Auch der anwaltlich nicht vertretene Verbraucher muss aber seine prozessualen Möglichkeiten erkennen und letztlich auch nutzen können. Dieser Notwendigkeit kann durch die Einfügung des zu schaffenden verbraucherschützenden Gerichtsstandes in die ZPO Rechnung getragen werden, da eine Zuständigkeitsregelung dort leichter aufzufinden sein wird als etwa in einem Sondergesetz.

Zwar wurde bei Schaffung der ZPO aus Rücksicht auf den zwischen den einzelnen Materien und den dazugehörigen Gerichtsständen bestehenden Zusammenhang darauf verzichtet, alle Regelungen über die örtliche Zuständigkeit im Zweiten Titel des Gesetzes zusammenzufassen. Infolgedessen

---

[537] *Hill*, Jura 1986, 57 (63 f.) m. w. Nachw. Im Ergebnis auch *Vollkommer / Vollkommer*, in: Festschr. für Geimer, S. 1391.

[538] Gemäß Bekanntmachung des Bundesministerium des Inneren vom 9. 8. 2000, abgedruckt bei *Schneider*, Anhang 1, S. 403 ff. So auch *Schneider*, S. 269 Rdnr. 451.

[539] *Bydlinksi*, S. 633 f.

[540] *Kindermann*, S. 42 ff. Vgl. auch *Vogel*, demzufolge Adressat einer Rechtsnorm derjenige ist, der von der Norm betroffen und ihr unterworfen ist, wobei es jedoch ausreichend sein soll, wenn dieser Tragweite und Auslegung der Norm mit fachjuristischer Hilfe erkennen kann; *Vogel*, S. 204 m. w. Nachw. *Blum* hält es für unbestritten, dass die Anordnungen des Gesetzgebers bürgernah sein müssen; *Blum*, Beilage zu NJW 27 / 2004, S. 45.

[541] Wohl auch *Lüderitz*, in: Festschr. für Riesenfeld, S. 157.

[542] *Kindermann*, S. 44; vor den Landgerichten ergibt sich dies bereits auf Grund des Anwaltszwanges nach § 78 I ZPO.

finden sich über die gesamte ZPO verstreut Vorschriften über die örtliche Zuständigkeit.[543] Dennoch sollte ein zukünftiger Verbrauchergerichtsstand in den Zweiten Titel der Zivilprozessordnung aufgenommen werden. Bereits eine Stellung innerhalb dieses mit „Gerichtsstand“ überschriebenen Titels erleichtert dem Verbraucher die Auffindbarkeit der Norm. Dieser Effekt kann durch eine Nähe der zu schaffenden Regelung zu dem ebenfalls dem Verbraucherschutz dienenden § 29 c ZPO noch verstärkt werden, so dass daran zu denken ist, den künftigen Verbrauchergerichtsstand als § 29 d in die ZPO einzufügen.

---

[543] *Hahn*, Materialien zur ZPO, S. 149.

§ 16 Begriffsmerkmale eines Verbrauchergerichtsstandes

I. Stil und Sprache

1. Eindeutigkeit

Maßgeblich für das Gelingen einer Norm in gesetzestechnischer Hinsicht ist insbesondere der Verzicht auf Lückenhaftigkeit, Unklarheit und fehlerhaftes Recht. Die diesbezüglich bedeutsamen, rechtsnormativen Grundsätze ergeben sich aus dem rechtsstaatlichen Bestimmtheitsgebot.[544]

Um dem Adressatenkreis einer Norm ein an dieser ausgerichtetes Verhalten zu ermöglichen, muss die Norm verständlich ausgestaltet sein. Daher ist ein Mindestmaß an Bestimmtheit und Klarheit erforderlich.[545] Da eine Norm für den durch sie berührten Personenkreis verständlicher ist, wenn sie sich der in diesem Kreis üblichen Sprache bedient, sollte sich die Ausdrucksweise einer Regelung an dem vorgestellten Adressatenkreis orientieren.[546] Ein Verbrauchergerichtsstand muss sich daher in seiner Formulierung nach dem Verbraucher als Normadressaten[547] richten. Daneben erfordert allerdings der Grundsatz der Gewaltentrennung, dass Gesetze im formellen Sinne mit fachjuristischer Genauigkeit formuliert werden;[548] die primäre Zuständigkeit der gesetzgebenden Gewalt gebietet, dass der Gesetzgeber selbst die wesentlichen Entscheidungen zur Regelung der Lebensverhältnisse trifft und diese nicht der vollziehenden Gewalt überlässt. Folglich sollte eine Norm nur Begriffsmerkmale enthalten, die aus sich heraus verständlich und sorgfältig definiert sind beziehungsweise die für die Prüfung eines bestimmten Merkmales relevanten Punkte klar benennen. Dennoch sind Gesetzesworte nicht selten mehrdeutig, also mit unterschiedlichen Vorstellungsinhalten zu verbinden. Durch diese Mehrdeutigkeit entstehen Bedeutungsspielräume, die dem Bestreben nach Bestimmtheit und Eindeutigkeit entgegenstehen. Dadurch kann es zur Beeinträchtigung der Verständlichkeit und der Vorhersehbarkeit einer Regelung und damit letztlich zu Rechtsunsicherheit kommen. Auch führen Beurteilungsspielräume regelmäßig zu Problemen bei der Rechtsanwendung.[549] Allerdings ist es gerade ihnen zu verdanken, dass bei der Anwendung der Gesetze der Wandel der tatsächlichen Gesamtsituation sowie der vorherrschenden sozialethischen Wertvorstellungen und die Vielgestaltig-

---

[544] Treffend *Vogel*, S. 203.
[545] *Schneider*, S. 46 Rdnr. 66; vgl. auch *Hill*, Jura 1986, 57 (62) m. w. Nachw.
[546] S. nur *Bülow*, in: Praxis der Gesetzgebung, S. 20; *Freibert*, in: Praxis der Gesetzgebung, S. 36; *Schneider*, S. 271 Rdnrn. 454 f.; *Vogel*, S. 204.
[547] Zur Bestimmung des Normadressaten s. § 15 II.
[548] *Vogel*, S. 204.
[549] *Börnke*, S. 174; *Hill*, Jura 1986, 57 (65); *Zippelius*, S. 20 f., 46 f.

keit der Lebensumstände berücksichtigt werden können.[550] Mithin ist bei der Wahl der Gesetzesworte ein Mittelweg zu finden, um sowohl übertriebene Genauigkeit als auch ausdruckslose Formulierungen zu vermeiden. Welcher Grad an gesetzlicher Bestimmtheit erforderlich ist, hängt von den Besonderheiten der jeweiligen Norm und den Umständen ab, die zu der gesetzlichen Regelung geführt haben.[551] Von Verfassungswegen sind Regelungen auf mittlerer Abstraktionshöhe geboten.[552]

Diesem Erfordernis vermag der zu schaffende Verbrauchergerichtsstand gerecht zu werden. Seine einzelnen Begriffsmerkmale sind offen für zukünftige Veränderungen, umschreiben aber dennoch Tatbestand und Rechtsfolgenseite hinreichend deutlich. So ist der Begriff des Geschäftsraumes aus sich heraus verständlich und dem Verbraucher als Normadressat regelmäßig bereits aus dem alltäglichen Sprachgebrauch - an den der Begriff auch inhaltlich angeknüpft -[553] bekannt. Sollte sich die Wortbedeutung im Laufe der Zeit ändern, so könnte der sachliche Anwendungsbereich des Gerichtsstandes dieser Entwicklung ohne weiteres Rechnung tragen. Zur Verständlichkeit der Norm trägt ferner die Verwendung der legaldefinierten Begriffe „Verbraucher" und „Unternehmer"[554] sowie die ausdrückliche Nennung des für das Vorliegen der anwendungsrelevanten Sachverhaltsbezüge maßgeblichen Zeitpunktes bei. Unschärfen und der Lückenhaftigkeit der Norm wird überdies entgegengewirkt, wenn bereits an Hand deren Wortlaut deutlich wird, welche materiellen Ansprüche im Verbrauchergerichtsstand geltend gemacht werden können: Diesem Erfordernis genügt etwa die Formulierung „aus oder im Zusammenhang mit", da sie eindeutig erkennen lässt, dass der Gerichtsstand nicht nur für vertragliche Ansprüche eröffnet ist, sondern auch für Ansprüche, die auf sekundären Leistungspflichten beruhen oder sich gerade aus der Unwirksamkeit des Vertrages ergeben, sowie für deliktische, zumindest gelegentlich der Vertragsabwicklung entstehende Ansprüche. Schließlich kann durch die unmittelbare Angabe des (hilfsweise) zuständigen Gerichtes - anstelle eines Verweises auf §§ 13 ff. ZPO - Unklarheiten vorgebeugt werden.

---

[550] *Bülow*, in: Praxis der Gesetzgebung, S. 18 f.; *Hill*, Jura 1986, 57 (65); *Müller*, S. 76; *Schneider*, S. 41 Rdnr. 60; *Zippelius*, S. 47.

[551] Statt aller *BVerfG* vom 11. 2. 1976 – 2 BvL 2 / 73, *BVerfGE* 41, 314 (319 f.) (zu Art. 103 II GG).

[552] Statt vieler *Vogel*, S. 205. Daneben kommt auch eine Normierung von Beispielen in Betracht, die ein gesetzliches Leitbild darstellen, dessen Sinn und Zweck nachträglich auftretende Fälle dann entsprechen müssen, *Hill*, Jura 1986, 57 (65).

[553] S. § 9 IV.

[554] Zum ausdrücklichen Verweis auf §§ 13, 14 BGB als die Normen, die die Legaldefinitionen enthalten, s. sogleich § 15 I. 2.

2. Einheitlichkeit

Wird im Rahmen eines bereits bestehenden Gesetzes eine neue Norm geschaffen, so liegt es nahe, diese nicht nur inhaltlich,[555] sondern auch im Ausdruck an die bereits bestehenden Regelungen anzugleichen. Folglich sollte sich eine in die ZPO einzufügende Zuständigkeitsnorm deren Sprachgebrauch zu Eigen machen.[556] Auf diese Weise kann dem berechtigten Wunsch der Allgemeinheit nach Einheitlichkeit nachgekommen werden:[557] Eine einheitliche Begriffsverwendung dergestalt, dass ein Ausdruck lediglich in einem einzigen Sinn verwendet wird,[558] begünstigt zum einen die Übersichtlichkeit eines Gesetzes und trägt so zur Anwenderfreundlichkeit und letztlich auch zur Wahrung der Rechtssicherheit bei. Zum anderen dient sie der Normenklarheit und hilft, Widersprüche und Ansatzpunkte für eine unterschiedliche Auslegung zu vermeiden.

Das Streben nach einer einheitlichen Begriffsverwendung unterstützt die zu schaffende Gerichtsstandsregelung, indem sie die Bedeutung des Begriffes „Geschäftsraum" aus § 178 I Nr. 2 ZPO übernimmt. Aber auch die Rechtsfolgenseite der Vorschrift fügt sich in das bestehende Normengefüge ein: Die unmittelbare Bezeichnung des zuständigen Gerichtes am Wohnsitz hilfsweise gewöhnlichen Aufenthalt des Verbrauchers entspricht in Vorgehensweise und Begrifflichkeit § 29 c I ZPO als ähnlicher Regelung.[559]

Das Ziel der Einheitlichkeit kann auch durch eine Legaldefinition - also eine in demselben oder einem späteren Gesetz enthaltenen Erläuterung eines Rechtsbegriffes, die dessen genauere Abgrenzung ermöglicht -[560] erreicht werden. Die Definition der Gesetzesworte durch den Gesetzgeber ist nicht nur Ausdruck eines Bestrebens nach Klarstellung und der eindeutigen Beschreibung des gemeinten Gegenstandes,[561] sondern führt auch zu Einheitlichkeit innerhalb einer Rechtsordnung. Der Berücksichtigung von Legaldefinitionen durch den Rechtsanwender dient es, wenn bei Verwendung des legaldefinierten Ausdruckes in Klammer die Gesetzesnorm angegeben wird, die die Legaldefinition enthält.[562] Dementsprechend folgt in § 29 c I ZPO auf den Begriff „Haustürgeschäfte" in Klammern der Verweis auf § 312 BGB, der

---

[555] S. bereits § 4.
[556] *Schneider*, S. 217 Rdnr. 330, allgemein auch *Blum*, Beilage zu NJW 27 / 2004, S. 45; *Hill*, Jura 1986, 57 (65).
[557] *Müller*, S. 82 f.
[558] *Müller*, S. 77 und 94.
[559] Vgl. § 12.
[560] *Creifelds*, S. 834, Stichwort: Legaldefinition; *Zippelius*, S. 45.
[561] *Schneider*, S. 226 Rdnr. 357.
[562] *Kindermann*, S. 68 m. w. Nachw.

in I 1 Halbs. 1 eine entsprechende Legaldefinition enthält. Bezogen auf einen zukünftigen Verbrauchgerichtsstand empfiehlt sich ein ausdrücklicher Hinweis auf die Legaldefinitionen in §§ 13, 14 BGB, die den in der Norm enthaltenen Begriffen „Verbrauchers“ und „Unternehmer“ zu Grunde liegen.

II. Überschaubarkeit des Prüfungsumfanges

Um zu vermeiden, dass der Anwendungsbereich einer Zuständigkeitsnorm nur mittels einer sehr umfangreichen und damit anwenderunfreundlichen Prüfung festzustellen ist, sollte die Tatbestandsseite der Vorschrift möglichst wenige materiellrechtliche Probleme aufwerfen. Im Rahmen der bestehenden verbraucherschützenden Gerichtsstände ist der auf den Rechtsanwender zukommende Prüfungsumfang allerdings insbesondere bei den Merkmalen, die den sachlichen Anwendungsbereich umschreiben, groß. So ist etwa § 29 c I ZPO in sachlicher Hinsicht nur anwendbar, wenn die Klage auf einem Haustürgeschäft beruht; infolgedessen ist bereits im Rahmen der Zulässigkeitsprüfung der Tatbestand des § 312 I 1 Halbs. 1 BGB zu begutachten, der seinerseits auf §§ 13, 14 BGB verweist. Allerdings liegen den im Tatbestand einer Zuständigkeitsnorm enthaltenen Merkmalen häufig Tatschen zu Grunde, die auch materiellrechtlich von Bedeutung sind. Sie sollen sowohl die Zulässigkeit als auch die Begründetheit eines geltend gemachten Anspruches rechtfertigen. In diesen Fällen kommt es im Rahmen der Zuständigkeitsprüfung nicht zu einem erhöhten Aufwand. Vielmehr unterstellt die herrschende Meinung hier das Vorliegen dieser so genannten doppeltrelevanten Tatsachen, so dass ein schlüssiger Klägervortrag auch dann ausreichend ist, wenn der Beklagte die klägerischen Behauptungen rechtzeitig bestritten hat.[563]

Um die Handhabung einer Zuständigkeitsnorm in der Praxis zu erleichtern, ist bereits bei deren Schaffung darauf zu achten, dass sie nicht mehr Tatbestandsmerkmale enthält, als unumgänglich sind.[564] Die verwendeten Merkmale sollten denkbar einfach zu prüfen sein und soweit wie möglich auf Tatsachen beruhen, die - auf Grund ihrer Bedeutung auch für die Begründetheit der Klage - im Rahmen der Zuständigkeitsprüfung unterstellt werden können. Letzteres ist bei den Umständen, aus denen sich die Verbraucher - beziehungsweise Unternehmereigenschaft ergibt, die im Rahmen des Tatbestandes der zukünftigen Gerichtsstandsregelung zu prüfen sein wird, regelmäßig der Fall: So gehören diese Umstände auch zur Begründetheit des erhobenen Anspruches, wenn diesem ein Fernabsatzgeschäft, das gemäß § 312 b I BGB einen Vertrag zwischen einem Verbraucher und einem Unternehmer voraussetzt, zu Grunde liegt. Ein derartiges Personenverhältnis er-

---

[563] S. nur *Stein / Jonas-Roth*, ZPO, § 1 Rdnr. 24 m. w. Nachw.
[564] *Müller*, S. 77.

fordern darüber hinaus auch Teilzeit-Wohnrechteverträge (§ 481 I 1 BGB), Verbrauchsgüterkaufverträge (§ 474 I 1 BGB), Verbraucherdarlehensverträge (§ 491 I BGB) und Darlehensvermittlungsverträgen (§ 655 a BGB).

§ 17 Ergebnis

Um auch den bestehenden methodischen Anforderungen genügen zu können, sollte ein zukünftiger Verbrauchergerichtsstand in den Zweiten Titel der ZPO - möglichst in unmittelbarer Nähe zum Gerichtsstand für Haustürgeschäfte - eingefügt werden; bereits bestehende Gerichtsstandsregelungen sollten nicht entfallen. Ferner sollten die Begriffsmerkmale der zu schaffenden Regelung hinreichend deutlich und dem allgemeinen Sprachgebrauch folgend formuliert sein. Darüber hinaus sollte die Norm aber auch offen für zukünftige Veränderungen sein, denn nur so kann sie dem Anspruch nach einer mittleren Abstraktionshöhe und der Verständlichkeit für den Verbraucher als Normadressaten gerecht werden. Um die Einheitlichkeit der von der Rechtsordnung verwendeten Begriffe zu wahren, sollte die Zuständigkeitsvorschrift die in §§ 13, 14 BGB legaldefinierten Ausdrücke „Verbraucher" und „Unternehmer" aufgreifen und ausdrücklich auf die Legaldefinitionen hinweisen. Das Ziel der Einheitlichkeit sollte darüber hinaus durch die Verwendung des Begriffes des Geschäftsraumes, der der ZPO bereits bekannt ist, sowie eine an § 29 c I ZPO orientierte Ausgestaltung der Rechtsfolgenseite der Norm verfolgt werden. Schließlich sollte die Zuständigkeitsvorschrift eine möglichst geringe Zahl möglichst einfach zu prüfender Tatbestandsmerkmale enthalten und überdies von den im Rahmen der Zulässigkeitsprüfung vereinfachend wirkenden Folgen so genannter doppeltrelevanter Tatsachen Gebrauch machen.

Berücksichtigt man all dies bei der Schaffung einer verbraucherschützenden Gerichtsstandsregelung, so vermag sie den an eine gute Gesetzgebung zu stellenden Anforderungen - Durchschaubarkeit, Verlässlichkeit und Ausgereiftheit -[565] durchaus gerecht zu werden und der Rechtsanwendung zugänglich zu sein.

[565] *Hill*, Jura 1986, 57 (58).

Fünfter Teil – Formulierungsvorschlag und Ergebnisse

§ 18 Formulierungsvorschlag

De lege ferenda ist die Schaffung eines Verbrauchergerichtsstandes erstrebenswert. Die hierfür maßgeblichen Gründe wurden in §§ 2 und 3 dargelegt; an Hand der dortigen Überlegungen wurden bereits erste Fälle erkennbar, in denen die Vorschrift Anwendung finden sollte. In §§ 4 bis 7 wurden sodann weitere Anforderungen aufgestellt, denen eine verbraucherschützende Zuständigkeitsregelung in inhaltlicher Hinsicht gerecht werden muss. Die folgenden §§ 8 bis 14 widmeten sich - unter Berücksichtigung der gewonnenen Erkenntnisse - der Ausgestaltung der einzelnen Merkmale eines zukünftigen Verbrauchergerichtsstandes. Schließlich wurden in § 15 bis 17 die aus formalen Gründen bestehenden Notwendigkeiten aufgezeigt.

Unter Berücksichtigung all dessen könnte eine zukünftige Bestimmung wie folgt lauten:

> „Für alle Klagen aus oder in Zusammenhang mit einem Vertrag, der zwischen einem Verbraucher (§ 13 BGB) und einem Unternehmer (§ 14 BGB) außerhalb des Geschäftsraumes des Unternehmers geschlossen wurde, ist das Gericht zuständig, in dessen Bezirk der Verbraucher zur Zeit der Klageerhebung seinen Wohnsitz, in Ermangelung eines solchen seinen gewöhnlichen Aufenthalt hat. Für Klagen gegen den Verbraucher ist dieses Gericht ausschließlich zuständig."

§ 19 Zusammenfassung der wichtigsten Ergebnisse

Räumt ein völkerrechtlicher Vertrag einem Verbraucher mit Wohnsitz in der Bundesrepublik Deutschland die Möglichkeit ein, seinen Vertragspartner, der seinen (Wohn-) Sitz in einem anderen Vertragsstaat hat, in näher bestimmten Fällen vor einem Gericht im Inland zu verklagen, so entspricht dieser internationalen nicht immer eine örtliche Zuständigkeit. Folglich kann es, obwohl die deutschen Gerichte für den Verbraucherprozess international zuständig sind, im Inland an einem örtlich zuständigen Gericht fehlen.

Ein derartiger Fall ist derzeit in Zusammenhang mit dem Brüsseler EWG-Übereinkommen über die gerichtliche Zuständigkeit und die Vollstreckung gerichtlicher Entscheidungen in Zivil- und Handelssachen sowie dem entsprechenden Luganer Übereinkommen möglich; ein solcher ist jedoch auch in Zusammenhang mit zukünftigen internationalen Übereinkommen denkbar. Die Verordnung (EG) Nr. 44 / 2001 über die gerichtliche Zuständigkeit und die Anerkennung und Vollstreckung von Entscheidungen in Zivil- und Handelsachen löst das Problem der fehlenden örtlichen Zuständigkeit unmittelbar, indem sie in Art. 16 I Alt. 2 für Aktivprozesse des Verbrauchers das Gericht des Ortes, an dem dieser seinen Wohnsitz hat, für zuständig erklärt.

In der Praxis kann es insbesondere bei Geschäften des Teleshoppings, im Reisevertragsrecht und bei Termingeschäften inländischer Anleger an ausländischen Börsen, die durch Gesellschaften mit Sitz im Ausland vermittelt wurden, zu einer Divergenz zwischen internationaler und örtlicher Zuständigkeit kommen.

In Rechtsprechung und Literatur wurden zur Lösung dieses Problems verschiedene Ansätze entwickelt:

Ausgangspunkt der Überlegungen ist zum einen die derzeit geltende Gesetzeslage. Fehlt es hiernach an der ausdrücklichen Bestimmung eines örtlichen zuständigen Gerichtes, so wird teilweise mangels internationaler beziehungsweise mangels örtlicher Zuständigkeit die Zulässigkeit einer Klage verneint. Nach gegenteiliger Ansicht darf einem Verbraucher der Rechtsschutz im Inland nicht versagt werden, wenn ein völkerrechtlicher Vertrag die deutschen Gerichte für international zuständig erklärt; vielmehr ist eine Ersatzzuständigkeit zu ermitteln. Infolgedessen wird einerseits vorgeschlagen, im Einzelfall ein Gerichtsstandsbestimmungsverfahren analog § 36 I Nr. 1 ZPO beziehungsweise (analog) § 36 I Nr. 6 ZPO durchzuführen oder dem Kläger ein Wahlrecht einzuräumen. Anderseits wird eine Analogie zu bereits bestehenden Zuständigkeitsnormen und allgemeinen Regelungen befürwortet. Dies führt nach einer Ansicht zur Zuständigkeit des Gerichtes am Sitz einer inländischen Niederlassung des Vertragspartners des Verbrauchers, nach anderer Ansicht zu der Zuständigkeit der Berliner Gerichte im Allgemeinen beziehungsweise des Amtsgerichtes Berlin Schöneberg. Zuzustimmen ist der Auffassung, der zufolge ein Ersatzgerichtsstand am Wohnsitz des klagenden Verbrauchers zu eröffnen ist, wenn ein Staatsvertrag die internationale Zuständigkeit der deutschen Gerichte bestimmt, ein örtlich zuständiges Gericht im Inland jedoch nicht zu finden ist.

Zum anderen wird die Schaffung eines Verbrauchergerichtsstandes und damit eine Änderung der bestehenden Rechtslage gefordert, um das Problem der fehlenden örtlichen trotz gegebener internationaler Zuständigkeit der deutschen Gerichte zu lösen. Eine solche Vorgehensweise erscheint, soweit grundsätzlich die örtliche Zuständigkeit des Gerichtes am Wohnsitz des Verbrauchers festgeschrieben werden soll, sachgerecht.

Die Einführung eines derartiger Gerichtsstandes in das deutsche Zivilverfahrensrecht erscheint darüber hinaus notwendig, um zu verhindern, dass der in Art. 29 a EGBGB enthaltene, kollisionsrechtliche Schutz leer läuft, und um die Nachteile ausgleichen, die den Verbrauchern durch die ersatzlose Streichung des § 6 a AbzG entstanden sind. Auch könnte auf diese Weise die Gleichbehandlung von Verbrauchern, die in rein innerstaatlichen Rechtsstreitigkeiten klagen und solchen, die ein Verfahren mit Auslandsbezug anstreben, sichergestellt sowie eine Erleichterung der Rechtsanwendung im Allgemeinen und - bei entsprechender Ausgestaltung der Zuständigkeitsnorm - der Rechtsverteidigung des Verbrauchers in der Rolle des Beklagten erreicht werden. Mithin sollte das deutsche Zivilprozessrecht um die Regelung eines Verbrauchergerichtsstandes ergänzt werden.

Inhaltliche Anforderungen an eine zukünftige, verbraucherschützende Zuständigkeitsnorm ergeben sich zum einen aus der Ausgestaltung und der praktischen Anwendung der § 6 a I AbzG, § 26 I FernUSG und § 29 c I ZPO sowie der Vierten Abschnitte von EuGVÜ und EuGVVO. Hierbei ist der - persönliche und sachliche - Anwendungsbereich der Normen ebenso von Belang wie das für zuständig erklärte Gericht. Darüber hinaus ist bedeutsam, welche Ansprüche im jeweiligen Gerichtsstand zulässigerweise geltend gemacht werden können, zu welchem Zeitpunkt die anwendungsrelevanten Sachverhaltsbezüge vorliegen müssen und ob es sich bei dem eröffneten um einen ausschließlichen oder einen besonderen Gerichtsstand handelt.

Zum anderen wirkt sich das Prinzip des actor sequitur forum rei, das zu Recht eine Grundregel des deutschen Zivilverfahrensrechtes darstellt, auf den Inhalt einer zu schaffenden Gerichtsstandsregelung aus. Zwar entspricht es dem prozessualen Gerechtigkeitsgehalt der Zuständigkeitsnormen, dem Verbraucher auf Grund seines besonderen Schutzbedürfnisses einen Klägergerichtsstand zu eröffnen. Bei dessen Ausformung ist jedoch der Vorrang der Gerichtspflichtigkeit des Beklagten an seinem Wohnsitz zu berücksichtigen, denn nur so kann weitgehend ein Gleichgewicht der widerstreitenden Zuständigkeitsinteressen sichergestellt werden.

Schließlich sind bei der Schaffung einer verbraucherschützenden Gerichtsstandsregelung verschiedene Gesichtspunkte der Gesetzestechnik zu berücksichtigen. Diese wirken sich zum einen auf den Standort der Zuständigkeitsnorm und ihr Verhältnis zu den dem deutschen Zivilverfahrensrecht bereits bekannten Gerichtsstandsregelungen aus; zum anderen beeinflussen sie die einzelnen Begriffsmerkmale der Vorschrift.

Eine zukünftige verbraucherschützende Zuständigkeitsnorm sollte

- zur Festlegung des persönlichen Anwendungsbereiches ausdrücklich auf die in § 13 BGB enthaltene Verbraucherdefinition und - bezogen auf den Vertragspartner des Verbrauchers - auf den Begriff des Unternehmers im Sinne des § 14 BGB Bezug nehmen.

- in sachlicher Hinsicht nur dann zur Anwendung gelangen, wenn ein Distanzgeschäft - also ein Rechtsgeschäft, das nicht im Geschäftsraum des Unternehmers abgeschlossen wurde - vorliegt, wobei der Begriff des Geschäftsraumes entsprechend seiner Verwendung in § 178 I Nr. 2 ZPO im Sinne einer Räumlichkeit verstanden werden sollte, die der Unternehmer zumindest vorübergehend für seinen Geschäftsbetrieb tatsächlich nutzt und die dem Publikumsverkehr zugänglich ist.

- einen Gerichtsstand nicht nur für vertragliche, sondern auch für solche Ansprüche eröffnen, die auf sekundären Leistungspflichten aus dem jeweiligen Schuldverhältnis beruhen oder sich gerade aus der Unwirksamkeit eines Vertrages ergeben, und erkennen lassen, dass einem zulässigerweise angegangenen Gericht umfassende Kompetenz zur Entscheidung des einheitlichen Streitgegenstandes unter jedem rechtlichen Gesichtspunkt zukommt.

- je nach Parteirolle des Verbrauchers im bevorstehenden Prozess zwischen ausschließlicher und besonderer Zuständigkeit unterscheiden, wobei eine Ausschließlichkeit nur zu Ungunsten des Unternehmers angeordnet sein sollte.

- das Gericht am Wohnsitz, hilfsweise am Ort des gewöhnlichen Aufenthaltes des Verbrauchers für zuständig erklären.

- das Vorliegen der Zuständigkeitsvoraussetzungen zum Zeitpunkt der Klageerhebung und damit der Zustellung der Klage, § 253 I ZPO, fordern.

• ergänzend zu den dem deutschen Zivilverfahrensrecht bereits bekannten verbraucherschützenden Gerichtsstandsregelungen in den Zweiten Titel der ZPO - etwa als § 29 d ZPO - aufgenommen werden.

LITERATURVERZEICHNIS

Althanns, Andrea	Die richterliche Bestimmung der örtlichen, sachlichen und funktionellen Zuständigkeit im Zivilprozess (§§ 36, 37 ZPO) (2002) zit.: *Althanns*, S.
Bartl, Harald	Reiserecht: Kommentar zum Reisevertragsgesetz und den Allgemeinen Reisebedingungen, Flugtouristik, Ferienhaus, Busreisen und Kreuzfahrt, Schadenstabelle, Fallsammlung, Muster, Warschauer Abkommen, Luftverkehrsgesetz, 2. Aufl. (1981) zit.: *Bartl*, S. Rdnr.
Bauer, Hubert	Grundsätze der internationalen Zuständigkeit inländischer Gerichte im französischen Privatverfahrensrecht, RabelsZ 30 (1960), S. 438 – 504 zit.: *Bauer*, RabelsZ 30 (1960), 438 (S.)
Baumbach, Adolf / Lauterbach, Wolfgang / Albers, Jan / Hartmann, Peter	Zivilprozessordnung mit Gerichtsverfassungsgesetz und anderen Nebengesetzen, 61. Aufl. (2003) zit.:B*aumbach / Lauterbach / Albers / Hartmann-Bearbeiter*, ZPO, 61. Aufl. (2003), § bzw. Art. Rdnr.
dies.	Zivilprozessordnung mit Gerichtsverfassungsgesetz und anderen Nebengesetzen, 64. Aufl. (2006) zit.:B*aumbach / Lauterbach / Albers / Hartmann-Bearbeiter*, ZPO, § bzw. Art. Rdnr.
Baumgärtel, Gottfried	Wert und Unwert der Prorogationsnovelle – Ein Beitrag zur Methodik der Prozessreform, in: Festschr. für Friedrich Weber zum 70. Geburtstag, hrsg. von *Bökelmann, Erhard; Henckel, Wolfram; Jahr, Günther* (1975), S. 23 – 39 zit.: *Baumgärtel*, in: Festschr. für Weber, S.

Benicke, Christoph Internationale Zuständigkeit deutscher Gerichte nach Art. 13, 14 EuGVÜ für Schadensersatzklagen geschädigter Anleger, WM 1997, S. 945 – 954
zit.: *Benicke*, WM 1997, 945 (S.)

Bernhardt, Wolfgang Das Zivilprozessrecht, 3. Aufl. (1968)
zit.: *Bernhardt*, S.

Bettermann, Karl August / Nipperdey, Hans Carl / Scheuner, Ulrich Die Grundrechte (Handbuch der Theorie und Praxis der Grundrechte), Bd. III 2 (Rechtspflege und Grundrechtsschutz) (1959)
zit.: *Bettermann / Nipperdey / Scheuner-Bearbeiter*, S.

Bitterich, Klaus Die Neuregelung des Internationalen Verbrauchervertragsrechts in Art. 29 a EGBGB (2003)
zit.: *Bitterich*, S.

Blum, Peter Wege zu besserer Gesetzgebung – sachverständige Beratung, Begründung, Folgeabschätzung und Wirkungskontrolle, Gutachten anlässlich des 65. Deutschen Juristentages, Beilage zu NJW 27 / 2004, S. 45 – 51
zit.: *Blum*, Beilage zu NJW 27 / 2004, S.

Börnke, Oliver Rechtsanwendungsprobleme im Zusammenhang mit den sonderprivatrechtlichen Gerichtsstandsregelungen der §§ 7 I HWiG, 6 II AuslInvestmG und 26 I FernUSG (1995)
zit.: *Börnke*, S.

Borchert, Günter Verbraucherschutzrecht, 2. Aufl. (2003)
zit.: *Borchert*, S.

Bra, Peter de Verbraucherschutz durch Gerichtsstandsregelungen im deutschen und europäischen Zivilprozessrecht (1992)
zit.: *de Bra*, S.

Brox, Hans Allgemeiner Teil des BGB, 28. Aufl. (2004)
zit.: *Brox*, AT, Rdnr.

Buchner, Benedikt Kläger- und Beklagtenschutz im Recht der internationalen Zuständigkeit: Lösungsansätze für eine zukünftige Gerichtsstands- und Vollstreckungskonvention (1998)
zit.: *Buchner*, S.

Bühler, Michael Fernunterrichtsvertrag und Fernunterrichtsschutzgesetz (1984)
zit.: *Bühler*, S.

Bülow, Peter / Artz, Markus Fernabsatzverträge und Strukturen eines Verbraucherprivatrechts im BGB, NJW 2000, S. 2049 – 2056
zit.: *Bülow / Artz*, NJW 2000, 2049 (S.)

Bultmann, Fritz A. / Rahn, Gerd-Jürgen Rechtliche Fragen des Teleshopping, NJW 1988, S. 2432 – 2438
zit.: *Bultmann / Rahn*, NJW 1988, 2432 (S.)

Bundesakademie für öffentliche Verwaltung im Bundesministerium des Inneren (Hrsg.) Praxis der Gesetzgebung: Eine Lehr- und Lernhilfe (1983)
zit.: *Bearbeiter*, in: Praxis der Gesetzgebung, S.

Bydlinski, Franz Juristische Methodenlehre und Rechtsbegriff (1982)
zit.: *Bydlinksi*, S.

Creifelds, Carl (Hrsg. Weber, Klaus) Rechtswörterbuch, 18. Aufl. (2004)
zit.: *Creifelds*, S., Stichwort:

Czernich, Dietmar / Tiefenthaler, Stefan Die Übereinkommen von Lugano und Brüssel – Europäisches Gerichtsstands- und Vollstreckungsrecht (Kurzkommentar) (1997)
zit.: *Czernich / Tiefenthaler*, Art. Rdnr.

Damm, Reinhard Verbraucherrechtliche Sondergesetzgebung und Privatrechtssystem, JZ 1978, S. 173 – 180
zit.: *Damm*, JZ 1978, 173 (S.)

Dauses, Manfred A. Handbuch des EU-Wirtschaftsrechts, Band 2, 7. Ergänzungslieferung (April 2003)
zit.: *Dauses-Bearbeiter*, EU-Wirtschaftsrecht, Buchstabe Rdnr.

Dölle, Hans Über einige Kernprobleme des internationalen Rechts der freiwilligen Gerichtsbarkeit, RabelsZ 27 (1962), S. 201 - 244
zit.: *Dölle*, RabelsZ 27 (1962), 201 (S.)

Drexl, Josef Die wirtschaftliche Selbstbestimmung des Verbrauchers: eine Studie zum Privat- und Wirtschaftsrecht unter Berücksichtigung gemeinschaftsrechtlicher Bezüge (1998)
zit.: *Drexl*, S.

Echterhölter, Rudolf Die Europäische Menschenrechtskonvention in der juristischen Praxis, JZ 1956, S. 142 – 146
zit.: *Echterhölter*, JZ 1956, 142 (S.)

Eckert, Hans-Werner Teleshopping – Vertragsrechtliche Aspekte eines neuen Marketingkonzepts, DB 1994, S. 717 - 723
zit.: *Eckert*, DB 1994, 717 (S.)

Eckstein, Helga Maria Zur Lehre von der Gerichtsbarkeit und der internationalen Zuständigkeit im deutschen Zivilprozess (1951)
zit.: *Eckstein*, S.

Erman, Walter Handkommentar zum Bürgerlichen Gesetzbuch mit Einführungsgesetz (teilkommentiert), AGBGB (teilkommentiert), Abzahlungsgesetz, Beurkundungsgesetz, Wohnungseigentumsgesetz, Schiffsrechtegesetz, Ehegesetz, Hausratsverordnung, unter Einarbeitung weiterer einschlägiger Bestimmungen, Bd. 1, 8. Aufl. (1989)
zit.: *Erman-Bearbeiter*, 8. Aufl. (1989), § Rdnr.

ders. Handkommentar zum Bürgerlichen Recht mit EGBGB, ErbbauVO, HausratsVO, LPartG, ProdHaftG, UKlaG, VAHRG und WEG, Bd. 1, 11. Aufl. (2004)
zit.: *Erman-Bearbeiter*, § Rdnr.

Faber, Klaus / Schade, Rüdiger Fernunterrichtsschutzgesetz (1980)
zit.: *Faber / Schade*, § Rdnr.

Fischer, Nikolaj Das allgemeine verbraucherschützende Widerrufsrecht gemäß § 355 BGB – Ein Beitrag zur Dogmatik der Wirkungsweise von Widerrufsrechten im Privatrecht (2003)
zit.: *Fischer*, S.

Fricke, Martin Anerkennungszuständigkeit zwischen Spiegelbildgrundsatz und Generalklausel (Die deutsche Anerkennungszuständigkeitsregel in rechtsvergleichender, rechtshistorischer und rechtspolitischer Sicht) (1990)
zit.: *Fricke*, Anerkennungszuständigkeit, S.

Gaede, Wolf Jürgen Zuständigkeitsmängel und ihre Folgen nach der Zivilprozessordnung (1989)
zit.: *Gaede*, S.

Geimer, Reinhold Eine neue internationale Zuständigkeitsordnung in Europa, NJW 1976, S. 441 – 446
zit.: *Geimer*, NJW 1976, 441 (S.)

ders. Das Zuständigkeitssystem des EWG – Übereinkommens vom 27. September 1968, WM 1976, S. 830 – 839
zit.: *Geimer*, WM 1976, 830 (S.)

ders. Die Gerichtspflichtigkeit des Beklagten nach Art. 5 Nr. 1 und Nr. 3 EuGVÜ bei Anspruchskonkurrenz (zu *BGH*, 16.10.1984 – VI ZR 14 / 83), IPRax 1986, S. 80 - 82
zit.: *Geimer*, IPRax 1986, 80 (S.)

ders. Verfassung, Völkerrecht und Internationales Zivilverfahrensrecht, ZfRV 1992, S. 321 - 347
zit.: *Geimer*, ZfRV 1992, 321 (S.)

ders. Verfassungsrechtliche Vorgaben bei der Normierung der internationalen Zuständigkeit, in: Europa im Aufbruch, Festschr. Fritz Schwind zum 80. Geburtstag, hrsg. von *Matscher, Franz; Seidl-Hohenveldern, Ignaz* unter Mitarbeit von *Karas-Waldheim, Christa* (1993), S.17 - 42
zit.: *Geimer*, in: Festschr. für Schwind, S.

ders. Reflexionen über ausschließliche internationale Zuständigkeiten, in: Law of International Business and Dispute Settlement in the 21st Century – Recht der Internationalen Wirtschaft und Streiterledigung im 21. Jahrhundert, Liber Amicorum Karl-Heinz Böckstiegel anlässlich seines Ausscheidens als Direktor des Instituts für Luft- und Weltraumrecht und des von ihm gegründeten Lehrstuhls für Internationales Wirtschaftsrecht, hrsg. von *Briner, Robert; Fortier, L. Yves; Berger, Klaus Peter; Bredow Jens* (2001), S. 187 – 203
zit.: *Geimer*, in: liber amicorum Böckstiegel, S.

Geimer, Reinhold (unter Mitarbeit von Geimer, Edwald und Geimer, Gregor) Internationales Zivilprozessrecht, 4. Aufl. (2001)
zit.: *Geimer*, Internationales Zivilprozessrecht, S. Rdnr.

Geimer, Reinhold / Schütze, Rolf A. Internationale Urteilsanerkennung: systemat. Kommentar, Bd. 1, Halbbd. 1 – *Geimer, Reinhold*: Das EWG-Übereinkommen über die gerichtliche Zuständigkeit und die Vollstreckung gerichtlicher Entscheidungen in Zivil- und Handelssachen (1983)
zit.: *Geimer / Schütze*, Internationale Urteilsanerkennung, Bd. 1, Halbd. 1, S.

dies. Europäisches Zivilverfahrensrecht – Kommentar zum EuGVÜ und Lugano-Übereinkommen (1997)
zit.: *Geimer / Schütze*, Europäisches Zivilverfahrensrecht, Art. Rdnr.

dies. (unter Mitarbeit von Geimer, Edwald und Geimer, Gregor) Europäisches Zivilverfahrensrecht – Kommentar zur EuGVVO, EuEheVO, EuZustellungsVO, zum Lugano-Übereinkommen und zum nationalen Kompetenz- und Anerkennungsrecht, 2. Aufl. (2004)
zit.: *Geimer / Schütze*, Europäisches Zivilverfahrensrecht, 2. Aufl. (2004), Art. Rdnr.

Gerlach, Axel Änderung des Abzahlungsgesetzes, NJW 1969, S. 1939 – 1942
zit.: *Gerlach*, NJW 1969, 1939 (S.)

Gilles, Peter — Verfahrensfunktionen und Legitimationsprobleme richterlicher Entscheidungen im Zivilprozess, in: Festschr. für Gerhard Schiedermaier zum 70. Geburtstag, hrsg. von *Lüke, Gerhard*; *Jauernig, Othmar* (1976), S. 183 – 201
zit.: *Gilles*, in: Festschr. für Schiedermaier, S.

ders. — Zur neueren Verbraucherschutzgesetzgebung in ihrem Verhältnis zum klassischen Privatrecht, JA 1980, S. 1 - 8
zit.: *Gilles*, JA 1980, 1 (S.)

ders. — Recht und Praxis des Telemarketing – Werbung und Vertrieb unter Einsatz teletechnischer Kommunikationsmittel und ihre Schranken im Privat- und insbesondere Wettbewerbsrecht, NJW 1988, S. 2424 – 2432
zit.: *Gilles*, NJW 1988, 2424 (S.)

Gilles, Peter / Heinbuch, Holger / Gounalakis, Georgios — Handbuch des Unterrichtsrechts – Schulung, Bildung und Freizeitgestaltung durch kommerziellen Direktunterricht und Fernunterricht privater Dienstleistungsunternehmen in Recht und Praxis (1988)
zit.: *Gilles / Heinbuch / Gounalakis*, S.

Graf, Christian / Paschke, Marian / Stober, Rolf (Hrsg.) — Staatlicher Verbraucherschutz und private Unternehmerverantwortung – Fünfter Hamburger Wirtschaftsrechtstag vom 17. 4. 02
zit.: *Bearbeiter*, in: *Graf / Paschke / Stober*, S.

Grolimund, Pascal — Drittstaatenproblematik des europäischen Zivilverfahrensrechts (2000)
zit.: *Grolimund*, S.

Hahn, Bernhard — Anwaltliche Rechtsausführungen im Zivilprozess - Rechtsinformation und Rechtskommunikation zwischen professionellen Verfahrensbeteiligten (1998)
zit.: *Hahn*, S.

Hahn, Carl	Die gesamten Materialien zur Zivilprozessordnung und dem Einführungsgesetz zu derselben vom 30. Januar 1877 – Erste Abteilung (1880) zit.: *Hahn*, Materialien zur ZPO, S.
Hartung, Klaus Joachim	Termineinwand bei Warentermingeschäften an Auslandsbörsen, ZIP 1991, S. 1185 – 1192 zit.: *Hartung*, ZIP 1991, 1185 (S.)
Heinbuch, Holger	Theorien und Strategien des Verbraucherschutzes – am Beispiel des Fernunterrichtsschutzgesetzes (1983) zit.: *Heinbuch*, S.
Heiss, Helmut / Mayr, Peter	Neuerungen im österreichischen internationalen Verfahrens- und Vertragsrecht, IPRax 1999, S. 305 – 311 zit.: *Heiss / Mayr*, IPRax 1999, 305 (S.)
Heldrich, Andreas	Die Interessen bei der Regelung der internationalen Zuständigkeit, in: Festschr. für Hans G. Ficker, hrsg. von *Ferid, Murad* (1967), S.205 – 224 zit.: *Heldrich*, in: Festschr. für Ficker, S.
ders.	Internationale Zuständigkeit und anwendbares Recht (1969) zit.: *Heldrich*, S.
Herz, Christoph	Die gerichtliche Zuständigkeitsbestimmung: Voraussetzungen und Verfahren (1990) zit.: *Herz*, S.
Hill, Hermann	Einführung in die Gesetzgebungslehre, Jura 1986, S. 57 – 67 zit.: *Hill*, Jura 1986, 57 (S.)
Hobe, Stephan	Europarecht (2002) zit.: *Hobe*, S. Rdnr.
Hoffmann, Bernd von / Thorn, Karsten	Internationales Privatrecht einschließlich der Grundzüge des Internationalen Zivilverfahrensrechts, 8. Aufl. (2005) zit.: *v. Hoffmann*, S. Rdnr.

Huber, Peter Forum non conveniens und EuGVÜ, RIW 1993, S. 977 – 983
zit.: *Huber*, RIW 1993, 977 (S.)

Hüßtege, Rainer Ferienwohnungen im Ausland als Spielball der Gerichte?, IPRax 2001, S. 31 – 33
zit.: *Hüßtege*, IPRax 2001, 31 (S.)

Jauernig, Othmar Zivilprozessrecht – Ein Studienbuch, 21. Aufl. (1985)
zit.: *Jauernig*, S.

Jayme, Erik Die internationale Zuständigkeit bei Haustürgeschäften – Nationale und internationale Wege zu einem europäischen Prozessrecht, in: Beiträge zum Internationalen Verfahrensrecht und zur Schiedsgerichtsbarkeit, Festschr. für Heinrich Nagel zum 75. Geburtstag, hrsg. von *Habscheid, Walther J.; Schwab, Karl Heinz* (1987), S. 123 – 132
zit.: *Jayme*, in: Festschr. für Nagel, S.

Junker, Abbo Internationales Privatrecht (1998)
zit.: *Junker*, S. Rdnr.

Kaye, Peter Civil Jurisdiction and Enforcement of Foreign Judgments – The application in England and Wales of the Brussels Convention of 1968 on Jurisdiction and the Enforcement of Judgements in Civil and Commercial Matters under the Civil Jurisdiction and Judgments Act 1982 (1987)
zit.: *Kaye*, S.

Kemper, Rainer Verbraucherschutzinstrumente (1994)
zit.: *Kemper*, S.

Kiethe, Kurt Umfassende Prüfungskompetenz der Gerichte im Gerichtsstand des § 32 ZPO, NJW 2003, S. 1294 – 1296
zit.: *Kiethe*, NJW 2003, 1294 (S.)

Kindermann, Harald Ministerielle Richtlinien der Gesetzestechnik (Vergleichende Untersuchung der Regelungen in der Bundesrepublik Deutschland, in Österreich und der Schweiz) (1979)
zit.: *Kindermann*, S.

Klauss, Herbert / Ose, Ludwig Kommentar zum Gesetz betr. die Abzahlungsgeschäfte (1979)
zit.: *Klauss / Ose*, AbzG, § Rdnr.

Koch, Harald Verbraucherprozessrecht: Verfahrensrechtliche Gewährleistung des Verbraucherschutzes (1990)
zit.: *Koch*, S.

Kralik, Winfried Die internationale Zuständigkeit, ZZP (74) 1961, S. 2 – 48
zit.: *Kralik*, ZZP (74) 1961, 2 (S.)

Kropholler, Jan Handbuch des Internationalen Zivilverfahrensrechts – Band 1 (1982)
zit.: *Kropholler-Bearbeiter*, Hdb. des Internationalen Zivilverfahrensrechts - Bd. 1, S. Rdnr.

ders. Europäisches Zivilprozessrecht – Kommentar zu EuGVO und Lugano-Übereinkommen, 8. Aufl. (2005)
zit.: *Kropholler*, Europäisches Zivilprozessrecht, Art. Rdnr.

Larenz, Karl Methodenlehre der Rechtswissenschaft, 3. Aufl. (1995)
zit.: *Larenz*, S.

Leible, Stefan Gewinnbestätigung aus Luxemburg – Zur internationalen Zuständigkeit bei Gewinnmitteilungen aus dem Ausland (zu *EuGH*, 11. 7. 2002 – Rs. C 96 / 00 – Rs. Gabriel und *OLG Nürnberg*, 28. 8. 2002 – 4 U 641 / 02), IPRax 2003, S. 28 – 34
zit.: *Leible*, IPRax 2003, 28 (S.)

ders. Bingo! – Gewinnbestätigung jetzt auch in Karlsruhe, NJW 2003, S. 407 – 409
zit.: *Leible*, NJW 2003, 407 (S.)

Leipold, Dieter BGB I, Einführung und Allgemeiner Teil, 3. Aufl. (2004)
zit.: *Leipold*, BGB I, Rdnr.

Lenz, Christoph Das Time-Sharing (2000)
zit.: *Lenz*, S.

Lieser, Joachim / Bott, Wilfried / Grathwohl, Egon Das Abzahlungsgesetz in der Reform, DB 1971, S. 901 – 908
zit.: *Lieser / Bott / Grathwohl*, DB 1971, 901 (S.)

Linke, Hartmut Internationales Zivilprozessrecht: Leitfaden für Verfahren mit Auslandsbezug, 3. Aufl. (2001)
zit.: *Linke*, S.

Löwe, Walter Die Abdingbarkeit des ausschließlichen Gerichtsstands im Abzahlungsprozess, NJW 1973, S. 1162 – 1165
zit.: *Löwe*, NJW 1973, 1162 (S.)

Lorenz, Stephan Gewinnmitteilung aus dem Ausland: Kollisionsrechtliche und international-zivilprozessuale Aspekte von § 661 a BGB, NJW 2000, S. 3305 – 3310
zit.: *Lorenz*, NJW 2000, 3305 (S.)

Lousanoff, Oleg de Neues zum Termin- und Differenzeinwand bei ausländischen Börsentermingeschäften, in: Festschr. für Rudolf Nirk zum 70. Geburtstag, hrsg. von *Bruchhausen, Karl; Hefermehl, Wolfgang; Hommelhoff, Peter; Messer, Herbert* (1992), S. 607 – 638
zit.: *de Lousanoff*, in: Festschr. für Nirk, S.

ders. Die Anwendung des EuGVÜ in Verbrauchersachen mit Drittstaatenbezug – Ein Beitrag zur Frage der örtlichen Zuständigkeit bei der exterritorialen Anwendung des EuGVÜ auf US-amerikanische Brokerhäuser, in: Gedächtnisschr. für Peter Arens, hrsg. von *Leipold, Dieter; Lüke, Wolfgang; Yoshino, Shozaburo* (1993), S. 251 – 272
zit.: *de Lousanoff*, in: Gedächtnisschr. für Arens, S.

Lüderitz, Alexander „Verbraucherschutz" im internationalen Vertragsrecht – ein Zuständigkeitsproblem, in: ius inter nationes, Festschr. für Stefan Riesenfeld aus Anlass seines 75. Geburtstages, hrsg. von *Jayme, Erik; Kegel, Gerhard; Lutter, Marcus* (1993), S. 147 – 163
zit.: *Lüderitz*, in: Festschr. für Riesenfeld, S.

Lüke, Gerhard / Wax, Peter Münchner Kommentar zur Zivilprozessordnung mit Gerichtsverfassungsgesetz und Nebengesetzen, Bd. 1 (§§ 1 – 354), 2. Aufl. (2000); Bd. 3 (§§ 803 – 1066, EGZPO, GVG, EGGVG, Internationales Zivilprozessrecht), 2. Aufl. (2001); Aktualisierungsband (ZPO-Reform 2002 und weitere Reformgesetze), 2. Aufl. (2002)
zit.: MünchKommZPO-*Bearbeiter*, § bzw. Art. Rdnr.

Lütcke, Jens Fernabsatzrecht – Kommentar zu den §§ 312 b – 312 f BGB (2002)
zit.: *Lütcke*, § Rdnr.

Mankowski, Peter Zur Auslegung des Art. 13 EuGVÜ (zugleich Anmerkung zu *OLG Schleswig*, 29. 1. 1997 – 5 W 47 / 96), RIW 1997, S. 990 - 993
zit.: *Mankowski*, RIW 1997, 990 (S.)

ders. Keine örtliche Ersatzzuständigkeit der Hauptstadtgerichte für Verbrauchersachen unter dem EuGVÜ – oder: Tod einer Theorie in Berlin (zu KG, 13. 1. 2000 – 19 W 5398 / 99), IPRax 2001, S. 33 - 37
zit.: *Mankowski*, IPRax 2001, 33 (S.)

Matthies, Heinrich — Die deutsche internationale Zuständigkeit (1955)
zit.: *Matthies*, S.

Maunz, Theodor / Dürig, Günter — Grundgesetz – Kommentar, Bd. 1 (Art. 1 – 11), 42. Ergänzungslieferung (Febr. 2003)
zit.: *Maunz / Dürig*, Art. Rdnr.

Meyer, Dieter — Zum Gerichtsstand bei Abzahlungskäufen – Gedanken zur Auslegung des § 6 a AbzG, MDR 1971, S. 812 – 814
zit.: *Meyer*, MDR 1971, 812 (S.)

Milleker, Erich — Der Negative Kompetenzkonflikt – Versuch eines Beitrags zur Lehre vom Renvoi im Internationalen Zivilprozess (1975)
zit.: *Milleker*, S.

Müller, Hanswerner — Handbuch der Gesetzgebungstechnik, 2. Aufl. (1968)
zit.: *Müller*, S.

Müller, Holger / Hök, Götz-Sebastian — Die Zuständigkeit deutscher Gerichte und die Vollstreckbarkeit inländischer Urteile im Ausland nach der CMR, RIW 1988, S. 773 – 776
zit.: *Müller / Hök*, RIW 1988, 773 (S.)

Müller, Thomas / Gschlößl, Brigitte — Reiserechtlicher Gerichtsstand und Verbraucherschutz, ZRP 1988, S. 201 – 202
zit.: *Müller / Gschlößl*, ZRP 1988, 201 (S.)

Mues, Jochen — Die Notwendigkeit verbraucherschützender Gerichtsstandsregelungen am Beispiel des Teilzahlungskaufes, ZIP 1996, S. 739 – 744
zit.: *Mues*, ZIP 1996, 739 (S.)

Musielak, Hans-Joachim — Kommentar zur Zivilprozessordnung, 4. Aufl. (2005)
zit.: *Musielak-Bearbeiter*, ZPO, § Rdnr.

Neuhaus, Paul Heinrich — Internationales Zivilprozessrecht und Internationales Privatrecht, RabelsZ 20 (1955), S. 201 - 269
zit.: *Neuhaus*, RabelsZ 20 (1955), 201 (S.)

Neuhaus, Paul Heinrich / Kropholler, Jan — Entwurf eines Gesetzes über Internationales Privat- und Verfahrensrecht (IPR – Gesetz), RabelsZ 44 (1980), S. 326 - 343
zit.: *Neuhaus / Kropholler*, RabelsZ 44 (1980), 326 (S.)

Ostler, Fritz / Weidner, Johann — Abzahlungsgesetz, 6. Aufl. (1971)
zit.: *Ostler / Weidner*, AbzG, § Anm.

Pagenstecher, Max — Gerichtsbarkeit und internationale Zuständigkeit als selbständige Prozessvoraussetzungen, RabelsZ 11 (1937), S. 337 – 483
zit.: *Pagenstecher*, RabelsZ 11 (1937), 337 (S.)

Palandt — Bürgerliches Gesetzbuch mit Einführungsgesetz, Verschollenheitsrecht, Beurkundungsgesetz, Gesetz zur Regelung des Rechts der Allgemeinen Geschäftsbedingungen, Abzahlungsgesetz, Gesetz über den Widerruf von Haustürgeschäften und ähnlichen Geschäften, § 13 a Gesetz gegen den unlauteren Wettbewerb, Gesetz zur Regelung der Miethöhe (Art. 3 des 2. WKSchG), Produkthaftungsgesetz, Erbbaurechtsverordnung, Wohnungseigentumsgesetz, Ehegesetz, Hausratsverordnung, 50. Aufl. (1991)
zit.: *Palandt-Bearbeiter*, 50. Aufl. (1991), § Rdnr.

ders. — Bürgerliches Gesetzbuch mit Einführungsgesetz (Auszug), BGB-Informationspflichten-Verordnung, Unterlassungsklagengesetz, Produkthaftungsgesetz, Erbbaurechtsverordnung, Wohnungseigentumsgesetz, Hausratsverordnung, Vormünder- und Betreuervergütungsgesetz, Lebenspartnerschaftsgesetz, Gewaltschutzgesetz (Auszug), 65. Aufl. (2006)
zit.: *Palandt-Bearbeiter*, § Rdnr.

Peters, Frank — Das Abzahlungsgesetz und der private Verkäufer, JZ 1986, S. 409 – 413
zit.: *Peters*, JZ 1986, 409 (S.)

Pfeiffer, Thomas — Internationale Zuständigkeit und prozessuale Gerechtigkeit (1995)
zit.: *Pfeiffer*, S.

Pieroth, Bodo/ Schlink, Bernhard — Grundrechte - Staatsrecht II, 21. Aufl. (2005)
zit.: *Pieroth / Schlink*, S. Rdnr.

Rauscher, Thomas (Hrsg.) — Europäisches Zivilprozessrecht – Kommentar (2004)
zit.: *Rauscher-Bearbeiter*, EuZPR, Art. Rdnr.

Rebmann, Kurt / Säcker, Franz Jürgen / Rixecker, Roland — Münchner Kommentar zum Bürgerlichen Gesetzbuch, Bd. 1 (Allgemeiner Teil, §§ 1 – 240 BGB, AGB-Gesetz), 4. Aufl. (2001); Bd. 3 (Schuldrecht – Besonderer Teil Halbbd. 1, §§ 433 – 651 k, Abzahlungsgesetz, Gesetz über den Widerruf von Haustürgeschäften und ähnlichen Geschäften, Gesetz zur Regelung der Miethöhe), 2. Aufl. (1988); Bd. 4 (Schuldrecht – Besonderer Teil II, §§ 611 – 704, EFZG, TzBfG, KSchG), 4. Aufl. (2005)
zit.: MünchKomm-*Bearbeiter*, § Rdnr.

Reich, Norbert — Abzahlungsrecht und Verbraucherschutz – Die Neuerungen der 2. Novelle zum Abzahlungsgesetz und ihre Auswirkungen auf die Struktur des Abzahlungsgeschäfts, JZ 1975, S. 550 – 555
zit.: *Reich*, JZ 1975, S.

ders. — Europäisches Verbraucherrecht – Eine problemorientierte Einführung in das europäische Wirtschaftsrecht, 3. Aufl. (1996)
zit.: *Reich*, S.

Reich, Norbert / Gambogi Carvalho, Ana Paula — Gerichtsstand bei internationalen Verbraucherstreitigkeiten im e – commerce – Die EG – Verordnung 44 / 2001 vom 22. 12. 2000 und der Haager Konventionsentwurf über die gerichtliche Zuständigkeit und Anerkennung und Vollstreckung ausländischer Entscheidungen in Zivil- und Handelssachen, VuR 2001, S. 269 – 280
zit.: *Reich / Gambogi*, VuR 2001, 269 (S.)

Reu, Fritz	Die Staatliche Zuständigkeit im Internationalen Privatrecht – Landes- und völkerrechtliche Forschungen zum internationalen Recht des Zivilprozesses, Strafprozesses, der Verwaltung und der freiwilligen Gerichtsbarkeit (1938) zit.: *Reu*, S.
Roth, Herbert	Gespaltener Gerichtsstand, in: Festschr. für Ekkehard Schumann zum 70. Geburtstag, hrsg. von *Gottwald, Peter; Roth, Herbert* (2001), S. 355 - 371 zit.: *Roth*, in: Festschr. für Schumann, S.
Schack, Haimo	Perspektiven eines weltweiten Anerkennungs- und Vollstreckungsübereinkommens, ZEuP 1993, S. 306 - 334 zit.: *Schack*, ZEuP 1993, 306 (S.)
ders.	Internationales Zivilverfahrensrecht (Ein Studienbuch), 3. Aufl. (2002) zit.: *Schack*, S. Rdnr.
Schaltinat, Katja H.	Internationale Verbraucherstreitigkeiten unter besonderer Berücksichtigung des EuGVÜ (1998) zit.: *Schaltinat*, S.
Scherer, Josef	Gerichtsstände zum Schutze des Verbrauchers in Sondergesetzen: das neue Verbraucherkreditgesetz unter dem Aspekt der generellen Erforderlichkeit ausschließlicher Verbraucherschutzgerichtsstände (1991) zit.: *Scherer*, S.
Schilling, Theodor	Gleichheitssatz und Inländerdiskriminierung, JZ 1994, S. 8 – 17 zit.: *Schilling*, JZ 1994, 8 (S.)
Schimmel, Roland / Buhlmann, Dirk (Hrsg.)	Frankfurter Handbuch zum neuen Schuldrecht (2002) zit.: *Schimmel / Buhlmann-Bearbeiter*, S. Rdnr.

Schlosser, Peter F.	Sonderanknüpfungen von zwingendem Verbraucherschutzrecht und europäischem Prozessrecht – Eine Studie unter besonderer Berücksichtigung der deutschen Rechtsprechung zu Differenzeinwand und Börsentermingeschäftsfähigkeit, in: Festschr. für Ernst Steindorff zum 70. Geburtstag am 13. März 1990, hrsg. von *Baur, Jürgen F; Hopt, Klaus J.; Mailänder K. Peter* (1990), S. 1379 – 1392 zit.: *Schlosser*, in: Festschr. für Steindorff, S.
ders.	EuGVÜ - Europäisches Gerichtsstands- und Vollstreckungsübereinkommen mit Luganer Übereinkommen und dem Haager Übereinkommen über Zustellung und Beweisaufnahme (1996) zit.: *Schlosser*, EuGVÜ, Art. Rdnr.
Schmelz, Karl-Joachim / Klute, Sabine	Zum Gesetzesentwurf für ein Verbraucherkreditgesetz, ZIP 1989, S. 1509 - 1525 zit.: *Schmelz / Klute*, ZIP 1989, 1509 (S.)
Schmidt, Uwe	Europäisches Zivilprozessrecht in der Praxis – Das 11. Buch der ZPO (2004) zit.: *Schmidt*, S. Rdnr.
Schneider, Hans	Gesetzgebung: ein Lehr- und Handbuch, 3. Aufl. (2002) zit.: *Schneider*, S. Rdnr.
Scholz, Josef	Nochmals: Die neuen Grenzen für Gerichtsstandsvereinbarungen (Erwiderung zu *Diederichsen*, BB 1974, S. 377 ff.), BB 1974, S. 570 – 571 zit.: *Scholz*, BB 1974, 570 (S.)
ders.	Die 2. Novelle zum Abzahlungsgesetz (II), MDR 1974, S. 969 – 973 zit.: *Scholz*, MDR 1974, 969 (S.)
ders.	Schwerpunkte der EG-Verbraucherkreditrichtlinie - unter Berücksichtigung des geltenden deutschen Rechts, MDR 1988, S. 730 – 736 zit.: *Scholz*, MDR 1988, 730 (S.)

Schröder, Jochen Internationale Zuständigkeit – Entwurf eines Systems von Zuständigkeitsinteressen im zwischenstaatlichen Privatverfahrensrecht auf Grund rechtshistorischer, rechtsvergleichender und rechtspolitischer Betrachtungen (1971)
zit.: *Schröder*, S.

Schumann, Ekkehard Die Änderungen des Zivilprozessrechts und des Gerichtsverfassungsrechts in den Jahren 1973 und 1974, JA 1975, S. 423 – 434
zit.: *Schumann*, JA 1975, 423 (S.)

ders. Internationale Zuständigkeit: Besonderheiten, Wahlfeststellung, doppelrelevante Tatsachen, in: Beiträge zum Internationalen Verfahrensrecht und zur Schiedsgerichtsbarkeit, Festschr. für Heinrich Nagel zum 75. Geburtstag, hrsg. von *Habscheid, Walther J.; Schwab, Karl Heinz* (1987), S. 402 – 411
zit.: *Schumann*, in: Festschr. für Nagel, S.

Schwenzer, Ingeborg Neue Formen der Abstandnahme vom Vertrag, JA 1989, S. 473 – 477
zit.: *Schwenzer*, JA 1989, 473 (S.)

Soergel Bürgerliches Gesetzbuch mit Einführungsgesetz und Nebengesetzen, Bd. 2 / 2 (Schuldrecht I / 2, §§ 433 – 515, AGB-Gesetz, AbzG, EKG, EKAG), 11. Aufl. (1986)
zit.: *Soergel-Bearbeiter*, § Rdnr.

Spickhoff, Andreas Gerichtsstand des Sachzusammenhangs und Qualifikation von Anspruchsgrundlagen, ZZP (109) 1996, S. 493 – 516
zit.: *Spickhoff*, ZZP (109) 1996, 493 (S.)

Spindler, Gerald Internationales Verbraucherschutzrecht im Internet – Auswirkungen der geplanten neuen Verordnung des Rates über die gerichtliche Zuständigkeit und die Anerkennung und Vollstreckung von Entscheidungen in Zivil- und Handelssachen, MMR 2000, S. 18 – 25
zit.: *Spindler*, MMR 2000, 18 (S.)

Staudinger J. von Staudingers Kommentar zum Bürgerlichen Gesetzbuch: mit Einführungsgesetz und Nebengesetzen, Bd. 1 (Einleitung zum Bürgerlichen Gesetzbuch, §§ 1 – 12, Verschollenheitsgesetz: Erstes Buch, Allgemeiner Teil), 13. Bearb. (1995); Bd. 610 (Verbraucherkreditgesetz, Haustürwiderrufsgesetz, § 13 a UWG, Teilzeit-Wohnrechtegesetz), (2001); Erg.-Bd. (Einführungsgesetz zum Bürgerlichen Gesetzbuche / IPR, Einleitung zu Art. 27 ff. EGBGB [u. a.]), 13. Bearb. (2002)
zit.: *Staudinger-Bearbeiter*, § bzw. Art. Rdnr.

Stein, Friedrich / Jonas, Martin Kommentar zur Zivilprozessordnung, Bd. 1 (§§ 1 – 252), 20. Aufl. (1984)
zit.: *Stein / Jonas-Bearbeiter*, ZPO, 20. Aufl. (1984) § Rdnr.

dies. Kommentar zur Zivilprozessordnung, Bd. 1 (Einleitung, §§ 1 – 40), 22. Aufl. (2003); Bd. 3 (§§ 128 – 252), 22. Aufl. (2005)
zit.: *Stein / Jonas-Bearbeiter*, ZPO, § Rdnr.

Streinz, Rudolf Europarecht, 6. Aufl. (2003)
zit.: *Streinz*, S. Rdnr.

Thomas, Heinz / Putzo, Hans / Reichold, Klaus / Hüßtege, Rainer Zivilprozessordnung mit Gerichtsverfassungsgesetz, den Einführungsgesetzen und europarechtlichen Vorschriften, 27. Aufl. (2005)
zit.: *Thomas / Putzo-Bearbeiter*, ZPO, § bzw. Art. Rdnr.

Thorn, Karsten Grenzüberschreitenden Gerichtsstandsvereinbarungen in Kreditverträgen zur Finanzierung von Börsenspekulationen (zu *LG Darmstadt*, 2. 2. 1993 – 13 O 438 / 92), IPRax 1995, S. 294 – 299
zit.: *Thorn*, IPRax 1995, 294 (S.)

Vogel, Joachim Juristische Methodik (1998)
zit.: *Vogel*, S.

Vollkommer, Gregor / Vollkommer, Max	Empfiehlt sich ein (ggf. subsidiärer) allgemeiner oder besonderer Verbrauchergerichtsstand in der ZPO?, in: Einheit und Vielfalt des Rechts, Festschr. für Reinhold Geimer, hrsg. von *Schütze, Rolf A.* (2002), S. 1367 - 1391 zit.: *Vollkommer / Vollkommer*, in: Festschr. für Geimer, S.
Vollkommer, Max	Umfassende Entscheidung über den prozessualen Anspruch im Gerichtsstand der unerlaubten Handlung auch unter dem Gesichtspunkt der positiven Vertragsverletzung und des Verschuldens bei Vertragsverhandlungen?, in: Festschr. für Erwin Deutsch zum 70. Geburtstag, hrsg. von *Ahrens, Hans-Jürgen; von Bar, Christian; Fischer, Gerfried; Spickhoff, Andreas; Taupitz, Jochen* (1999), S. 385 – 404 zit.: *Vollkommer*, in: Festschr. für Deutsch, S.
Wach, Karl J.T. / Weberpals, Thomas	Inländischer Gerichtsstand für Bereicherungsklagen gegen ausländische Brokerfirmen aus unverbindlichen Termin- und Differenzgeschäften, AG 1989, S. 193 – 203 zit.: *Wach / Weberpals*, AG 1989, 193 (S.)
Wagner, Rolf	Verfahrens- und internationalprivatrechtliche Fragen beim Teleshopping, WM 1995, S. 1129 - 1137 zit.: *Wagner*, WM 1995, 1129 (S.)
ders.	Internationale und örtliche Zuständigkeit in Verbrauchersachen im Rahmen des Brüssler Übereinkommens und der Brüssel I – Verordnung, WM 2003, S. 116 - 120 zit.: *Wagner*, WM 2003, 116 (S.)
Walchshöfer, Alfred	Die deutsche internationale Zuständigkeit in der streitigen Gerichtsbarkeit, ZZP (80) 1967, S. 165 - 229 zit.: *Walchshöfer*, ZZP (80) 1967, 165 (S.)

Weber-Stecher, Urs Michael Internationales Konsumvertragsrecht – Grundbegriffe, Zuständigkeit, Anerkennung und Vollstreckung sowie anwendbares Recht (LugÜ, IPRG, EVÜ, EGBGB) (1997)
zit.: *Weber-Stecher*, S.

Weidner, Jochen Der Gerichtsstand bei Abzahlungsgeschäften, NJW 1970, S. 1870 – 1871
zit.: *Weidner*, NJW 1970, 1870 (S.)

Wieczorek, Bernhard / Schütze, Rolf A. Zivilprozessordnung und Nebengesetze, Bd. I 1 (Einleitung, §§ 1 – 49, EuGVÜ), 3. Aufl. (1994)
zit.: *Wieczorek / Schütze-Bearbeiter*, ZPO, § bzw. Art. Rdnr.

Willenberg, Jochen Der internationale Straßengüterverkehr nach dem Inkrafttreten der CMR – Eine Übersicht über die ersten Entscheidungen, NJW 1968, S. 1020 – 1025
zit.: *Willenberg*, NJW 1968, 1020 (S.)

Zippelius, Reinhold Juristische Methodenlehre, 9. Aufl. (2005)
zit.: *Zippelius*, S.

Zöller, Richard Zivilprozessordnung mit Gerichtsverfassungsgesetz und den Einführungsgesetzen, mit Internationalem Zivilprozessrecht, EG-Verordnungen, Kostenanmerkungen, 23. Aufl. (2002)
zit.: *Zöller-Bearbeiter*, ZPO, 23. Aufl. (2002), § Rdnr.

ders. Zivilprozessordnung mit Gerichtsverfassungsgesetz und den Einführungsgesetzen, mit Internationalem Zivilprozessrecht, EG-Verordnungen, Kostenanmerkungen, 25. Aufl. (2005)
zit.: *Zöller-Bearbeiter*, ZPO, § bzw. Art. Rdnr.

FSC
www.fsc.org
MIX
Papier | Fördert
gute Waldnutzung
FSC® C083411

Kolibri 360 GmbH
Ferdinand-Jühlke-Straße 7
99095 Erfurt, Deutschland
produktsicherheit@kolibri360.de

Druck:
CPI Druckdienstleistungen GmbH
im Auftrag der
Kolibri 360 GmbH
Ferdinand-Jühlke-Str. 7
99095 Erfurt